CHRONIQUES

SUR

LA MARCHE, LE LIMOUSIN

ET LE BERRI.

POUR PARAITRE, DU MÊME AUTEUR :

LA VICOMTESSE DE BRIDIERS.
LE BARON DE RAZÈS.
ISABELLE D'ANGOULÊME.
LA CHATELAINE D'ÉGUZON.
LE SEIGNEUR DE SARZAY.

CHRONIQUES

SUR

LA MARCHE, LE LIMOUSIN

ET LE BERRI

PAR

L. BLANCHET.

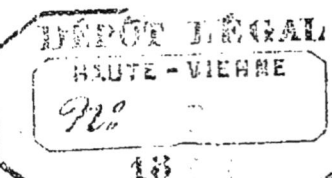

> **EMRI DE CROZANT.**
> **HENRIETTE DES CARS.**
> **LA GNOMIDE.**
> **DIORIX ET VÉMA.**

LIMOGES

IMP. H. DUCOURTIEUX, RUE CROIX-NEUVE.

1862

EMRI DE CROZANT

CHRONIQUE DE LA MARCHE.

I

LES FIANÇAILLES.

C'était vers la fin de septembre de l'an de grâce 1430.

Il y avait de grands préparatifs de fête dans le château d'Enguerrand de Bridiers, seigneur de La Souterraine. De bien loin on voyait flotter, sur le préau de la grande tour, la rouge bannière et les armoiries d'or du puissant vicomte, et à chaque moment l'on entendait les sons éclatants du beffroi répondre aux joyeuses volées des cloches de la ville féodale.

Le manoir seigneurial était tout en mouvement. Une foule de vassaux traversaient les appartements, se croisaient dans les longs corridors : les uns donnaient des ordres, les autres s'empressaient de les exécuter. Le majordome parcourait les cuisines, activait ses inférieurs, criait, tempêtait, se démenait. Les fourneaux grondaient sous les vases d'airain, dans lesquels frémissaient les sauces camelines qui exhalaient l'odeur excitante de mille ragoûts diversement assaisonnés. Devant l'âtre brûlant des larges cheminées tournaient, dans des broches de fer, des quartiers de cerf, de sanglier et autre bonne venaison. Cependant la voix gromelante du vieux sommelier retentissait sous la voûte des sombres caveaux, et ses aides essoufflés sortaient les uns après les autres des frais souterrains, portant d'énormes brocs cerclés d'argent, où fumaient les meilleurs vins de Provence et de Gasgogne.

Mais, depuis plusieurs jours, le pont-levis ne cessait de résonner sous les pas des chevaux des seigneurs qui se rendaient de toutes parts, et les vastes cours se remplissaient à chaque instant de comtes, de marquis, de chevaliers, de dames, de damoiselles, de pompeux équipages. Alors, des portiques et des galeries, s'élançaient pages, varlets portant la livrée du châtelain ; ceux-ci s'emparaient des gigantesques coursiers de guerre et des élégantes haquenées, qu'ils conduisaient dans les écuries du château ; ceux-là précédaient les brillants personnages et les guidaient dans la chambre de réunion. Puis le sire de Bridiers et sa digne épouse, Isabelle de Piégu, s'avançaient eux-mêmes au-devant des nobles arrivants pour les recevoir et les bien accueillir ; après les actes réciproques de courtoisie et les compliments d'usage, ces derniers allaient se joindre aux autres illustres invités de la grande salle.

L'appareil et les décoration de la superbe enceinte attestaient l'opulence et la magnificence de sire Enguerrand. La vue ne pouvait soutenir l'éclat des meubles blasonnés, des tables ciselées d'or et d'argent, des dressoirs chargés d'une riche vaisselle de vermeil, des tapisseries scintillantes d'un nombre infini d'étoiles que l'art, avec un métal précieux, avait semées à travers le labyrinthe de mille broderies. Les portraits de tous les ancêtres de la famille de Bridiers se suivaient par ordre, sur les hautes lices, encadrés dans des châssis d'émail, et ornés de toutes sortes de pierreries. Ils formaient, autour du splendide appartement, un cercle lumineux où se jouaient les rayons variés de la topaze et de l'émeraude. On eût dit qu'ils avaient le sentiment de la vie au milieu de leurs fleurons et de leurs glorieux insignes, et leurs regards semblaient contempler avec orgueil le faste non déchu de leur antique maison.

Le long des murs lambrissés de marbre se tenaient plusieurs rangs de ménestrels en costume bariolé, avec des lyres, des harpes et des rotes. En attendant le signal, ils cherchaient et choisissaient, à l'aide de doux préludes, les plus tendres lais et les plus belles romances qui ornaient leur féconde mémoire.

Le luxe et la tenue de la noble assemblée étaient en harmonie avec tant de splendeur. Il fallait voir tous ces seigneurs avec leurs habits d'étoffe d'or, leurs cointises pourprées, leurs toques chargées de plumes ; il fallait voir toutes ces marquises et ces baronnes vêtues de tuniques armoriées à droite et à gauche, faisant flotter sur leurs cheveux en tresse de longues banderolles de soie, étalant des anneaux, des bracelets, des colliers, et éblouissant les yeux par leurs ceintures étincelantes de perles et de fins diamants.

Cependant le château allait bientôt éclater en bruyantes réjouissances : festins, jeux, danses, ménestrandies, rien ne devait manquer pour amuser et divertir les nombreux conviés ; et même, pour compléter la munificence d'un grand seigneur, le noble vicomte avait fait annoncer un brillant tournoi. Les barrières étaient déjà placées dans une plaine spacieuse qui s'étendait au sud-est de la ville de La Souterraine. On avait élevé autour de la lice un magnifique amphithéâtre où devaient se placer les dames et les damoiselles, afin qu'elles pussent juger, par leurs propres yeux, du courage et de l'adresse de leurs chevaliers.

Le lendemain de la joûte, on devait célébrer les épousailles d'Emri de Lusignan, haut et puissant seigneur de Crozant, avec la noble et belle Éléonore de Bridiers, fille unique d'Enguerrand de Bridiers et d'Isabelle de Piégu.

Tous ces preux gentilshommes se promettaient bien de montrer, dans ces jeux guerriers, toute leur vaillantise, et plus d'un cœur présomptueux offrait déjà des victoires à la dame de ses pensées : Renaud d'Aubusson jurait à Héloïse du Dorat de faire triompher sa devise et ses charmes; Bertrand de Seiglière offrait sa lance et son courage à la charmante Berthe de Châlus; l'ambitieux Arthur de Bourganeuf devait combattre pour une beauté d'outre-mer, la magnifique comtesse de Liverpool; le regard de Pierre de Saint-Prieix demandait un regard à la belle Emma de Glénis... l'ingrate!... Elle a répondu à un sourire de Jean de Taille-Fer, chevalier aux formes athlétiques; le malheureux de Saint-Prieix ne s'est contenu que dans l'espérance d'humilier son insolent rival au combat du tournoi. Ma tâche serait longue s'il me fallait énumérer ici toutes les assiduités de chaque jeune seigneur auprès de chaque gentille dame ; car jamais il n'y avait eu tant de galante noblesse réunie au château de Bridiers. Outre les chevaliers de la Marche et du Poitou, l'on en comptait un grand nombre de la Bretagne, de la Normandie, et même d'Angleterre.

Dès le soir, au coucher du soleil, un superbe festin devait ouvrir la fête. Déjà les tables étaient couvertes de leurs doubiers ondoyants ; les banquettes étaient placées ; la vaisselle d'argent était servie.

Le dernier rayon du jour avait à peine disparu derrière les châtaigneraies de Saint-Maurice, que le cor avait annoncé aux convives l'heure du repas. Les candélabres ont été aussitôt allumés dans la grande salle. Bientôt on voit rentrer une foule de serviteurs en livrée qui se suivent sur une seule ligne. Ils portent, dans des plats ciselés, une infinité de viandes, de ragoûts et de pâtisseries dont les divers assaisonnements prouvent assez la science culinaire de l'écuyer de bouche. Celui-ci marche à leur tête, et, avec sa baguette, désigne, dans un ordre symétrique, la place du dellegrous, du maupigyrum, du karumpic et des autres mets. D'énormes pâtés étalent sur chaque table leurs formes capricieuses et bizarres, lesquelles représentent des figures d'hommes, de monstres et d'animaux. Dans leur singulière disposition, on eût dit qu'on s'était plu à renverser la nature : ici un sanglier à la hure terrible, s'élance sur une tour crénelée ; là le lièvre timide poursuit le lévrier qui chasse devant lui le lion à la crinière hérissée ; plus loin, un loup à la gueule béante menace un casque de chevalier ; puis des moines qui bâillent, qui rient, qui grimacent.

Tout à coup les instruments des ménestrels éclatent en harmonieux accords, et leurs voix ont entonné en chœur la ballade de l'épousée. Les larges ventaux de la porte du fond de l'appartement s'ouvrent soudain ; puis paraissent les deux fiancés, conduits par la vénérable mère du châtelain, Imogine de Bridiers, et accompagnés par leurs plus proches parents, qui forment un brillant cortége. Emri de Crozant a bientôt attiré les regards par sa taille majestueuse et sa superbe démarche. Ce fier chevalier, dédaignant tout autre costume que celui d'un guerrier, n'a pas voulu quitter son casque au lourd cimier pour la toque légère ; un justaucorps brodé dessine ses larges épaules ; un riche baudrier suspend au-dessus de la hanche sa fidèle épée, dont la poignée d'or est garnie de diamants : tout, dans son magnifique accoutrement, décèle sa noble passion et ses goûts décidés. Sa figure imposante joint, à la régularité des traits, une mâle expression; mais je ne sais quoi de vague et d'inquiet altérait parfois sa physionomie, et souvent, lorsqu'un sourire errait sur ses lèvres, quelque chose comme un cruel souvenir venait rembrunir son front, et le sourire faisait place à un nuage.

Éléonore de Bridiers était remarquable par sa ravissante beauté, que relevait encore l'élégance et l'éclat de sa parure : une riche robe de moire revêt sa taille noble et gracieuse; sa ceinture est lamée d'or et d'argent et enrichie de pierreries, et retient, suspendue à son côté, une escarcelle brodée avec art; des colliers sans nombre et de mille grains différents étalent leurs couleurs nuancées et variées sur sa gorge d'albâtre; elle a sur la tête une couronne de diamants; ses cheveux, noirs comme l'ébène, arqués et lissés sur son front, reviennent sur ses épaules et s'échappent en longues boucles ondoyantes. Les chevaliers étaient dans l'admiration, et bien des dames s'efforçaient en vain, par des paroles flatteuses, de cacher l'envie qui se trahissait sur leur visage. Cependant la jeune châtelaine semblait indifférente à tout ce qui l'entourait; elle marchait silencieuse et pensive, au côté de son aïeule, comme une victime résignée à un sacrifice. Qu'avait donc la sensible damoiselle?... Quelle peine secrète semblait oppresser son cœur?... Pauvre fiancée?... si jeune!... si belle!... si brillante!... si triste!...

Cependant les ménestrels continuaient toujours leurs chants joyeux, et répétaient sans cesse le refrain de l'épousée.

II

LE MÉNESTREL.

Tout était prêt pour le festin. Les deux fiancés ayant occupé les superbes siéges qui leur avaient été préparés à la table principale, chaque seigneur se plaça dans l'ordre indiqué par le maître des cérémonies. L'écuyer tranchant commença son office ; ses aides allaient, venaient, visitaient chaque table, servaient chaque convive ; les plats, les mets se succédaient rapidement. Ceux qui faisaient la charge d'échanson n'avaient pas moins de besogne : les brocs paraissaient et disparaissaient d'un moment à l'autre, et le cidre et la bière firent place au clairet, à l'hypocras et à une infinité de vins recherchés.

La musique des ménestrels remplissait les intermèdes. Tantôt leur voix, sur de mâles accords, célébrait les hauts faits d'un preux de la Palestine, et remplissaient d'un noble enthousiasme les cœurs des chevaliers ; tantôt une harmonieuse mélodie, un lai amoureux charmait les oreilles des sensibles dames.

« Arnaud, dit sire Enguerrand à un des professeurs de la gaie science, tu viens de nous chanter Godefroi de Bouillon, Aldebert de Montgommery ; mais ta harpe n'a-t-elle pas un son pour le malheureux croisé Raoul de Bridiers?... Raoul de Bridiers, continua-t-il en se tournant vers Emri, est un des premiers de notre antique famille qui se croisèrent pour la délivrance de la Terre-Sainte ; il partit avec un de vos illustres aïeux, Hugues de Lusignan.

— Leur saint pèlerinage eut plus de gloire que de bonheur, ajouta le chapelain assis en face du vicomte, et nos pieuses archives sont là pour rappeler les exploits et la mort héroïque de ces deux nobles martyrs.

— Le blason des Lusignan est connu en Europe et en Asie, reprit fièrement sire Emri ; tous les Lusignan ont soutenu leur nom avec éclat. J'en excepte, cependant, l'injuste Guy de Lusignan, qui donna par testament à Philippe-le-Bel ce beau comté de Marche, au détriment de ses collatéraux. »

Cependant le troubadour a préludé, et ses doigts habiles animent l'instrument, qui obéit à de puissantes inspirations : l'on écoute en silence. Tantôt les sons de la harpe s'élèvent et grandissent comme le mugissement d'une vague qui approche du rivage, tantôt ils semblent s'éloigner et se perdre comme la bruissante rafale qui va expirer au fond de la vallée ; puis ils reviennent de nouveau, graves et sonores, et soutiennent un moment des accords mélancoliques et touchants ; puis ils diminuent, se perdent et s'éteignent comme une plainte. Après avoir préparé les esprits, par les secrets de son art, à la tristesse de son sujet, le ménestrel chanta :

> Ne pleurez pas, ma noble dame,
> Ah ! par pitié, ne pleurez pas ;
> L'honneur, le salut de mon âme
> Loin de ces lieux guident mes pas.
> Voyez au loin, sous la bannière,
> Se croiser nombreux chevaliers ;
> Beaux faits d'armes, pieuse guerre
> Appellent Raoul de Bridiers...
>   Adieu !
>   Ismène, douce amie !...
>   A toi toute la vie !...
>   Adieu ! adieu !...

Le ciel a remis sa vengeance
A nos bras, à notre valeur !
Preux chrétiens, saisissons la lance,
Mort à l'infidèle oppresseur !...
Pauvres martyrs de la Syrie,
La France exauce votre vœu ;
Volons, brave chevalerie !
Volons ! Dieu le veut, Dieu le veut !...
  Adieu !
 Ismène, douce amie !...
  A toi toute la vie !...
   Adieu ! Adieu !...

Derniers baisers sous le grand chêne...
Puis Raoul pousse son coursier.
Longtemps la malheureuse Ismène
Suivit des yeux le chevalier.
Il a franchi la longue allée ;
Il a disparu dans le bois...
Mais encore dans la vallée
S'éloigne une plaintive voix :
  Adieu !
 Ismène, douce amie !...
  A toi toute la vie !...
   Adieu ! Adieu !...

Longtemps, depuis, sous le grand chêne,
Les soirs on entendit gémir...
Souvent la brise de la plaine
Murmurait un triste soupir !...
Pauvre Ismène !..... De Palestine
Sire Raoul ne revint pas !
Au pied de la sainte colline,
Expirant, il disait tout bas :

Adieu !
Au ciel, dans l'autre vie,
Au revoir, douce amie !...
Adieu ! Adieu !...

Un mois après, la pauvre dame
Sous le grand arbre vint prier !
Et puis au ciel, un soir, son âme
Alla joindre le chevalier.
Depuis, sous la feuille du chêne,
A son départ le tendre amant,
A Bachelette, à châtelaine,
Dit en faisant un doux serment :
Adieu !
Au revoir, douce amie,
A toi toute la vie !...
Adieu ! Adieu !...

Le troubadour ne chantait plus, et tous écoutaient encore. Emri, voyant Éléonore contenir avec peine sa vive émotion : « Malheur, s'écria-t-il, malheur désormais à tout ménestrel dont la voix téméraire viendra chanter ici des sujets si peu convenables à un jour de fête !... Chère Éléonore, ajouta-t-il plus bas en prenant dans sa large main la main délicate de sa fiancée... Pourquoi ce chagrin et cette tristesse obstinés pendant tout le festin ?...

— Pourquoi demander ce que vous savez ? répondit Éléonore ; maintenant, d'ailleurs, ne dois-je pas me taire ?...

— Toujours cet Arthur de Breuil...

— Comte, soyez du moins assez généreux pour ne plus prononcer ce nom !

— Ma fille, interrompit le vicomte de Bridiers, dont les oreilles inquiètes avaient cherché en vain à saisir quelque chose du colloque à demi-voix des deux fiancés, les larmes que tu as versées sont de saintes larmes, car je ne crains pas de les attribuer au touchant récit que nous venons d'entendre ; c'est un juste tribut à la fidélité et au malheur ; mais cependant il est bon de mettre des bornes à ta sensibilité. Allons, ménestrels ! joyeux rondeaux !...

— Pardonnez, sire Enguerrand, dit Emri, si dans mon trouble, à la vue des pleurs d'Éléonore, j'ai pu oublier les égards que je vous devais.

— Comment, dit le châtelain ? est-ce parce que vous avez, céans, interdit à nos ménestrels toute romance pareille à celle qu'Arnaud vient de chanter ? Chevalier, le père ne s'est aperçu que de votre tendre sollicitude pour sa fille. Trouvères, continua-t-il en se tournant vers le groupe encore tout stupéfait de l'apostrophe brusque et menaçante du comte, dites-nous quelque chose des victoires du Prince Noir sur les Valois usurpateurs, que Dieu confonde ! Cela convient assez à la veille d'un tournoi ; qu'en dites-vous, beau fils ?

— Merci, noble Enguerrand, répliqua Emri.

Arnaud, ajouta-t-il en s'adressant à celui-ci, votre voix vient de remporter un triomphe dont j'ai été jaloux, et je crois n'avoir point vu de ménestrel possédant mieux que vous les secrets de votre art. »

Le ménestrel avait d'abord dans son dépit détendu les cordes de sa harpe ; mais radouci par les dernières paroles du comte : « Fort bien, murmura-t-il entre ses dents, en remettant l'instrument d'accord, et surtout fais suivre tes paroles d'une récompense assez forte pour me faire oublier l'offense ; car, plus qu'à aucun autre chevalier, il t'importe de ménager la susceptibilité du ménestrel.

— Que marmote là-bas ce baladin, dit Gauthier de Confolens à son voisin de droite, Arthur de Bourganeuf, en lui désignant Arnaud ?

— Plus bas ! chevalier, répondit celui-ci, plus de prudence !

— Auriez-vous peur de ces chiens ?

— Ne les agacez pas, la morsure en est mauvaise.

— Je ne suis pas aussi endurant que le comte Emri ; car s'ils avaient les moindres impertinences contre moi, le bâton m'en ferait raison aussitôt. Je ne puis m'expliquer la conduite du seigneur de Crozant.

— C'est que sûrement, repartit Arthur de

Bourganeuf, il n'a pas oublié ce qui arriva à Gilbert de Magnac, qui avait fait maltraiter, aux noces du vicomte de Limoges, certain ménestrel insolent. Il fallait voir ensuite, ce pauvre chevalier, attaqué, critiqué, vilipendé par tous ces damnés jongleurs ; ils le mirent aussi noir que sire Satan, leur digne compère.

— Eh bien ! pour les empêcher d'aboyer, on les assomme.

— Oui, et l'on est traqué de la Normandie à la Gascogne, et de la Bretagne au pays de Bavière. »
Cependant lyres, harpes et chiffonnies retentirent soudain avec un tel bruit que les vitraux de la salle en tremblèrent dans leurs châssis de plomb, puis les sons se soutinrent et se prolongèrent un moment, comme le mugissement sourd de la foudre qui gronde. On eût dit ces machines tonnantes qui vomissaient le feu et la mort contre les hommes d'armes de Philippe de Valois. Alors les ménestrels se mirent à chanter en chœur les couplets composés jadis par un trouvère normand, en l'honneur du vaillant prince de Galles, dont le courage décida la victoire à Crécy, en faveur d'Édouard son père. Mais voilà que tout-à-coup une voix domine toutes les autres. Les ménestrels s'arrêtent, et regardent avec étonnement l'un d'entre eux que personne ne connaît, et dont la harpe fait entendre de singu-

liers accords; sa taille démesurée, ses membres osseux et décharnés, sa barbe blanche et épaisse, ses yeux creux et fauves, tout en lui semble fait pour inspirer la terreur. Il chante ainsi :

> Pourquoi ces chants, cette vive allégresse ?
> Pourquoi ces jeux, ce festin, cette liesse ?
> Pourquoi ces ris ?
> Quand on entend des hurlements funèbres,
> Quand les hiboux, au milieu des ténèbres,
> Poussent des cris.
> Quand sur la tour une ombre se dessine !...
> O Lusignan n'est-ce pas Melusine
> Qui t'avertit ?

« Qu'on arrête ce sinistre chanteur, et qu'on le pende sans miséricorde, s'écrie en se levant de sa place Enguerrand de Bridiers. Emri de Crozant s'était déjà élancé vers l'audacieux personnage, Gauthier de Confolens avait saisi le bras du géant; mais celui-ci, par un rapide mouvement, renversa le chevalier par terre et lui fit lâcher prise. Le malheureux Gauthier se releva tout honteux et sans pouvoir prendre sa revanche, car l'étranger avait disparu. Cependant, par l'ordre d'Emri, toutes les portes du château sont sur-le-champ fermées pour couper la retraite au géant, et le seigneur de Crozant, avec plusieurs autres chevaliers, se met aussitôt à explorer les coins et recoins des sombres corridors.

Emri est déja dans la grande cour, Jean de Taille-Fer l'a suivi, et tous deux s'avancent l'épée nue sous l'obscur portail. Ils passent le guichet, puis, arrivés sur le pont-levis, s'arrêtent, regardent, écoutent. Le comte paraît en proie à d'extraordinaires émotions. « Voyez là-bas, chevalier, dit-il, c'est lui!... avançons!

— C'est l'ombre d'une tourelle que la lune, quittant un nuage, vient de projeter sur le bord du fossé, répondit de Taille-Fer.

— Mais entendez!...

— C'est le vent qui souffle dans le ravin. » Puis il y eut un moment de silence, pendant lequel Emri de Crozant semblait plongé dans de sombres reflexions, tenait ses yeux fixés sur l'eau noire des fossés qui réflétait les crénaux des remparts. Il éprouvait parfois des frissonnements involontaires, et il sentait une sueur froide couler sur son front. Jean de Taille-Fer le regardait étonné.

« Chevalier, dit-il enfin, cherchant à combattre de funestes pressentiments, je crois que cet étrange personnage est un écorcheur qui est venu nous espionner et compter les forces du château; tenons-nous sur nos gardes, car nous avons tout à craindre des troupes de brigands qui désolent nos contrées.

— Mais, répondit de Taille-Fer, les écorcheurs

sont soudoyés par de Béfort, qui a acheté leur service pour l'Angleterre, et ils doivent, je pense, tout en pillant les châteaux ennemis, respecter les domaines des défenseurs des léopards.

— Ils ne respectent pas plus les léopards que les lis; et dernièrement, ils ne se sont pas fait scrupule de tenter un coup de main sur la commanderie de Polhac, qui n'a échappé au pillage que par la courageuse résistance des braves chevaliers de l'ordre; du reste, il paraît même que Chabannes s'est mis à la tête de plusieurs bandes redoutables.

— De Chabannes chef d'écorcheurs?...

— On l'assure.

— Il est bien vrai que j'ai tort de m'étonner, puisque, depuis que Charles de Valois s'est donné au diable, il n'en continue pas moins à le reconnaître pour son suzerain et légitime maître.

— Mais, reprit Emri, depuis que le fameux Dunois a cédé le pas à la sorcière de Vaucouleurs, en est-il moins fier pour cela?

— Comte, interrompit de Taille-Fer, cessons de parler de ces choses, qui sont à la honte de la chrétienté. Mais si Chabannes et ses dignes compagnons songent à attaquer le château, prenons nos mesures pour ne pas nous laisser surprendre. Il est inutile d'aller plus loin; et puis voilà un orage, nous ferons bien de rentrer. »

— Oui, répondit Emri, j'ai même déjà senti quelques gouttes d'eau... rentrons.

Et ils retournèrent sur leurs pas. « Gens de Bridiers, soyez aux aguets, dit Emri à une foule de serviteurs qui étaient venus, des flambeaux à la main, faire des recherches dans la grande cour. Qu'on lève le pont-levis, et que chaque vedette ait sa sentinelle... les écorcheurs menacent le château.

— Les écorcheurs? » répétèrent à voix basse les vassaux épouvantés. Le pont-levis fut aussitôt levé, et chaque vedette eut sa sentinelle.

Le récit que firent les chevaliers qui s'étaient mis à la poursuite du fantôme, et les soupçons qu'ils communiquèrent jetèrent l'épouvante parmi les dames et préoccupèrent tous les seigneurs; le festin était à peine terminé qu'il ne resta plus dans la salle que le comte de Crozant et les chevaliers, qui, de temps en temps, sortaient, rentraient, allaient dans tout le château, exerçant la surveillance la plus active; puis nombre de ménestrels couchés sur les banquettes, et dormant auprès de leurs instruments.

« Par ma foi! sire Gauthier, vous le serriez de près, dit malignement à celui-ci un autre chevalier; mais pourquoi diable avez-vous lâché cet escogriffe?

— Ne riez pas tant, Bernard de Seiglière, répondit Gauthier, car je pourrai montrer demain, en joûtant contre vous, que si ma force le cède à celle de Lucifer, elle ne redoute nullement la vôtre.

— Que dites-vous? continua l'autre sur le même ton. C'était le roi du sombre empire? Vous êtes-vous brûlé en le touchant? Sentait-il le soufre? Pourquoi l'idée ingénieuse du fameux Richard Sans-Peur ne vous est-elle pas venue? Vous savez de quelle manière il vainquit cet ennemi du genre humain qui, malencontreusement pour l'enfer, avait osé l'attaquer dans la forêt... Pourquoi ne vous êtes-vous pas servi de la croix de votre épée?

— Fort bien! répliqua Gauthier, qui commençait à trouver ces plaisanteries fatigantes; mais je ne me servirai que de la lame avec vous : en plaine, en champ clos, à pied, à cheval, je vous défie!... »

III

LE CHEVALIER ERRANT.

Pas une étoile !... Un crêpe sombre cache le firmament ; puis d'innombrables éclairs qui jaillissent, puis des éclats de foudre qui se succèdent, puis l'eau et la grêle qui tombent par torrents, puis de violents tourbillons qui font craquer les arbres de la forêt ; on eût dit que tous les éléments allaient se confondre !

Les animaux sauvages quittaient leurs retraites ; le loup épouvanté hurlait dans les ténèbres, et le cerf, traqué par l'orage, courait éperdu à la lueur du feu du ciel !

Un chevalier, mouillé et harrassé, chevauchait à l'aventure dans les bois d'Argentières, cherchant à découvrir sa route qu'il avait perdue, ou un abri contre la tempête. L'animal vigoureux qui le portait, non moins fatigué que son maître, bronchait parfois dans ces chemins difficiles et inconnus, et souvent s'engageait dans des fosses profondes d'où il ne se retirait qu'avec peine. Après avoir longé des taillis, franchi des halliers, suivi et abandonné mille sentiers différents, le malheureux chevalier, perdant courage, descendit au pied d'un arbre. Il fit une prière à Notre-Dame-de-Bon-Secours, et, se confiant à cette puissante protectrice, se résigna à attendre le jour pour sortir de la forêt. Il priait encore lorsqu'un affreux éclair vint à briller tout à coup. O bonheur inespéré ! une chaumière est devant lui à une très faible distance. Il n'avait pu l'apercevoir dans les ténèbres ; mais le sillon lumineux la lui a montrée. Aussitôt, remerciant celle qui veille sur les voyageurs, il tire son coursier par les rênes, rentre dans une étroite avenue serrée entre deux haies d'arbustes, et bientôt arrivé près de l'humble cabane.

Alors, heurtant avec le fer de sa lance : « Bonnes gens ! s'écria-t-il, ouvrez, je vous prie à un chevalier égaré dans vos bois et qui vient vous demander l'hospitalité. »

Mais personne ne répondit et personne ne vint ouvrir.

Le chevalier, étonné, frappa de nouveau : « Ouvrez donc, répéta-t-il, entendez l'orage ; donnez-moi un abri... »

Il y eut le même silence...

« Par Notre-Dame ! vous n'êtes guère hospitaliers, » dit le chevalier en perdant patience ; puis, donnant un coup qui n'en attendait qu'un autre pareil pour enfoncer la porte peu solide : « Ouvrez, ou j'ouvrirai moi-même ! »

Il entendit marcher doucement et avec précaution dans l'intérieur de la hutte ; puis on alluma quelques brandons, et quelqu'un qui paraissait peu rassuré s'avança avec hésitation. Enfin l'on ouvrit : « Entrez, dit en se signant une espèce d'ermite.

— Pardon, homme de Dieu, si je viens troubler votre solitude, répondit le chevalier ; mais voyez quel temps et quelle averse !

— Soyez le bienvenu si vos intentions sont bonnes, interrompit l'ermite.

— Mais, dit le chevalier, n'auriez-vous pas un lieu où je puisse mettre également mon cheval à l'abri ? »

L'ermite réfléchit un moment : « Suivez-moi, » dit-il en sortant. Le chevalier le suivit. Ils firent le tour de la sauvage retraite, rencontrèrent à dix pas de distance une petite chapelle à demi-ruinée, puis, tout auprès, plusieurs baraques en chêne et en érable couvertes de chaume, construites par des bergers, et où ils venaient se retirer quand l'orage les surprenait. Ils trouvèrent encore dans leurs loges de la paille et du fourrage à l'usage de leurs troupeaux. Le chevalier choisit la meilleure et la moins exposée à la tempête pour y placer son coursier, jeta sur la terre trop froide une abondante litière, et, après avoir pourvu de son mieux à tout ce qui était nécessaire au généreux compagnon de ses fatigues et de ses dangers, il retourna à l'ermitage avec son hôte.

L'ermite alluma du feu avec du bois sec, et, approchant une escabelle : « Asseyez-vous, dit-il à son hôte. » Ensuite, ouvrant une mauvaise huche, il en sortit du pain noir, quelques racines sèches dans un vase brisé, et une cruche sans anse qui contenait de l'eau fraîche. Il déposa le tout sur une vieille table de bois : « Voilà, ajouta-t-il, tout ce que peut l'hospitalité d'un pauvre anachorète : du feu pour vous sécher, du pain et des racines pour votre faim, et de l'eau pour votre soif.

— L'homme de guerre est accoutumé aux privations, bon père, et je n'ai pas toujours eu du feu quand j'étais mouillé et transi de froid, du pain quand j'avais faim, et de l'eau quand j'avais soif.

— Puisse donc ce frugal repas vous satisfaire ; mangez. »

Puis, se retirant un peu à l'écart, l'ermite se mit à réciter tout bas quelques prières, regardant de temps à autre le chevalier, qui faisait assez honneur aux vivres grossiers qu'il lui avait donnés. Mais tout à coup, mettant de côté le chapelet dont ses doigts parcouraient les énormes grains, il va dans un coin de la modeste demeure ; et, semblable à l'ermite de Compmahuret, qui accueillit si mal et traita si bien le roi Richard dans la forêt de l'Yorkshire, il revint bientôt, tenant d'une main deux larges coupes, et de l'autre un remarquable flacon : « O saint homme ! s'écrie le chevalier dans une joyeuse surprise et en débarrassant son hôte généreux, avez-vous le don des miracles ?

— Jouissons des biens que nous envoie la Providence, et bénissons-la, dit l'autre en retournant de nouveau sur ses pas. Il ne tarda pas à retirer de la même cachette un superbe pâté à peine ébréché. Alors, s'asseyant sans façon en face du chevalier : « Prenez une de ces coupes, » dit-il ; et, saisissant lui-même le flacon, il les remplit toutes deux jusqu'au bord ; ils se saluèrent, et les coupes furent vidées en même temps. « Par Notre-Dame ! c'est du meilleur crû, dit le chevalier, et il y a bien longtemps que je n'en ai bu de pareil !

— Il n'y a pas trois ans, répondit le solitaire... Hélas! c'était dans un temps plus heureux!

— Mais où donc? reprit dans le plus grand étonnement le chevalier en fixant l'ermite.

— Au couvent d'Aubégnat, sire Arthur de Breuil. N'était-ce pas là votre rendez-vous de chasse avec le vicomte de Bridiers? N'avez-vous pas eu souvent, l'un et l'autre, l'occasion de vanter la bonne cuisine du monastère! Comme tout est changé maintenant!

— Mais en effet, interrompit l'autre, plus je vous regarde, et plus il me semble reconnaître un des frères de la riche abbaye. Par quels malheureux évènements vous trouvez-vous donc maintenant dans ces lieux?

— C'est ce que je vais vous conter. Mais commencez d'abord par attaquer cette tranche de pâté, et vous me direz ensuite si frère Marien a oublié l'art des assaisonnements? »

Sire Arthur de Breuil n'avait pas besoin des encouragements du moine; excité par l'odeur du mets épicé, il se mit à manger avec un nouvel appétit; puis les deux coupes ayant été remplies et vidées une seconde fois, frère Marien commença son récit :

« Si mes goûts étaient pour le monastère, je n'avais jamais eu, Dieu m'est témoin, une vocation d'ermite; mais, que le ciel soit béni! je ne suis pas le plus à plaindre des anachorètes, et, religieux fidèle à mon ordre, j'ai pu suivre dans ma solitude la règle et le régime du couvent. Si encore tous ceux de l'abbaye avaient eu le même bonheur !... Ah ! seigneur de Breuil, que de tristes évènements se sont succédé depuis que vous avez quitté nos contrées pour aller combattre pour la cause des Valois. Ne retournez pas à Aubégnat ; vous ne rencontreriez plus ces bons moines qui savaient si bien recevoir leurs nobles hôtes ; des hérétiques, des écorcheurs damnés ont établi leur repaire dans la pieuse demeure des zélés serviteurs de Dieu.

Dans la sainte nuit de Noël, tous les frères étaient réunis dans la chapelle du couvent, célébrant la naissance du divin Rédempteur, chantant des psaumes et des cantiques. Comme généralement tous étaient fatigués par les jeûnes et les mortifications de la veille, frère Quentin et moi nous sortîmes, au milieu des Laudes, pour aller tout préparer au réfectoire, afin de ne pas faire attendre les bons religieux. La nappe fut bientôt mise, le vin bientôt tiré, les couverts et les mets bientôt servis. Nous attendions la fin de l'office, assis tous deux auprès d'un bon feu que nous avions eu le soin d'allumer dans la salle, car il faisait un froid rigoureux ; et l'hiver, s'il faut bonne table, il faut aussi foyer ardent ; quand, tout à coup, deux hommes d'une hideuse figure se montrèrent dans l'embrâsure de la porte. Nous n'eûmes que le temps de nous glisser vers un angle un peu sombre de l'appartement ; ils s'avancèrent en secouant leurs vêtements couverts de neige, et se placèrent sur les deux siéges que nous avions abandonnés. Alors, pendant que, penchés sur le feu, ils recevaient la flamme dans leurs doigts gelés, nous gagnâmes, en marchant doucement, la petite porte, et nous courûmes effrayés à la chapelle, annoncer l'étrange visite à nos frères, qui venaient de finir la sainte cérémonie. On fit simultanément le signe de la croix, et, pendant un moment, on se regarda muets et consternés. « Allons ! s'écrie soudain frère Anselme, l'un des plus fermes et des plus vigoureux du couvent, que les plus intrépides me suivent ! »

Six d'entre nous accompagnèrent frère Anselme ; nous nous avançâmes décidés et résolus vers le réfectoire. Mais quelle ne fut pas notre épouvante quand, sur le point d'arriver dans la salle, nous aperçûmes plus de cent brigands armés, assis à table et dévorant nos vivres... Nous nous gardâmes bien de faire un pas de plus. Frère Anselme prit le premier la fuite, et nous suivîmes son exemple. Nous n'eûmes pas besoin de prévenir ceux qui étaient restés derrière nous, car des chants profanes, des rires bruyants qui retentirent tout à coup dans le réfectoire, les avertirent bientôt du danger : en moins d'une minute, il n'y eut plus un moine dans le couvent.

Affamés, transis de froid, sans nourriture, sans feu, sans asile, ne sachant où aller, nous errions piteusement dans les campagnes couvertes de neige ; les arbres secouaient sur nous le givre, et la bise nous soufflait au visage. Enfin les uns se dirigèrent du côté d'Azérables et les autres du côté de Saint-Sébastien, espérant trouver un abri et à manger chez le paysan charitable.

Pour moi, ayant rencontré frère Quentin, nous conçûmes tous les deux un hardi projet. Voyant que tout était perdu, et que jamais peut-être les moines ne rentreraient dans le couvent, nous tentâmes d'enlever à ces odieux brigands quelques flacons du meilleur vin, cachés dans certaine cave du monastère, et auxquels on ne touchait que dans les grandes occasions.

Nous revînmes sur nos pas et nous fûmes bientôt sous les murs de l'abbaye. Nous rentrâmes dans la cour ; nous entendîmes de nouveau les chants impies et les blasphèmes de ces véritables païens ; nous aperçûmes encore une fois leurs têtes sataniques à travers les vitraux de la fenêtre du réfectoire : les uns étaient toujours à table et continuaient à boire et à manger ; les autres, se tenant par la main, exécutaient, je pense, quelque danse infernale, car on les voyait tantôt tourner avec rapidité, tantôt sauter avec d'horribles contorsions, puis crier, hurler, à la manière des démons.

Frère Quentin et moi nous faillîmes perdre courage; mais, pressés par le besoin et poussés par le désespoir, nous poursuivîmes notre périlleuse entreprise.

Nous nous avançâmes donc à petit pas et en nous courbant dans l'ombre, évitant avec soin la lumière qui venait de la salle, vers l'angle du bâtiment où se trouvait le fameux caveau. Nous y arrivâmes sans malencontre. Alors je pris la clef que j'avais sur moi, hélas! elle ne me quittait jamais! J'ouvris la trappe, nous descendîmes, et nous voilà sous la voûte. Nous prîmes aussitôt la direction de la cachette, et nous nous mîmes à déterrer avec la plus grande promptitude les précieux flacons. A l'aide de nos cordons, nous en attachâmes solidement plusieurs par le goulot, et nous les suspendîmes autour de nous comme une ceinture; puis nous armâmes aussi chacune de nos mains, et nous sortîmes, remerciant Dieu de notre bonne réussite. Enhardis par le succès, nous allâmes déposer notre fardeau loin de l'abbaye, dans le creux d'un vieux chêne de la Forêt-au-Comte, et, après avoir doublé notre courage en vidant une bouteille, nous retournâmes à la cave du monastère. Nous fîmes encore un, deux, trois, quatre voyages pareils avec le même bonheur; mais au cinquième, je perdis le pauvre frère Quentin.

Plus agile que moi, il m'avait devancé de plus d'un quart d'heure; de sorte qu'après plusieurs courses consécutives, je le rencontrai à moitié chemin, avec sa charge, quand j'allais chercher la mienne. Cette dernière fois, j'arrivai jusqu'aux portes du couvent sans le voir revenir. Inquiet, je continue ma route, avec quelque hésitation, jusqu'au caveau... Mère de Dieu! il était plein de brigands, qui fouillaient partout, des flambeaux à la main!... A cette vue, je sentis mes jambes presque faillir sous moi. Cependant plusieurs de ces hommes, qui soudain m'avaient aperçu, se préparaient à remonter les escaliers pour m'atteindre, quand j'eus la présence d'esprit de pousser la trappe et de faire un tour de clef. Tous aussitôt de se précipiter furieux contre la porte, qu'ils essayèrent de briser : heureusement elle était solide. Ils crièrent, ils appelèrent, en jurant leurs camarades qui, continuant au réfectoire leur sabbat d'enfer, ne pouvaient guère les entendre. Pour moi, je n'attendis pas le dénoûment, et je m'esquivai au plus vite.

Arrivé sous le chêne protecteur, je me mis à

penser au sort du pauvre frère Quentin... Hélas ! peut-être que, victime de la rage de ces cruels bandits, était-il tombé sous leurs homicides poignards ; peut-être qu'à cette heure il avait augmenté dans le ciel le nombre des âmes bienheureuses. Quoi qu'il en fût, il était urgent de chercher une retraite ; c'est pourquoi, ayant mis quelques flacons sous mes vêtements et caché les autres soigneusement, je partis en me recommandant à Dieu et à tous les saints du paradis. »

Le chevalier, qui venait de faire une forte brèche au pâté, interrompit son hôte en lui présentant sa coupe ; l'ermite, qui avait beaucoup parlé, sentit le besoin de verser. Il versa : les deux coupes pleines furent levées d'un mouvement simultané ; il y eut un moment de silence ; puis elles retombèrent vides sur la table. Alors le chevalier revint encore au pâté, et l'ermite à son récit.

« Je partis donc, grelottant dans ma cagoule et soufflant dans mes doigts. Voulant me fixer le plus loin possible de la dangereuse abbaye, je tournai mes pas du côté de Saint-Sébastien. Je reconnus dans la neige les traces des pauvres frères qui avaient cherché leur salut de ce côté. A la vue de ces vestiges si bien empreints, je compris tout ce qu'il y avait de périlleux à suivre la même route, et je pris une autre direction, laissant Saint-Sébastien sur ma droite. Je fis de longs détours ; je traversai des champs, des brandes, des taillis chargés de frimas. Il y avait déjà quelque temps que le soleil était couché lorsque j'arrivai, fatigué et gelé, près de Chantôme. J'eus un moment l'idée d'aller demander un refuge au vénérable prieur, et lui offrir en revanche mes services culinaires. Quelqu'un passa devant moi...

« Que fais-tu donc là ? me dit-il ; le vin du prieuré se boit sans toi.

— Est-il meilleur que celui des moines ? répondis-je sans trop me déconcerter.

— Viens, tu le goûteras. » Et il continua sa route. C'était un écorcheur, ivre, sans doute ; il m'avait pris dans l'ombre pour un des siens.

Redoutant, dès lors, autant le voisinage du prieuré de Chantôme que celui du couvent d'Aubégnat, je m'éloignai par une prompte fuite, et je me jetai dans la forêt de Fesseau.

Hélas ! je m'égarai ; après avoir longtemps cheminé, je me trouvai seul et perdu au fond d'une grande forêt, au milieu de la nuit, exposé à la neige et à la bise, tombant de défaillance, et n'ayant pour toute ressource qu'un peu de bon vin... Je m'arrêtai désespéré, et je me décidai à finir mes flacons, et à mourir ensuite. Après avoir recommandé mon âme à Dieu, je commençai...

Je n'avais pas porté la main à un goulot, que mes yeux crurent apercevoir à quelque distance le toit d'une cabane. Reprenant aussitôt courage, je m'avançai de ce côté en bénissant le ciel. J'arrivai bientôt.

Une chapelle à demi-ruinée s'offrit à ma vue, puis, tout auprès, une mauvaise hutte qui me parut la retraite de quelque solitaire. Ah! si quelque pieux ermite pouvait même se trouver en ce lieu! me disais-je à moi-même. J'appelai, personne ne répondit... J'appelai de nouveau. Hélas! même silence. Je fis alors le tour de la sauvage demeure, et j'en cherchai l'entrée. Je découvris une porte très étroite; elle était entr'ouverte et donnait passage au vent du nord qui soufflait dans la baie. Je la poussai tout à fait, et je pénétrai dans l'intérieur. Mes pieds rencontrèrent, dans l'obscurité, quantité de paille et de branches, puis, en suivant le long des murs, je heurtai quelques vieux meubles; mais mes pas ne troublèrent aucun être vivant. « Eh bien! dis-je, voici toujours un gîte, » et je me jetai sur la paille, brisé, mourant de faim; bientôt je m'endormis.

Seigneur de Breuil, j'eus une vision, il me semblait que j'avais été transporté dans le séjour des bienheureux. Que de belles choses je vis, et qu'il m'est impossible de vous raconter! Je vis Dieu, les anges, les saints et tous les habitants du paradis; j'aperçus aussi frère Quentin : une auréole brillait sur son front, et il tenait à la main une coupe d'or pleine de nectar. Il s'avança vers moi et me dit ces paroles : « Ne vous découragez pas mon frère ; Dieu éprouve les siens, mais ne les abandonne jamais. »

J'ouvris la bouche pour répondre au bienheureux frère ; mais la vision avait cessé. J'ouvris les yeux : il faisait grand jour. Je me levai aussitôt.

Je regardai autour de moi ; je vis cette modeste enceinte telle que vous la voyez ; elle paraissait abandonnée depuis quelque temps. En furetant partout, je trouvai dans une huche un morceau de pain noir, sec et moisi. Seigneur de Breuil, que ce pain me parut délicieux, et comme le bon vin que j'avais apporté me parut meilleur ! C'en est fait, m'écriai-je, je me voue à la vie des ermites, ce pays n'est point vilain ; j'ai sauvé quelques flacons pour les mauvais jours, et, sans doute, les habitants auront soin d'un homme de Dieu, puisqu'un autre ermite paraît m'avoir précédé ici.

Après avoir préparé dans mon ermitage une cachette assez convenable pour y déposer mon trésor, je me mis en route pour aller le retirer de la cachette où je l'avais mis d'abord. J'eus grand soin, dans les différents voyages que je fus obligé de faire, d'éviter les grands chemins pour ne pas rencontrer d'écorcheurs : je marchais toujours au milieu des bois.

Enfin, après avoir fait pendant plusieurs jours

de suite ces courses pénibles, je parvins à réunir, dans cette pauvre hutte, tous les flacons que feu frère Quentin et moi avions enlevés à la soif des brigands. En peu de jours je fus connu de tous les villages voisins, et cet ermitage, jouissant d'une grande réputation de sainteté, la foule des fidèles ne me laisse jamais manquer. »

L'ermite avait terminé son récit. Le chevalier, pleinement rassasié, venait de faire plat net. Le vin était fini ; mais le flacon vide céda sa place à un autre.

L'ermite versa et soupira : « Une seule chose me chagrine, dit-il.

— Quelle est-elle ? reprit le chevalier.

— Hélas ! le vin bu n'est plus à boire !... Et ils s'en vont !... Ils s'en vont !... Que deviendrai-je quand le dernier fera comme celui-ci ? faudra-t-il boire de l'eau comme ces chiens de Sarrasins, ennemis du Christ, qui adorent le diable et Mahomet ?

— Espérez mieux de la Providence, frère Marien ; tout cela sera changé avant que ce malheur arrive. Dans peu, vous ne serez plus ermite ; dans peu, vous et vos frères rentrerez dans votre abbaye. »

Le religieux fit un signe d'incrédulité : « Il faudrait un miracle, dit-il.

— Mais, par Notre-Dame ! reprit Arthur, ne

sommes-nous pas dans le temps des miracles?...
Les léopards fuient et les lys triomphent; le roi
Charles, que Béfort n'appelait plus avec dérision
que roi de Bourges, vient d'être sacré dans la
bonne ville de Reims.

— Ce que vous dites est incroyable, seigneur
Arthur!

— Par mon âme! continua le chevalier, cela est
aussi vrai que la Passion de Notre Seigneur. Et
quel est l'instrument choisi par le ciel pour accomplir d'aussi grandes choses? Une fille de Vaucouleurs, une simple bergère, la pucelle Jeanne-d'Arc.

— O Providence admirable dans tes décrets! ce
fut autrefois un berger, armé d'une fronde, qui
délivra Israël du géant philistin.

— Le moment approche, reprit Arthur, où nos
malheureuses contrées vont être enfin purgées de
ces bandes dévastatrices de malandrins et des
odieux partisans de Henri d'Angleterre.

— Que tout ce que vous dites s'accomplisse,
seigneur Arthur, et le plus tôt possible! Car mes
pauvres flacons s'en vont; j'arrive au dernier.
Oh! la soif!... la soif!... terrible ennemie quand
on n'a rien pour la combattre!... » En prononçant
ces dernières paroles, l'ermite avait rempli les
deux coupes jusqu'au bord. « Luttons donc tant
que nous aurons des armes, dit le chevalier en
levant et vidant la sienne.

— Luttons, » répliqua l'ermite en l'imitant. Puis ils respirèrent.

Après un moment de silence, le chevalier reprit : « Voilà déjà quelque temps, saint homme, que vous vivez dans cette solitude ?

— Il y aura bientôt un an, à la Nativité de Notre Seigneur, époque de l'invasion des brigands dans le monastère.

—Vous avez encore vu, je pense, depuis moi, plus d'une fois, le noble vicomte de Bridiers avec ses meutes, dans les bois giboyeux d'Aubégnat ? Il n'a certainement pas renoncé à ses exercices favoris ?

— Oui, seigneur Arthur ; il est revenu même assez souvent dans la Forêt-au-Comte ; assez souvent nous l'avons vu au monastère, avec le comte Emri de Crozant.

— Avec le comte de Crozant ? s'écria avec surprise le chevalier.

— Avec le comte de Crozant, affirma le moine. Les deux seigneurs paraissaient intimement liés ; et peu de temps avant les malheurs de l'abbaye, on sut que la jeune et noble Éléonore... »

Le moine s'arrêta, effrayé par le changement soudain et l'étrange expression de la physionomie du chevalier. « Continue donc, moine, dit celui-ci hors de lui-même ; continue : l'on sut qu'Éléonore... » Mais le pauvre religieux se mit à trembler de tous ses membres. « Ne crains rien, moine, cria avec force Arthur de Breuil, je ne veux te faire aucun mal ; mais achève : l'on sut que la jeune Éléonore...

— Pardon, illustre seigneur ! murmura avec peine le solitaire, car ses dents s'entrechoquaient violemment. Pardon, si dans quelques-unes de mes paroles j'ai pu vous offenser sans le vouloir.

— Ne tremble pas comme cela, moine ; rassure-toi, continuait le chevalier toujours sur le même ton éclatant, qui donnait des soubresauts au malheureux solitaire ; si ma lance a brisé vingt cottes de mailles, elle n'a jamais troué un froc. Mais parle : l'on sut qu'Éléonore...

— Eh bien ! l'on sut qu'Éléonore était fiancée...

— Était fiancée, dit d'une voix encore plus terrible et en se levant, Arthur ; était fiancée... et à qui ?... Parleras-tu ?... Était fiancée... parle ; parle donc : Éléonore était fiancée...

— Au comte Emri, acheva enfin le religieux.

— Mort et sang ! s'écria Arthur en marchant d'un pas précipité d'un bout à l'autre de la cabane ; Enguerrand de Bridiers !... Seigneur déloyal et sans foi !... Emri de Crozant, un infâme assassin ! Éléonore, une infidèle dame !!... »

Le pauvre moine, muet sur son escabelle, écoutait l'étrange soliloque du chevalier. Il se hasarda de verser et de remplir encore les deux coupes.

« Merci, bon ermite ! Je n'ai plus soif ! dit celui-ci, qui semblait soudain avoir repris son calme ; je vous remercie de votre généreuse hospitalité. L'orage a cessé. Je pars.

— Vous partez ? reprit le religieux, dissimulant la joie de se voir débarrassé d'un tel hôte. Mais pourquoi ne pas attendre le jour ? cela serait plus prudent.

— Adieu ! bon frère, adieu ! »

Il ouvrit lui-même la porte de la hutte et sortit. Le moine le suivit jusqu'à la chapelle. Bientôt le coursier se mit à hennir à l'approche de son maître. Celui-ci, après avoir caressé de sa main le cou du noble animal, s'élança sur l'arçon. « Quelle direction prendre pour sortir de la forêt ? demanda-t-il au solitaire.

— Prenez à droite et ne détournez pas. »

Le chevalier le remercia et partit.

L'ermite rentra, vida mélancoliquement les deux coupes et le reste du flacon, se jeta sur sa natte, et s'endormit.

IV

AVENTURE.

La nature était redevenue calme et tranquille : c'était à peine si l'on entendait bruire un vent léger dans les feuilles humides des arbres. Le ciel était sans nuages, et l'astre de la nuit étalait son disque d'argent dans l'azur étoilé.

Arthur, grâce aux indications que lui avait données l'ermite, se trouva bientôt hors du bois; bientôt il se reconnut dans les brandes d'Aguzon et de Chantôme. Alors, tournant encore sur la droite, il suivit la grande voie d'Argenton à La Souterraine.

Il était bien agité et bien tourmenté le pauvre chevalier : sa tête brûlait sous son casque, et son cœur battait avec violence sous sa cuirasse de fer. Tantôt ralentissant le pas de son coursier, il chevauchait lentement morne et rêveur, abandonnant son âme à de tristes pensées; tantôt, comme si un démon l'eût éveillé soudain, il frappait de l'éperon les flancs de son cheval fougueux, et le lançait à travers les plaines et les ravins. Puis, un pénible soupir s'échappait de sa poitrine, avec ce nom d'Éléonore qui semblait avoir troublé sa raison ; et souvent de sa main gantelée, il serrait convulsivement le bois de sa lance, et brandissait l'arme terrible en prononçant le nom d'Emri.

Cependant il avait déjà laissé loin, derrière lui, Chantôme et ses plaines marécageuses, les chemins creux et bourbeux de Saint-Sébastien, Azérable et ses champs de bruyères. Déja, à la pâle clarté de la lune, Vareille apparaissait devant lui, à travers ses bois de châtaigniers. Arrivé à l'endroit où la route de La Souterraine se trouve coupée par celle de Saint-Benoît, qui continue ensuite un oblique sentier du côté de Saint-Germain, il entendit sur sa gauche des cris menaçants, qu'interrompait par intervalle un bruit de lances et d'épées. Il s'arrête et prête l'oreille.

« Arrière, brigands ! Arrière ! disait une voix.

— Nous n'en voulons qu'à ton cheval et à ton armure, reprirent d'autres voix. Allons ! décide-toi si tu tiens à la vie !

— Arrière, malandrins !... Seriez-vous mille, je passerais malgré vous !... »

Puis c'était un affreux cliquetis d'armes !

« Par Notre-Dame ! c'est un homme d'armes attaqué par des écorcheurs, dit Arthur de Breuil. »

Abandonnant sa route, il accourt aussitôt, la lance au poing, sur le lieu où se passait la rixe meurtrière.

En effet, une troupe de malandrins cernait un malheureux chevalier. Celui-ci se défendait comme un lion et se servait à merveille de son épée, tantôt parant, par de rapides moulinets, les coups sans nombre qui lui étaient portés, tantôt frappant d'estoc et de taille sur ses agresseurs acharnés... Cependant la lutte était trop inégale, et il allait infailliblement succomber sous le nombre, lorsque survint Arthur de Breuil.

« Courage, brave chevalier ! partageons la besogne ! » s'écrie celui-ci en passant son coursier sur la bande étonnée ; et, d'un rude coup de lance, il étend raide le chef des écorcheurs.

« Vive Dieu ! voilà un bon coup ! exclama à son tour le chevalier étranger. Maintenant, braves gens, vous n'avez qu'à vous bien tenir. »

Cependant des cris de rage éclatèrent soudain,

et vingt lames menaçantes se tournèrent contre l'intrépide Arthur ; mais celui-ci, saisissant son épée, se mit à hâcher et à pourfendre d'une telle manière tous ceux qui osaient l'approcher ; et l'autre chevalier, de son côté, harcelant sans relâche la bande furieuse, portait de si terribles coups, que les brigands, surpris d'une telle résistance, commençaient à faiblir lorsque arriva, à bride avalée, un troisième cavalier, la visière baissée et la lance en arrêt : « A la recousse ! mauvais garçons ! » cria-t-il aux écorcheurs. A peine eut-il parlé que les bandits se précipitèrent avec fureur sur les deux chevaliers. Le nouvel arrivant porta lui-même un si rude coup à Arthur de Breuil, que celui-ci, frappé à la visière, vit son casque rouler à dix pas de lui, tandis que la lance, brisée sur la cuirasse de son adversaire, échappait à sa main. Ce fut un cri de joie féroce parmi les écorcheurs, qui tournèrent aussitôt leurs efforts réunis vers le chevalier désarmé. Arthur allait infailliblement succomber, malgré les efforts de celui dont il venait de prendre si courageusement la défense, lorsque son adversaire, baissant sa lance, d'un seul mot : « Arrière ! » arrêta tout court les hommes sur lesquels il semblait exercer une grande autorité ; puis, saluant courtoisement l'un et l'autre chevalier : « Seigneurs, leur dit-il, j'ai des excuses à vous faire pour ces hommes et pour moi ; mais les écorcheurs ne se piquent pas de suivre bien rigoureusement les lois de la guerre, et c'est être un peu imprudent de les attaquer à deux lorsqu'ils sont plus de dix. » Le cavalier, après avoir ainsi parlé, fit un signe aux écorcheurs, et ceux-ci se rangeant en silence derrière lui, ils disparurent bientôt ensemble dans le bois.

« Chevalier, je vous dois la vie, dit l'inconnu à Arthur quand les brigands furent partis.

— Et moi je la dois à ce malandrin, ce dont j'enrage, répondit Arthur, qui était descendu pour ramasser son armet.

— Il est certain qu'à peine cet homme d'armes a-t-il vu votre visage, qu'il a baissé sa lance avec respect.

— Dites avec injure, car on eût dit qu'il voulait m'épargner.

— Non, chevalier, avec respect ; car tel était bien le sentiment qui perçait dans sa voix, lorsqu'en nous parlant il s'est plus particulièrement adressé à vous. Il n'y a rien d'extraordinaire, d'ailleurs ; parmi ces paillards-là, il est souvent de braves guerriers qui les commandent ; et j'ai entendu dire que, en ce pays même, certaines bandes errantes avaient pour chef Chabannes, un chevalier de renom.

— Plaise à Dieu que ce soit lui, en effet ! dit

avec dépit Arthur qui, ayant rajusté son casque, était remonté à cheval ; du moins, je n'aurai pas le regret d'avoir reçu merci d'un malandrin. Quoi qu'il en soit, ajouta-t-il en comptant les morts au clair de la lune, si je ne me trompe, cinq de ces brigands ont été tués de ma main.

— Votre compte est juste, répondit l'autre, car deux seulement sont tombés sous ma lame, et voici sept cadavres. Puissé-je, chevalier, être à même de vous rendre le même service, si jamais vous vous trouvez en danger. Je vous demande votre nom, et je commence d'abord par vous dire le mien : vous avez sauvé la vie à Berthold, chevalier de Normandie et sans avoir, comme jadis Gauthier ; car mon cheval et mon épée, c'est tout ce que je possède.

— Brave Berthold, répondit Arthur, j'avais un grand désir de connaître votre nom ; mais je ne vous l'aurais jamais demandé, parce que je ne puis vous dire le mien.

— Comment ! reprit le chevalier normand en regardant son compagnon d'un air étonné, vous voulez me laisser ignorer le nom de celui qui est venu si généreusement à mon secours ?... Cependant si, avant de satisfaire ma curiosité bien légitime, vous exigiez ma discrétion, je vous jure que la langue de Berthold n'a jamais parlé ni ne parlera jamais dans la bouche d'un félon.

— Je vous tiens pour chevalier aussi discret que brave et loyal, repartit de Breuil; mais, encore une fois, je ne puis me nommer.

— Je n'insiste plus, répliqua Berthold, et je respecte, sans les connaître, les motifs de votre réserve. Mais peut-être allons-nous tous deux au même endroit, et, s'il en est ainsi, je finirai bien par vous connaître, car il est peu probable que vous alliez ainsi incognito aux noces du comte Emri ?

— Comment ? interrompit brusquement sire Arthur, soudain troublé par ces dernières paroles, Emri de Crozant se marie-t-il sitôt avec Éléonore de Bridiers ?

— Vous l'avez dit, répondit l'autre, un peu surpris de l'émotion soudaine de son mystérieux compagnon. »

Arthur de Breuil n'ignorait pas les fiançailles du seigneur de Crozant avez la jeune châtelaine de Bridiers ; il l'avait appris, comme nous l'avons vu déjà, de la bouche de l'ermite ; mais il était loin de penser que les épousailles eussent lieu sitôt, et cette nouvelle fut encore pour lui un coup de foudre. Cependant, craignant de se trahir devant le chevalier étranger, il reprit avec un calme apparent : « La cérémonie devra être brillante et digne de l'opulence des deux illustres maisons ?

— Sans doute, répondit Berthold, il doit y avoir grande affluence de noblesse ; un beau tournoi doit précéder la célébration du mariage, et l'on assure que maints chevaliers de renom y mesureront leurs forces. Mais vous, qui paraissez être de ces contrées, comment ignorez-vous ces nouvelles ?

— Je reviens dans mon pays après plus de trois ans d'absence, et, pendant tout ce temps, je n'ai rien appris de ce qui s'y est passé. Mais nous voici près du but de votre voyage ; brave Berthold, regardez devant vous un peu vers la gauche ; ne voyez-vous pas cette forme brune qui s'élève d'une éminence et semble se perdre dans le ciel ? C'est le château de Bridiers et son superbe donjon. »

Ils ne tardèrent pas non plus à apercevoir La Souterraine. Bientôt la noble ville se dressa devant eux avec sa ceinture crénelée et ses édifices gothiques. Tranquille et silencieuse, on eût dit qu'elle était plongée à cette heure dans un sommeil féerique, attendant le coup d'une baguett enchantée pour sortir de son repos. Ses nom breux bastions apparaissaient dans l'ombre comm autant de redoutables géants faisant leur rond autour des remparts, et veillant à ce qu'aucun té méraire ne pénétrât dans la mystérieuse enceinte.

Arthur arrêta son coursier : « Chevalier, dit-il

je ne vais pas plus loin avec vous. Voilà la ville ; continuez votre route ; nous nous retrouverons au tournoi. » Et, sans attendre la réponse de Berthold, il tourna brusquement à gauche, poussa son cheval dans le lit à sec d'un torrent, descendit une pente rapide et disparut. Son compagnon, stupéfait, resta un moment immobile à la même place, ne sachant que penser de ce bizarre et incompréhensible chevalier. « Il paraît aussi brave que jadis Roland, se dit-il en lui-même ; mais, par mon âme ! n'aurait-il pas un peu de la maladie de l'amant d'Angélique ? »

L'ayant perdu de vue, il continua seul sa route et arriva bientôt devant les portes de la ville de La Souterraine. Il réveilla la sentinelle : « Votre devise ? cria-t-on de la poterne.—Saint-Georges ! » répondit Berthold.

Un moment après, les portes crièrent sur leurs gonds, et le chevalier fut introduit.

Où allait donc ainsi Arthur de Breuil ? Après avoir descendu le versant d'une petite colline, il rencontra devant lui un chemin creux et rocailleux serré entre deux haies de ronces et d'aubépine. Il s'aventura dans l'obscur sentier, qui le conduisit dans une immense prairie entourée de gigantesques peupliers. Il s'arrêta d'abord et, un moment irrésolu, il se mit à regarder de tous côtés. Enfin, semblant prendre une détermination, il guida son cheval dans un petit tracé dont la ligne noire coupait, dans toute sa longueur, la plaine verdoyante ; mais il s'engagea plus d'une fois dans un terrain marécageux et mouvant, et ce n'était qu'avec peine que son vigoureux coursier s'arrachait essoufflé de ces pas dangereux. Cependant, ayant atteint l'extrémité du vaste pacage, il sortit par une espèce de clairière et continua, à travers les châtaigneraies, la trace douteuse du chemin qu'il avait pris. Bientôt une pente rapide et glissante le força de ralentir le pas. Arrivé au bas de la pénible descente, il se trouva sur les bords d'une petite rivière qui roulait ses eaux bruyantes dans le sable et les cailloux ; puis, au détour du monticule, tout à coup de hautes tours apparurent au-dessus de sa tête. C'était le château de Bridiers, suspendu sur son roc comme l'aire du vautour. Par intervalle, une lumière errait dans les appartements, éclairant successivement les vitraux du redoutable manoir, et le mot d'ordre de la sentinelle courait comme un écho de vedette en vedette.

Arthur mit pied à terre et attacha son cheval au tronc d'un arbre. Le pauvre animal, affamé, se mit à dévorer l'herbe tendre qui se trouvait en abondance dans ce lieu, tandis que son maître, s'éloignant de quelques pas, alla s'asseoir sur un morceau de rocher.

L'infortuné chevalier resta pendant un moment muet et immobile, les yeux tournés vers le donjon, et se laissant aller à de cruels souvenirs. Enfin, poussant un profond soupir : « Éléonore ! » murmura-t-il.

« Éléonore ! » répéta une voix qui semblait un écho.

Arthur se retourna vivement : un guerrier tout armé était debout à côté de lui. C'était celui qui, quelques instants auparavant, était venu rallier et puis arrêter les écorcheurs qui entouraient les deux chevaliers.

« Ah! je te remercie, dit Arthur, dont le cœur bondit à la vue de son adversaire ; la lune éclaire, la prairie est unie en cet endroit, tu as ton épée, tu vas me donner ma revanche.

— Arthur de Breuil, répondit le mystérieux homme d'armes d'une voix triste et en se croisant les bras...

— Tu sais mon nom ?...

— Arthur de Breuil, continua l'autre, tu es arrivé bien tard ; demain Emri épouse Éléonore.

— Oh ! il ne l'épousera pas, moi vivant, s'écria le fougueux jeune homme en brandissant son épée qu'il avait tirée du fourreau.

— Non, il ne l'épousera pas ; mais parle plus bas, imprudent chevalier... La nuit est calme, les sentinelles ont l'oreille au guet... Oh! si l'on savait là-haut qu'Arthur de Breuil, le terrible adversaire de l'oriflamme anglais, l'amant de la belle Éléonore, est là, à quelques pas de ces tours !... Tu ne connais pas Emri, toi, ajouta l'étranger en baissant encore sa voix, qui vibrait cependant comme une lame d'acier ; tu ne sais pas que, pour se défaire d'un ennemi et d'un rival, il aimerait mieux se servir d'une flèche ailée qui viendrait te frapper dans la nuit sur ce rocher, que de t'attaquer au grand jour avec l'épée qu'il porte à son côté ? Tu ne sais pas qu'Emri avait un frère ?...

— Oh ! toi, tu sais tout ! répliqua Arthur en se rapprochant de celui qui lui parlait ainsi. » Les deux guerriers se prirent mutuellement la main, la tinrent serrée pendant un instant, puis Arthur : « Demain, au tournoi, je ferai en sorte qu'il ne refuse pas de joûter avec moi, avec des lances dont on n'aura pas émoussé le fer.

— Ne le fais pas, de Breuil, tu te perdrais. Attends deux jours encore ; tu l'as dit : Emri n'épousera pas Éléonore ; moi je t'en donne ma foi. Éloigne-toi et reviens dans deux jours.

— Non, j'irai au tournoi !

— Promets-moi au moins de n'y paraître que visière baissée et avec armes courtoises.

— Je ne sais ce que je ferai !...

— Mais tu te perdrais inutilement, te dis-je. Crois-tu qu'on te permettrait, sans te faire connaître, de provoquer Emri ? Et, si tu disais qui tu es, es-tu sûr qu'en t'en retournant, le soir, la flèche dont je te parlais tout à l'heure, ou une troupe de traîtres, au détour du chemin, ne débarrasserait pas le seigneur de Crozant ? Va au tournoi ; mais cache ton nom et ta figure, et, je te le jure encore une fois, Éléonore n'épousera pas Emri. »

Arthur, immobile, écoutait le mystérieux étranger, se demandant quelle foi il devait ajouter aux paroles d'un chef des écorcheurs, car il s'était bien assuré que ce chef d'écorcheurs n'était pas Chabannes, dont il connaissait et la voix et la taille, qui ne ressemblaient en rien à la voix et à la taille de l'homme qu'il avait devant lui. Quant aux traits, il n'en pouvait juger, celui-ci ayant toujours la visière baissée. Enfin, prenant une résolution : « Je ferai ainsi que tu me le conseilles, dit-il ; mais, si tu me trompes ?...

— Enfant ! dit l'autre ; allons, ne reste pas plus longtemps dans ce lieu où tu n'es pas en sûreté. Écoute, tu vas traverser la Sédelle. » Puis, étendant le bras, il ajouta : « Tu feras dix-huit cents pas dans cette direction. Tu arriveras alors à une cabane isolée et inhabitée ; mais tu y trouveras tout ce qui est nécessaire pour ton coursier fatigué et affamé, et toi tu prendras du repos dont tu as besoin. Là, tu pourras attendre que le soleil ait fait au moins la moitié de sa course; alors il sera temps d'aller au tournoi. Voici le jour qui commence à poindre; pars. »

Arthur alla vers son cheval, se jeta en selle, et traversa la Sédelle. Quand il le vit s'éloigner, l'étranger se mit à gravir un pic escarpé; puis, s'arrêtant à la cime : il chanta à demi-voix, tourné du côté du château, comme pour que le vent y portât ces paroles :

Pourquoi ces chants, cette vive allégresse?
Pourquoi ces jeux, ces festins, cette liesse?
  Pourquoi ces ris?
Quand on entend les hurlements funèbres;
Quand les hiboux, au milieu des ténèbres,
  Poussent des cris?...
Quand sur la tour une ombre se dessine,
O Lusignan! n'est-ce pas Melusine
  Qui t'avertit?...

V

LES FIANCÉS.

La matinée était superbe ; le soleil, se levant derrière les montagnes de Dun et de Saint-Vaulry, dorait de ses premiers rayons la haute tour et les remparts de l'est du château de Bridiers. Le ciel était bleu et sans nuage, l'air frais et pur. La terre seulement était mouillée à sa surface, et, lorsqu'un léger souffle venait agiter les feuilles des sycomores, quelques perles humides tombaient encore dans les vertes allées.

Plusieurs chevaliers se promenaient, armés et le casque sur la tête, dans la grande cour, et nombre d'écuyers étaient déjà occupés dans les écuries à soigner les chevaux des seigneurs et à les apprêter pour le tournoi, tandis que les ménestrels, rassemblés sous la fenêtre de la fiancée, accordaient leurs instruments pour lui donner une aubade.

Le château de Bridiers reprit bientôt la vie et l'activité de la veille. Le majordome se multipliait pour donner ses ordres, et tous les serviteurs se livraient avec ardeur à leur besogne.

Cependant les dames, doucement réveillées par la musique des troubadours, s'étaient mises à leur toilette, et ce ne fut pas sans avoir tourmenté leurs caméristes et vingt fois changé plusieurs détails de toilette, qu'elles s'offrirent enfin aux regards des nombreux guerriers qui remplissaient la vaste cour du château. Plus d'une belle jalouse, en traversant les longues galeries, chercha des yeux le vaillant champion que son cœur avait choisi ; et si, à son col ou à son bras, elle voyait flotter ses couleurs, d'un tendre sourire elle remerciait le constant chevalier.

La joie était partout, et, dans les distractions et le bruit de la fête, tout le monde semblait avoir oublié l'alerte de la veille. Quelques dames, cependant, conservaient un reste d'inquiétude en songeant aux écorcheurs : « Jean de Taille-Fer, dit Emma de Glénis au chevalier qui portait ses couleurs et qui était venu au-devant d'elle, que pensez-vous du hideux personnage qui hier nous a causé tant d'effroi?

— Je ne sais, jolie damoiselle, répondit le chevalier; mais serait-ce Satan en personne, il n'aurait pas le don de m'effrayer.

— Prenez garde, reprit malicieusement Emma, qu'il ne vous montre encore mieux qu'à sire de Confolens, la différence qui existe entre la force d'un homme et celle du démon...

— Noble dame, repartit Jean de Taille-Fer, Messire Satanas a, dit-on, le pouvoir de prendre les formes qu'il veut; s'il se montrait à moi sous certains traits séduisants que je ne veux pas désigner... Je vous jure que ma faiblesse serait aussi grande que sa puissance. »

Emma de Glénis sourit.

Bientôt le son du cor appela les nobles conviés dans la salle du festin où Éléonore ne parut pas. La fiancée était restée dans son appartement avec la dame de Bridiers sa mère, qui, ce jour là, avait voulu se charger elle-même du soin de la toilette de sa fille bien-aimée. La jeune damoiselle avait revêtu une riche robe bleu-d'azur, ayant à droite les armoiries du comte de Crozant, à gauche les insignes de Bridiers. Des bijoux sans nombre et du plus grand prix étaient étalés devant elle sur une table d'argent. Pauvre fiancée!... Plus d'une fois elle détourna les yeux de ces superbes joyaux pour cacher une larme qu'elle ne pouvait retenir.

« Ma fille, commença la vieille châtelaine, convenez que le comte de Crozant est un seigneur magnifique. Ces cadeaux de noces ne seraient-ils pas dignes de la libéralité d'un roi ? »

Éléonore baissa la tête et soupira.

« Allons ! continua la dame sans paraître remarquer le chagrin de sa fille, mettez à votre cou ce beau collier ; les nuances foncées des grains feront ressortir admirablement la blancheur de votre peau.

— Ma mère !... ma mère !... s'écria la jeune damoiselle avec un accent de désespoir.

— Éléonore !... reprit la dame de Bridiers après un silence affecté comme pour marquer son étonnement. Éléonore, je ne puis concevoir cette tristesse, lorsque bientôt vous allez devenir l'épouse du comte Emri, seigneur aussi accompli qu'il est noble et puissant.

— Ma mère, hasarda la timide fiancée, il y a quelque temps qu'un chevalier dont les qualités personnelles l'emportaient de beaucoup sur les titres, osa demander ma main ; mon père alors accueillit ses prétentions, et...

— Ma fille, interrompit vivement la vieille dame, c'est un crime maintenant de songer à Arthur de Breuil.

— Il fut cependant mon fiancé, lui aussi.

— Oui, Éléonore ; mais ce chevalier, en portant ses armes déloyales pour l'injuste cause des Valois, s'est déclaré l'ennemi de votre père, qui combat dans le camp opposé. Éléonore, ne prononcez jamais le nom d'Arthur de Breuil.

— Mon père ne fut pas toujours l'adversaire des lys, et il fut un temps...

— Arrêtez-vous, Éléonore, interrompit aussitôt d'un air sévère la vicomtesse. La fille d'Enguerrand va-t-elle maintenant accuser la conduite de son père ?... Sachez que le noble vicomte a pu se tromper une fois ; mais qu'il a dû réparer son erreur dès qu'il l'a connue, et embrasser un parti que le ciel lui-même protége, et vers lequel le poussaient l'honneur et les intérêts de sa maison.

— Dieu me préserve, ma mère, de trouver à redire sur aucune des actions de mon père. Mais Arthur de Breuil...

— Mais Arthur de Breuil, encore une fois, reprit avec vivacité la vieille châtelaine, Arthur de Breuil est un seigneur sans vassaux : tous ses domaines consistent en un manoir sans fossés, sur la Creuse, et pas une perle au timbre de son blason... Emri de Crozant porte une couronne de comte, ma fille.

— Et sur le champ de son écusson, du sang... osa répliquer Éléonore.

— Taisez-vous, imprudente, se hâta de dire en baissant la voix la dame atterée ; gardez-vous d'entretenir votre esprit d'infâmes soupçons, et de croire aux faux bruits qu'une odieuse calomnie osa répandre dans un temps sur le comte de Crozant.

— Ma mère ! ma mère ! par pitié ! s'écria la pauvre Éléonore en se jetant dans les bras de la vicomtesse. Hier, l'apparition de ce ménestrel que personne n'a connu, sa mystérieuse prédiction...

— Tranquillisez-vous, Éléonore, l'évènement d'hier n'a rien de sérieux, je ne partage même pas l'opinion des nobles seigneurs qui ont regardé ce personnage comme un espion des écorcheurs ; je croirais plutôt que c'est quelque ménestrel éconduit par nos gens à cause de sa mauvaise mine, qui, trompant leur surveillance, se sera introduit dans la salle, dans le but de troubler la fête pour se venger.

— Mais, ma mère, reprit en suppliant la fille d'Enguerrand de Bridiers, retardez au moins le moment fatal qui doit m'unir à jamais au comte Emri.

— Cela ne se peut, Éléonore, répliqua d'un ton sévère la fière dame, demain vous serez l'épouse du seigneur de Crozant. La fille d'Enguerrand de Bridiers et d'Isabelle de Piégu doit avoir le courage de sacrifier ses inclinations pour obéir aux vues de sa famille. Vous ne serez pas du reste la seule qui aurez donné ce bel exemple ; Isabelle d'Angoulême ne renonça-t-elle pas à la main de Hugues de Lusignan pour se soumettre aux intentions de son père, qui la maria à Jean-sans-Terre, roi d'Angleterre.

— Mon Dieu, Seigneur, ayez pitié de moi ! sainte Vierge, intercédez pour moi ! murmura faiblement la pauvre Éléonore en laissant tomber sa tête sur son sein.

— Voilà ma fille ! s'écria l'ambitieuse dame en embrassant la victime résignée. Mais mon Éléonore, ne pleurez pas ainsi ; ne serez-vous pas heureuse et fière de voir nos insignes mêlés à ceux des Lusignan, qui comptent des rois parmi leurs ancêtres ? Et quand sera terminée cette maheureuse guerre, croyez-vous que le roi Henri d'Angleterre se refuse aux légitimes prétentions du seigneur de Crozant, qui a des droits incontestables sur le beau comté de Marche ?

Le son des rotes, des chiffonnies et des harpes, les voix confuses des convives qui quittaient la grande salle, l'activité plus bruyante des pages et des varlets, interrompirent la dame de Bridiers. Après avoir écouté un moment : « Allons, ma fille, reprit-elle en l'aidant à se parer du reste de ses pierreries, allons !... on n'attend plus que vous. »

Une femme de service vint annoncer le comte Emri : « Le fiancé de ma fille peut se présenter, dit la mère d'Éléonore. Vous, continua-t-elle en se tournant vers la pauvre damoiselle abattue et désespérée, surmontez cette tristesse qui vous sied mal, et songez, dans cette entrevue, à montrer au comte un meilleur visage que vous ne faites d'habitude.

— Par mon âme ! s'écria en rentrant le comte Emri, je romprais plutôt mille lances, si l'on osait soutenir devant moi qu'une autre fût plus belle qu'Eléonore de Bridiers. Puis, baisant la main de la fiancée : « Ah ! si vous étiez aussi tendre que jolie ! » ajouta-t-il.

Éléonore devint pâle et tremblante, et baissa la tête sans répondre.

L'ambitieuse épouse d'Enguerrand, prenant la parole pour sa fille : « Seigneur Emri, dit-elle, Éléonore apprécie vos nobles qualités, son amour répond au vôtre, et je me porte caution de ses sentiments pour vous.

— Puissiez-vous dire vrai ! Madame, répondit le comte ; puisse-t-elle avoir enfin oublié mon indigne rival !

— Ma fille a dû renoncer à une flamme désapprouvée par sa famille, repartit la fière vicomtesse. »

Puis, laissant les deux fiancés en tête-à-tête,

bien persuadée qu'Éléonore soumise tiendrait compte de ses dernières observations, elle alla au fond de l'appartement se mirer dans une grande glace, et se mit à ajuster les fichus et les banderolles de son gigantesque bonnet.

« Oh ! serait-ce vrai ? dit à demi-voix le comte, la belle Éléonore aurait-elle enfin un peu d'amour pour Emri de Crozant ?...

— Qu'exigez-vous donc seigneur ? répondit la fiancée ; demain ne serai-je pas votre femme ?

— Oui, pour obéir à la volonté de vos parents, et non pour répondre à mon amour.

— Comte, l'amour ne s'impose pas.

— Mais enfin, dame impitoyable, quel serait donc le secret pour vous plaire ?... Si un moyen m'était offert pour me faire aimer de vous !... Qu'importeraient sacrifices et dangers !... Dites, Éléonore, qu'exigez-vous de moi ?...

— Je n'exige rien de vous, répliqua la jeune damoiselle.

— Que je suis malheureux ! reprit le comte ; tout mon cœur est à vous ! et peut-être vous suis-je odieux.

— Comte, dit avec hésitation Éléonore, vous pourriez, si vous le vouliez, posséder mon amitié, mon estime, et surtout ma reconnaissance.

— Dites-moi donc vite ce qu'il faut faire, dame chérie, reprit avec vivacité le comte : parlez,

parlez sans crainte, je vous jure de faire ce que vous demanderez. »

Éléonore n'osa répondre ; mais, tout à coup, ses yeux devinrent humides de larmes.

« Éléonore, vous pleurez ! dit Emri, qui s'était jeté à ses pieds et avait saisi sa main qu'il couvrait de baisers. O ma fiancée, ne vous attristez pas ainsi ! Que me faut-il faire ?..... Dites sans crainte. Ordonnez : dangers, combats, sacrifice de mes biens, de ma vie... Et je serai heureux si vous m'aimez !

— Je demande bien moins que cela.

— Eh bien ! parlez donc, parlez donc.

— Comte de Crozant, renoncez à ma main.

— Renoncer à votre main !... reprit en se relevant Emri étonné et tout hors de lui ; et cela, d'après vous, est si peu de chose !... Jamais !... Jamais !... Vous ne m'aimez pas aujourd'hui ; j'ai l'espoir que plus tard vous m'aimerez.

— Allons ! seigneur Emri et vous Éléonore, interrompit la vieille dame, qui, satisfaite des ajustements de sa toilette, était venue rejoindre les deux fiancés : Allons, ne nous faisons pas attendre davantage ! Entendez-vous les piétinements et les hennissements des coursiers qui semblent partager l'impatience de leurs maîtres ? Comte de Crozant, vous ne serez pas des premiers à cheval.

— J'y serai encore à temps, répliqua le comte en adressant un tendre et triste regard à Éléonore, pour faire triompher au tournoi le nom et la devise de ma dame inhumaine. »

Bientôt Éléonore, sa mère et Emri de Crozant parurent dans la grande cour. Le vicomte de Bridiers alla au-devant d'eux et embrassa sa fille. Les ménestrels crièrent :

> Liesse ! liesse !
> A la beauté vœux et tendresse !
> A chevalier joûte et prouesse !
> A ménestrel riche largesse !
> Liesse ! liesse !

Par l'ordre du châtelain, des pages jetaient au milieu des joueurs de harpe et des jongleurs des pièces d'argent que ceux-ci ramassaient avec avidité ; et ils répétaient de nouveau :

> Liesse ! liesse !
> A la beauté vœux et tendresse !
> A chevalier joûte et prouesse !
> A ménestrel riche largesse !
> Liesse ! liesse !

VI.

LE TOURNOI.

Bientôt une magnifique cavalcade traversa le pont-levis et défila dans les longues allées qui servaient d'avenues au château de Bridiers. C'était réellement un ravissant spectacle que tous ces chevaliers couverts de brillantes armures, menés comme en lesse par leurs dames, et retenant par le mors leurs destriers fougueux dont ils mesuraient le pas sur celui des dociles palefrois ; puis pages, varlets, qui suivaient avec de riches livrées. Les yeux ne pouvaient supporter l'éclat des diamants, des pierreries, des casques polis qui étincelaient aux rayons du soleil. L'or et l'argent luisaient jusque sur les rênes et les housses blasonnées des coursiers. Les ménestrels suivaient en jouant sur leurs divers instruments des airs guerriers. Toute cette superbe noblesse se dirigea ainsi vers la vaste plaine choisie pour le tournoi, aux pieds des murs de la ville de La Souterraine.

Depuis le matin de cette journée, une grande affluence de monde se pressait autour des barrières, et les hallebardiers avaient assez de mal pour contenir la multitude des curieux qui se jetaient les uns sur les autres. A l'arrivée de la brillante cavalcade, mille voix poussèrent en même temps les cris répétés de : Noël! Noël! Vivent les hauts et puissants seigneurs de Bridiers et de Crozant!

Cependant toutes les dames et tous les vieux seigneurs auxquels l'âge ne permettait plus de prendre part à des exercices qu'ils abandonnaient à regret, laissèremt leurs montures entre les mains de leurs pages et de leurs écuyers, et allèrent se placer sur les amphithéâtres richement ornés qui occupaient une des extrémités de la lice. On y avait élevé trois trônes, au-dessus desquels on avait placé les pannonceaux de Bridiers et de Crozant. Enguerrand de Bridiers occupa celui du milieu, et fit asseoir à sa droite son épouse Isabelle de Piégu, et à sa gauche sa fille Éléonore. Le noble vicomte portait un manteau d'écarlate parsemé de lames d'argent, et sur ses cheveux blancs brillait la couronne à neuf perles.

On lisait sur le visage d'Enguerrand toute la joie qu'il éprouvait d'unir sa famille à celle des seigneurs de Crozant; elle était bien partagée par l'ambitieuse Isabelle de Piégu, et le père et la mère, dans leur égoïste satisfaction, semblaient ne pas même s'apercevoir de la tristesse et de l'abattement de leur fille sacrifiée.

Déjà tous les champions s'étaient rangés sur une seule ligne, derrière les barrières, et attendaient, sur leurs coursiers impatients, le signal des jeux du tournoi. Parmi ces guerriers, l'on ne pouvait s'empêcher de remarquer Arthur de Bourganeuf, Renaud d'Aubusson, Jean de Taille-Fer, et ce chevalier nouvellement arrivé, le Normand Berthold; mais aucun d'eux ne pouvait être comparé à Emri de Crozant. A voir ce superbe seigneur sur son énorme destrier, couvert de sa riche armure et ayant sur la tête son pesant cimier dont les panaches élevés semblaient encore ajouter à sa haute taille, on aurait pu le prendre pour le dieu des combats.

Enfin le juge du camp cria que la lice était ouverte, et le hérault se mit en devoir de prononcer à haute voix les noms et titres des chevaliers qui entraient en champ clos.

Renaud d'Aubusson fut le premier tenant, et soutint assaut avec honneur contre Gauthier de Confolens et plusieurs autres chevaliers; mais il fut désarçonné par Arthur de Bourganeuf. Ce dernier resta pendant plus d'une heure maître du camp, et vainquit, les uns après les autres, plus de dix chevaliers sans qu'il parût même fatigué. Plusieurs fois la belle comtesse de Liverpool, au milieu des applaudissements de l'assemblée, témoigna la part qu'elle prenait aux triomphes de son chevalier, en agitant dans l'air une verte écharpe, ce qui n'augmentait pas peu le courage du guerrier. Mais il eut à lutter contre un champion bien redoutable : Jean de Taille-Fer avait poussé son coursier dans la lice. Un murmure de satisfaction parcourut la foule des spectateurs lorsqu'on vit en champ clos ce chevalier de renom.

Dès le premier choc, les deux champions rompirent leurs lances; on leur en donna d'autres plus fortes, et ils recommencèrent l'assaut avec plus d'ardeur. La belle dame d'outre-Manche sentit plus d'une fois son cœur battre avec violence dans sa poitrine, et Emma de Glénis respirait à peine.

Cependant les deux guerriers se pressaient vivement l'un l'autre, et faisaient des traits de prouesse qui excitaient l'admiration. La victoire fut longtemps incertaine. Enfin Arthur de Bourganeuf, poussé par son terrible adversaire contre les barrières et ainsi acculé, ne pouvant presque pas riposter aux coups qui lui étaient portés par un bras infatigable, fut obligé de demander merci. Il avait à peine quitté la lice que Pierre de Saint-Prieix se présenta, la lance en arrêt, contre Jean de Taille-Fer.

La lutte de ces deux rivaux en amour fit sourire la dame commune de leurs pensées ; mais lorsque, dès le premier choc, Emma de Glénis vit l'infortuné Pierre de Saint-Prieix vider les arçons, ce fut avec peine qu'elle s'abstint, par convenance, de prendre part à l'hilarité générale.

Cependant Jean de Taille-Fer, resté maître du camp, faisait le tour de la lice et se pavanait sur son coursier en attendant d'autres joûteurs. Emri de Crozant et Berthold étaient les seuls qui n'eussent pas encore quitté leur rang, lorsque tout à coup un chevalier masqué parut au milieu de la lice. Chacun porta avec étonnement les yeux sur l'inconnu. Sa taille avantageuse, sa noble tournure excitèrent surtout l'intérêt de la plupart des belles dames ; le masque qui cachait le visage du guerrier ne contrariait pas peu leur curiosité, et elles auraient bien voulu être à même de juger si la régularité des traits répondait à un corps si bien proportionné. Ses armes étaient sans luxe, mais en bon état; son casque nu avait pour cimier une tête de dragon.

A peine eut-il poussé son coursier du côté où étaient placés les écus des champions du tournoi que Berthold, s'élançant dans lice, courut au-devant du chevalier inconnu. Celui-ci hésita un instant, comme indécis s'il devait se mesurer avec le champion qui se présentait pour combattre contre lui; puis, se ravisant, il lui fit signe de la main et alla prendre son champ à l'extrémité, tandis que le chevalier normand venait se placer à l'autre bout.

Le choc fut rude et la lutte longue; Berthold, par ses traits de vaillantise, ne démentit point la réputation des chevaliers de son pays; mais le guerrier inconnu étonna surtout les spectateurs par son adresse et sa force prodigieuse. Après mille prouesses déployées de part et d'autre, Berthold fut enfin obligé de reconnaître la supériorité de son adversaire, et céda la lice à d'autres champions, après avoir dit tout bas à son vainqueur quelques mots que personne n'entendit. Plusieurs se présentèrent successivement et furent désarçonnés. Jean de Taille-Fer, Arthur de Bourganeuf, Renaud d'Aubusson voulurent rompre encore une lance avec le terrible tenant; mais celui-ci, comme s'il eût été impatient des obstacles qu'on opposait à l'exécution d'un projet, renversait ses adversaires comme un moissonneur fait tomber les épis de blé devant lui.

Emri de Crozant, indigné de voir tant de joûteurs renommés vaincus par cet étranger, donna un coup d'éperon à son coursier et franchit les barrières, à la grande satisfaction, à ce qu'il sembla à plusieurs, du chevalier inconnu.

Lorsque l'on vit le seigneur de Crozant dans la lice, la foule se pressa davantage contre les pals qui entouraient l'enceinte, et le vicomte de Bridiers, ainsi que les autres seigneurs et les dames qui occupaient l'amphithéâtre, se levèrent debout pour mieux regarder. Éléonore elle-même qui, jusqu'à ce moment, avait tenu les yeux constamment baissés, comme pour mieux se livrer à toute la tristesse de son âme, les leva par un mouvement instinctif de curiosité. L'émotion succéda bien vite à son étonnement, lorsqu'elle reconnut, au bras du chevalier masqué, une écharpe qu'elle-même avait brodée. « C'est lui ! » murmura-t-elle tout bas. Mais elle se contint aussitôt, et les spectateurs qui se trouvaient les plus près d'elle, tout occupés du tournoi, ne remarquèrent pas l'impression que la vue du chevalier inconnu avait produite sur la fiancée.

Cependant les deux champions en étaient venus déjà aux mains et avaient brisé plusieurs lances : « Beau-Semblant! cria le comte à un poursuivant d'armes qui se tenait, avec le hérault, à l'entrée du camp, donne-nous donc des lances plus fortes et un peu moins courtoises.

— Neuves et fraîchement émoulues, ajouta l'autre en s'adressant à Emri, qui, au son de cette voix, tressaillit involontairement. »

On leur apporta des lances sans frette et sans morne ; mais, d'après le désir de sire Enguerrand et du plus grand nombre des seigneurs et des dames, les pointes furent légèrement émoussées. Alors les deux terribles joûteurs recommencèrent une lutte qui ressemblait à un combat à outrance, et ils se portaient de tels coups que, parfois, des étincelles jaillissaient de leur armure. Trois fois, n'en pouvant plus, ils se reposèrent, et trois fois ils reprirent l'assaut avec encore plus de fureur.

« Quel serait donc ce chevalier? dit Enguerrand de Bridiers au vieux Foucauld de Saint-Germain qui se trouvait près de lui.

— Je l'ignore comme vous, répondit celui-ci ; mais, par ma foi! si le comte de Crozant désirait un adversaire digne de lui, il l'a bien trouvé. »

Dans ce moment même le chevalier masqué reçut un si rude coup de lance qu'il chancela sur les étriers. Éléonore poussa un cri qui se perdit au milieu des acclamations des spectateurs, qui

clamaient : « Honneur au seigneur de Crozant ! »
Mais le chevalier étranger s'était aussitôt remis
sur l'arçon et avait riposté si vigoureusement que
le coup faussa la cuirasse du comte, et fit reculer
son coursier de plusieurs pas, lequel fut sur le
point de s'abattre.

« Par mon âme ! dit Emri, que ce terrible estoc
avait failli renverser de cheval, si votre taille était
moins élevée je vous aurais pris pour Chabannes :
c'est le seul, avant vous, que je connusse de ma
force. Dites-moi votre nom, chevalier, et renonçons, si vous le voulez, à une victoire aussi difficile, je pense, pour l'un que pour l'autre. »

L'inconnu, pour toute réponse, mit la lance en
arrêt : « Eh bien, point de relâche ! reprit le
comte, et que ce dernier assaut décide ! »

Les deux champions recommencèrent donc une
lutte encore plus opiniâtre que les précédentes,
et nul ne pouvait dire comment elle se serait terminée, si le chevalier normand ayant parlé bas au
hérault d'armes, celui-ci n'avait mis fin au combat
en jetant dans l'arène son bâton de commandement. L'étonnement et l'admiration avaient rendus muets tous les spectateurs ; ils regardaient
silencieux.

« Merci, chevalier ! cria enfin le comte, et ma
revanche à demain ! » Le guerrier masqué ne
répondit pas ; puis il fit le tour de l'enceinte, s'ar-

rêta un moment devant les trois trônes où étaient assis le vicomte de Bridiers, sa femme et sa fille, et s'inclina avec respect.

« Chevalier, dit Éléonore, soyez aussi constant que brave! »

L'inconnu baissa les yeux sur l'écharpe qui était à son bras, et les releva ensuite vers la belle damoiselle ; puis, s'inclinant de nouveau, il adressa un salut plein de courtoisie à toute la noble assemblée, donna des éperons et partit.

« Par mon âme! je voudrais bien connaître le nom de ce chevalier, dit Emri en sortant de la lice à plusieurs seigneurs qui étaient venus au-devant de lui ; je puis assurer que c'est le plus infatigable joûteur que j'aie jamais rencontré. Peut-être sire Berthold pourrait-il satisfaire notre curiosité ; car ils se sont parlé dans le champ-clos comme s'ils se connaissaient?

— Mais vous, comte, répondit celui-ci, il vous a parlé aussi : ne vous a-t-il pas dit son nom?

— Je ne le lui ai pas demandé, répondit Emri un peu déconcerté.

— Eh bien! moi je viens de l'apprendre : c'est Arthur de Breuil...

— Arthur de Breuil! » s'écria le comte de Crozant. Et ses yeux jaloux se tournèrent vers Éléonore. »

5.

Cependant le soleil touchait déjà à l'ouest de l'horizon. Les estrades qui entouraient les barrières commencèrent à se vider, et bientôt dames et vieux gentilshommes descendirent les degrés des amphithéâtres, tout en parlant beaucoup des prouesses du tournoi, et surtout de la valeur des deux derniers champions.

Écuyers et pages amenaient par les rênes, aux pieds des échafauds, les chevaux et les douces haquenées.

Dans le moment que le vicomte de Bridiers mettait la main à l'arçon pour monter sur son destrier, tout à coup un homme, fendant la foule, vint se jeter tout haletant à ses pieds en s'écriant : « Monseigneur, tout est perdu ! les brigands ont surpris le château !... ils sont maîtres de Bridiers !... »

Enguerrand a reconnu son majordome : « Que dis-tu ?... Et ma mère ?... demanda-t-il atterré.

— J'ignore le sort de la respectable dame, répondit le serviteur ; et c'est par le plus grand miracle que je me suis sauvé, pendant que les écorcheurs faisaient une boucherie de vos hommes d'armes !... »

Cette sinistre nouvelle jeta la consternation dans tous les esprits ; mais la frayeur fut bientôt à son comble lorsqu'on aperçut s'élever une épaisse poussière du côté de Bridiers.

« Ce sont eux ! les voici ! cria Emri de Crozant. Allons, chevaliers, la lance au poing ! »

Tout devint pêle et mêle. Le peuple se précipitait en foule vers les remparts de la ville, et les dames, éperdues, couraient çà et là sur leurs palefrois, cherchant à passer à travers la populace effrayée qui encombrait les portes.

Cependant chevaliers et hommes d'armes s'étaient portés sur le grand chemin de Bridiers et avaient déjà formé une haie de lances, attendant les malandrins de pied ferme. On ne tarda pas à apercevoir cavaliers et pédailles armés de différentes manières et marchant sur La Souterraine.

« Chabannes ! » crièrent en se ruant les farouches routiers. Puis une affreuse mêlée s'engagea.

Cependant, dès le commencement de l'action, Chabannes et Emri s'étaient rencontrés et avaient aussitôt commencé une lutte que la valeur des deux guerriers rendait assez égale. Chabannes était loin d'avoir la haute stature d'Emri de Crozant ; mais, à voir ses larges épaules, ses membres fournis et vigoureux, on le jugeait capable de pourfendre un géant. Ils se portèrent de rudes coups qu'ils parèrent avec une admirable adresse ; mais la nuit vint terminer ce duel opiniâtre avant que la fortune se fût décidée pour l'un ou pour l'autre.

La plupart des seigneurs rentrèrent dans la

ville à l'approche des ténèbres, tandis que les malandrins se retiraient du côté du château de Bridiers, dont ils s'étaient rendus maîtres. Plus d'un noble guerrier était resté sur le champ de bataille, et plus d'une dame infortunée, ne voyant point revenir son chevalier, versa des larmes de deuil.

On ne tarda pas à s'apercevoir de l'absence d'Emri de Crozant, du vicomte de Bridiers, de sa femme et de sa fille. On fut dans la plus grande inquiétude sur leur compte. Berthold et Renaud d'Aubusson sortirent encore des remparts pour aller à leur rencontre. Ils allèrent d'abord sur le lieu de la mêlée, pour voir s'ils ne reconnaîtraient pas parmi les morts Emri et Enguerrand. La lune, qui éclairait dans ce moment, leur fit voir le sol jonché d'écorcheurs ; mais, près de ces obscurs ennemis, gisaient aussi nombre de chevaliers. Ils ne purent voir sans être émus les restes mutilés de ces jeunes seigneurs qui, le matin de cette journée, animaient encore la fête de leur gaîté vive et bruyante ; Renaud d'Aubusson découvrit même le corps de Gauthier de Confolens, avec lequel il avait joûté au tournoi. Son cœur se serra à cette vue, et une larme coula sur ses joues.

Tout à coup les deux chevaliers entendirent des plaintes derrière eux : « O ma femme ! O ma fille ! disait une voix mourante.

— C'est Enguerrand de Bridiers! » s'écrièrent en même temps Renaud d'Aubusson et Berthold, et ils portèrent leurs pas du côté où les gémissements continuaient à se faire entendre. Ils aperçurent l'infortuné vicomte assis au pied d'un arbre, la tête appuyée contre le tronc : « Vous êtes blessé, brave Enguerrand? dirent-ils en s'approchant.

— Ah! chevaliers! murmura le malheureux vieillard, ils ont enlevé ma femme et ma fille!

— Seigneur, dit Berthold, ne vous laissez pas ainsi abattre sous les coups de l'infortune.

— Au reste, reprit à son tour Renaud d'Aubusson, Chabannes est un guerrier qui a de nobles sentiments, quoiqu'il soit à la tête d'une troupe de malandrins; et soyez sûr qu'il aura pour ses illustres prisonnières tous les égards qu'elles méritent. »

En parlant ainsi, les deux chevaliers placèrent sur leurs bras, le plus commodément possible, le vicomte blessé, qui ne cessait d'appeler sa femme et sa fille, et le transportèrent ainsi jusqu'à La Souterraine, où les soins les plus empressés lui furent prodigués.

VII

LES ÉCORCHEURS.

En quittant la lice, Arthur de Breuil était retourné à la hutte solitaire où il avait passé la fin de la dernière nuit. Il comptait y revoir le personnage mystérieux qui lui avait procuré cet asile, ne sachant d'ailleurs quelle confiance il pouvait donner à ces paroles énigmatiques : « Emri n'épousera pas Eléonore, » lorsque, le lendemain, devait avoir lieu la cérémonie nuptiale. Cependant elles avaient éveillé en lui une vague espérance, et il attendait, dans la plus cruelle anxiété, ce dénoûment qui approchait, qui devait lui rendre sa chère dame ou la lui enlever pour jamais. Il ignorait les évènements qui avaient suivi de si près la joûte; et lorsque, en chevauchant vers la Sédelle, il regardait de loin la haute tour de Bridiers qui s'élevait au milieu des bois, il était loin de penser que le superbe donjon eût déjà changé de maître...

Arrivé à la cabane, il mit pied à terre; puis, ayant mis son coursier à l'abri et pourvu à tout ce qui lui était nécesssaire, il vint se promener quelque temps sous les arbres qui entouraient la solitude. Mais bientôt il alla s'appuyer contre le tronc noueux d'une yeuse dépouillée de ses feuilles, et, se livrant tout entier aux tristes pensées qui tourmentaient son cœur, il prononça vingt fois le nom d'Eléonore, ainsi que les paroles qu'elle lui avait adressées lorsqu'il passa devant elle : « Chevalier, soyez aussi constant que brave!... » Comment pouvait-il interpréter ces paroles?... Éléonore avait-elle voulu lui dire d'espérer?... A la veille du jour fixé pour son mariage avec Emri de Crozant, allait-elle refuser résolument la main du comte orgueilleux? Allait-elle braver le courroux et les persécutions de son ambitieuse famille?...

Une voix l'a appelé, et, dans le même moment, il a vu un cavalier s'élancer vers lui.

« Ah! te voilà? dit Arthur en reconnaissant l'écorcheur de la veille.

— Oui, répondit celui-ci; prends ton cheval et suis-moi.

— Et où veux-tu me conduire?

— Près d'Éléonore.

— Tu me trompes!

— Eh bien! reste.

— Non, je te suivrai, » reprit Arthur avec résolution. Et, ayant sauté sur son coursier, il suivit son étrange guide.

Après avoir chevauché à travers champs, ils passèrent la Sédelle et prirent un sentier qui conduisait à Bridiers.

« Comment! dit Arthur, Enguerrand de Bridiers, sur le point d'unir sa fille à Emri, a-t-il changé d'idée tout à coup?

Enguerrand n'a point changé d'idée, répondit son mystérieux compagnon.

— C'est donc le comte de Crozant, répondit le premier, qui a renoncé à une alliance qu'Éléonore repoussait?

— Le comte de Crozant songe toujours à Éléonore, répondit l'inconnu.

— Mais, par Notre-Dame! répliqua Arthur stupéfait, et en arrêtant tout à coup son destrier, il y a là une énigme que je te prie de m'expliquer.

— C'est ce que j'aurais déjà fait si tu m'en avais donné le temps. » Et l'inconnu raconta en peu de mots le coup de main des malandrins, le combat livré près du lieu de la lice, et l'enlèvement des dames de Bridiers. Il avait à peine terminé qu'ils arrivèrent sur les bords des fossés du château. L'étranger appela la sentinelle, le pont-levis fut baissé, et les deux cavaliers ayant abandonné leurs coursiers entre les mains des deux guichetiers, entrèrent par la poterne. Ils traversèrent la grande cour, où se promenaient, avec leurs longues hallebardes, plusieurs malandrins de service. De là ils passèrent dans les cuisines, où ils rencontrèrent des cuisiniers faisant rôtir les viandes et assaisonnant les sauces, le morion sur la tête.

Le personnage qui conduisait Arthur, s'adressant à l'un d'eux : « Mène ce chevalier à Chabannes ! » dit-il ; puis il se retira.

Celui qui venait de recevoir cet ordre, obéit aussitôt. Quittant pour un moment les fourneaux, il marcha devant Arthur.

Sire de Chabannes, forcé par la nécessité d'employer des bandes d'écorcheurs au service de la cause qu'il défendait, avait su néammoins prendre une telle autorité sur ces brigands indisciplinés, que malgré leur inclination au pillage, ils se gardaient bien de se livrer à aucun acte de rapine, sans son ordre. Les champs et les chaumières des habitants des campagnes étaient respectés ; mais il abandonnait aux malandrins, tous les châteaux enlevés aux Anglais ou à leurs partisans : en cela du reste, il ne faisait qu'user de représailles.

Cependant il avait épargné le château de Bridiers, parce qu'il avait eu en considération ses anciennes liaisons avec Enguerrand, et les services qu'il avait rendus jadis aux Valois; de plus, il avait encore la croyance que le vicomte n'avait embrassé qu'à contre-cœur la cause de l'Angleterre, qu'au fond de son âme il détestait, et qu'il y avait été contraint par le comte de Crozant.

Tout était donc dans le même ordre dans le riche manoir; seulement dans la superbe salle, à la clarté des flambeaux, au lieu de beaux seigneurs, de belles dames en brillant costume, comme la veille, c'étaient les figures sinistres des routiers qui entouraient les tables de jeux dressées le long des tapisseries, et sur lesquelles étaient étalés des dés, des cartes et autres jeux de hasard. Souvent la partie devenait bruyante, et le joueur que la chance ne favorisait pas vomissait d'horribles imprécations, s'en prenant à l'enfer et au paradis; plusieurs fois une rixe sanglante menaçait de succéder aux injures; mais Chabannes, le coude appuyé sur une table de marbre, observait tout du regard, et d'un mot calmait l'orage.

« Brise-Tête! cria-t-il à l'un des plus malheureux joueurs, et qui s'emportait plus que tous les autres, crois-moi, abandonne une partie qui t'est par trop contraire : la pique te favorise mieux que les cartes. Je crains pour toi que tes impatiences ne te poussent trop loin !...»

Le brigand se leva aussitôt et se retira rouge de colère et de dépit, mais sans murmurer. Arthur entra dans ce moment. Chabannes, qui l'avait aussitôt reconnu, vint au-devant de lui. Les deux seigneurs se serrèrent la main et se firent maintes politesses courtoises.

« Par ma lame ! dit Chabannes en riant, que ce soit Dieu ou le diable qui vous envoie, je le remercie et suis joyeux de vous voir. Mais, dites-moi, n'auriez-vous pas fait quelque pacte avec ce dernier pour être aussi bien avec ses compères ?

— J'allais vous demander, reprit Arthur, quel est cet étrange personnage qui m'a introduit dans le château !

— Ma foi, répliqua Chabannes, je croyais, à voir l'intérêt qu'il vous porte, que vous le connaissiez particulièrement ?

— J'ai brisé hier ma lance contre sa cuirasse.

— Ah ! oui, et vous avez même assez mal accommodé quelques-uns de mes démons. Eh bien ! sire Arthur, je vous jure ma foi que je ne puis satisfaire votre légitime curiosité. Je ne saurais non plus rien vous dire sur cet être extraordinaire, quoique, depuis quelque temps, il se soit mêlé parmi mes bandes, qui le redoutent. Seulement il me sert admirablement, connaît le pays comme un pâtre des montagnes, se bat comme un lion, et cela me suffit. Quant à son nom et à sa figure, puisqu'il tient à les cacher...

— Quoi ! vous n'avez jamais vu son visage ?

— Non ; mais qu'importe ? Puisqu'il vous a pris sous sa protection, faites comme moi, usez de sa bonne volonté : je l'ai toujours trouvé fidèle et dévoué. Et n'êtes-vous pas heureux qu'il vous ait conduit aux genoux de votre belle amie ? » Et, comme Arthur éprouvait quelque embarras : « Allons, continua Chabannes, vous rougissez, sur mon âme ! ainsi qu'un page... Venez, chevalier, cet air embarrassé va produire un effet admirable en présence d'Éléonore de Bridiers. »

Arthur était véritablement trop émotionné pour répondre ; il suivit silencieusement le chef des écorcheurs.

On avait conduit la femme et la fille d'Enguerrand dans la même chambre où l'on avait placé sa mère Imogène ; car la vieille dame, qui était restée à Bridiers au lieu d'aller au tournoi, était aussi tombée entre les mains des malandrins lorsque ceux-ci s'étaient emparés du château.

Chabannes traitait ses illustres prisonnières avec tous les égards dus à leur rang. Son œil prévoyant veillait à leurs besoins et prévenait même leurs désirs. Tous ses gens étaient à leur service :

elles n'avaient qu'à parler, et aussitôt paraissaient devant elles non pas, il est vrai, beaux pages et serviteurs en riche livrée ; c'étaient, au contraire, des hommes au visage farouche, mais qui venaient avec le plus grand respect recevoir leurs ordres, et s'empressaient de les exécuter. Cependant, malgré tout ce que pouvait faire un généreux ennemi pour adoucir leur position, Imogène et Éléonore s'abandonnaient au désespoir, et passaient les heures à pleurer, tandis qu'Isabelle ne laissait échapper aucune occasion d'insulter le bouillant Chabannes, à qui, plus d'une fois, la patience avait été près de manquer.

Lorsque Chabannes et Arthur entrèrent dans leur appartement, elles étaient assises autour de l'âtre. Éléonore de Bridiers et son aïeule se levèrent pour recevoir la visite des deux seigneurs. Isabelle de Piégu ne bougea pas ; mais, tandis qu'Imogène adressait des remercîments à Chabannes pour sa belle conduite. Éléonore, qui avait éprouvé une commotion à la vue d'Arthur, silencieuse et timide, ne répondait qu'à la dérobée aux regards brûlants de son amant.

Cependant Chabannes attestait à la vieille châtelaine qu'il était plutôt l'ennemi du comte de Crozant que de son fils : « Plût au ciel ! dit-il, qu'Enguerrand fût tombé également en notre pouvoir ; car je sais qu'il renoncerait aussitôt à un parti qu'il déteste au fond du cœur et qu'il avait embrassé malgré lui.

— Qui a dit à Chabannes, interrompit la fière Isabelle, que mon noble époux renoncerait à la cause qu'il a embrassée?

— Sa conduite passée, répondit Chabannes, les services qu'il a autrefois rendus aux Valois, témoignent pour lui.

— Désabusez-vous; Enguerrand n'abandonnera jamais la juste cause du descendant de Philippe-le-Bel, qui, je l'espère, triomphera.

— Et qui triomphera! répéta Chabannes en fixant ses regards sur l'audacieuse vicomtesse; sachez-le donc, Madame, tous les lâches de l'univers entier se réuniraient à tous les lâches partisans des léopards, qu'ils ne parviendraient jamais à faire tomber en France le commandement en quenouille.

— Chabannes et les écorcheurs sont là pour les arrêter, répliqua avec ironie Isabelle de Piégu.

— Songez, ma mère, hasarda Éléonore dans la plus grande anxiété, songez avec quels égards nous traite un ennemi généreux.

— Vous oubliez notre position, ma fille, dit toute tremblante Imogène de Bridiers.

— A vous de vous laisser abattre dans l'adversité, répliqua l'orgueilleuse vicomtesse en s'exaltant de plus en plus; à moi de faire sentir à ce chef de malandrins toute son infamie !... Et de quel droit vient-il encore nous présenter ici cet Arthur de Breuil?

— Isabelle de Piégu !... dit Chabannes en se contenant à peine, Chabannes n'est ni amoureux ni galant !...

— Chabannes! dit Arthur en s'interposant et voulant prévenir le dénoûment de cette scène fâcheuse, que la colère ne vous pousse pas à une indigne action ! vous êtes chevalier, Isabelle est une femme. Mais vous, Isabelle de Piégu, quelle serait donc la cause de votre haine contre moi?...

— Arthur de Breuil ! le brave chevalier ! reprit avec un sourire dédaigneux la fière dame, je jurerais qu'il a surpassé aujourd'hui tous les écorcheurs en prouesses ! Il a, je suis sûre, contribué pour sa bonne part à l'enlèvement de faibles femmes qui ne pouvaient se défendre. Peut-être même est-ce sa vaillante épée qui a blessé Enguerrand !... un vieillard !...

— Madame, reprit Arthur avec un sentiment d'indignation, j'ai été au tournoi, et après avoir lutté contre le comte de Crozant, j'ai quitté la lice. Mais, foi de chevalier ! il y a à peine un moment que j'ignorais encore les évènements qui ont suivi la joûte. Soyez sûre, cependant, que si je m'étais trouvé à la mêlée, j'aurais fait mon devoir en combattant pour la cause de Charles; mais Enguerrand n'aurait pas eu de plus chaud défenseur que moi.

— Allons donc! vous, le digne compagnon d'armes du chef des écorcheurs!

— Ecorcheurs! reprit Chabannes, soit. Mais Béfort et les Anglais n'ont-ils pas soudoyé et ne soudoient-ils pas encore écorcheurs et retondeurs?... Quels ravages n'ont-ils pas exercés sur notre triste pays?... Au moins les routiers de Chabannes épargnent le champ du malheureux!...

— Et moi je soutiens, affirma d'une voix haute l'opiniâtre Isabelle, que tes bandes ont surpassé tous les excès des autres brigands.

— Par ma lame! tu abuses de ma patience, femme d'Enguerrand! je te jure que si je n'étais retenu par la considération que j'ai pour le vicomte, sa charmante fille et sa respectable mère...

— Oses-tu, malandrin, me menacer chez moi?

— Chez toi! » dit Chabannes en frappant dans ses deux mains gantelées de fer.

La plus grande inquiétude se peignit sur les traits des témoins de cette scène imprévue. Éléonore et Imogène tournèrent des regards suppliants vers Chabannes ; Arthur cherchait à calmer la fureur prête à éclater du bouillant seigneur. Tout à coup les portes s'ouvrent, et des hommes terribles remplissent la salle. Imogène et Éléonore pâlissent d'effroi ; Arthur a porté la main à son épée pour protéger Éléonore et son indigne mère.

Chabannes sourit, fait un signe, et ses farouches soudards se rangent le long des murs.

« La moitié de mes biens! s'écria tout à coup Isabelle, d'une voix altérée par la colère, et en montrant Chabannes; la moitié de mes biens à ceux de vous qui me délivreront de cet homme! »

Les brigands restèrent immobiles. Chabannes fit encore un signe et les lames étincelèrent.

« Chabannes, dit Arthur, pour votre honneur, arrêtez. »

Chabannes ne répondit pas; mais après un moment de silence il fit un troisième signe, et tous les routiers sortirent de l'appartement.

« Arthur, dit alors Chabannes, restez si vous le désirez encore, avec les dames de Bridiers; pour moi, je me retire, car je sens que la femme d'Enguerrand finirait par me pousser à bout. » Puis il sortit.

« Arthur de Breuil, commença alors l'implacable Isabelle de Piégu, la main d'Éléonore est à vous, si vous voulez la mériter.

— Que désirez-vous donc Madame? répondit Arthur.

— Vous avez une épée, reprit celle-ci.

— Oui! dit Arthur, qui sembla deviner son projet; mais qui n'obéit qu'à la voix de l'honneur... »

6

La vicomtesse, à ces dernières paroles, fut embarrassée et n'osa continuer.

En ce moment, Chabannes rentra dans la salle accompagné d'un jeune chevalier. Arthur reconnut bientôt le jeune de Rance, fils du seigneur d'Aiguzon. Ils se joignirent aussitôt et se firent mille civilités.

S'adressant aux dames de Bridiers, Chabannes dit : « Nobles dames, dans quatre heures il vous faudra quitter votre manoir pour être conduites à Aiguzon, chez le père de ce jeune seigneur. La loyauté du châtelain d'Aiguzon est connue, et ce sera son fils et Arthur de Breuil qui vous accompagneront avec une escorte.

— Mais pourquoi donc, répliqua Isabelle, Chabannes nous contraint-il à voyager pendant la nuit?

— Je pourrais ne pas vous répondre, reprit brusquement sire de Chabannes ; mais comme je tiens à détruire peut-être des soupçons qui font injure à ma franchise, je vous dirai, Madame, que je viens d'apprendre qu'Emri doit tenter avant le jour un coup de main sur le château ; et, quoique je sois en force pour lui résister, la prudence me commande de vous envoyer ailleurs : car, en possession de tels otages, mon intention n'est pas de les laisser reprendre.

— Dames de Bridiers, ajouta de Rance, soyez

sûre que vous trouverez une généreuse hospitalité chez mon père; mais Emri devra renoncer à ses tentatives pour votre délivrance : car, si le château d'Aiguzon ne s'élève pas sur une crête de rocher, il est, en revanche, flanqué de douze bastions qui vomissent la foudre, et entouré de larges fossés. »

Les dames de Bridiers s'inclinèrent, excepté la fière Isabelle de Piégu, pour remercier le jeune seigneur.

« Si vous voulez prendre un peu de repos, termina Chabannes, il est temps d'y songer : dans quatre heures le départ. De Rance, et vous, Arthur, cela vous regarde. Veillez, je vous prie, à ce qu'il n'y ait point de retard.

Puis, après avoir salué les nobles prisonnières, les trois seigneurs se retirèrent.

VIII

LE CHATEAU DE CROZANT.

Dans le lieu sauvage où la Creuse et la Sédelle réunissent leurs ondes dans un même lit; où l'œil n'aperçoit que des cimes chenues souvent frappées par la foudre, et, pour toute végétation, que quelques buis dans les fentes des rochers; où l'oreille n'entend que le bruit sourd et monotone des vents qui soufflent dans les gorges, des torrents qui grondent, des deux rivières qui mugissent; sur un pic rocailleux dont la base est battue de tous côtés par les flots, s'élèvent de hautes murailles dominées par de hautes tours, avec leurs créneaux et leurs machicoulis : c'est le château de Crozant. Au temps d'Alaric, redoutable forteresse qui protégeait les frontières septentrionales de l'empire des Visigoths dans les Gaules ; et, après l'expulsion de ces barbares de nos contrées, superbe palais des ducs d'Aquitaine, descendants de Bodgis ; puis, plus tard, la résidence habituelle de la plupart des comtes de la Marche, de la maison de Mongommery et surtout de Lusignan.

Emri de Crozant descendait, par une branche cadette, du célèbre Hugues de Lusignan *dit* le Brun, qui avait épousé Isabelle d'Angoulême, veuve de Jean-sans-Terre. Ce seigneur qui prétendait au comté de Marche, dont sa famille avait été déshéritée par le testament de Gui de Lusignan, avait confié ses ambitieux projets à la fortune de l'Angleterre, et avait pris les armes contre son pays. Sa valeur fut plus d'une fois utile aux insulaires, et, en récompense de ses services, Béfort s'était engagé à le rétablir dans tous les domaines qu'avaient possédés ses ancêtres, si le sort des armes favorisait jusqu'au bout la cause de Henri VI.

Mais le ciel, enfin touché des maux de la France, avait envoyé au secours du malheureux Charles l'immortelle héroïne si connue sous le nom de Pucelle d'Orléans. Des succès miraculeux succédèrent à nos revers, et la blanche bannière des Valois vit fuir à son tour l'oriflamme de l'orgueilleuse Albion.

Plusieurs seigneurs, voisins du comte de Crozant, lesquels, malgré tous les évènements, avaient toujours tenu pour les lys, étaient restés renfermés dans leurs châteaux, attendant des temps meilleurs, et se contentant de repousser les bandes dévastatrices des écorcheurs, lorsqu'elles envahissaient leurs terres; mais la nouvelle des échecs consécutifs essuyés par les léopards releva bientôt leur courage et leur confiance. Ils formèrent une ligue puissante contre Emri, et, levant en masse leurs vassaux, ils marchèrent sur Crozant.

Emri, informé du danger qui le menaçait, avait quitté La Souterraine pendant la nuit, et, accompagné de Jean de Taille-Fer, de Berthold et autres braves chevaliers, il avait pris en toute hâte le chemin de ses domaines. Il avait emmené aussi avec lui le vicomte de Bridiers. Enguerrand avait d'abord refusé d'abandonner ses vassaux ; mais, ayant vu que sa résolution semblait éveiller des soupçons dans l'esprit du comte, et craignant que sa résistance n'attirât sur la ville un malheur qu'il lui était impossible de détourner par la force, il avait cru plus prudent de s'abandonner à Emri. Ce généreux seigneur ayant donc confié le salut de La Souterraine au courage de Bertrand de Sciglière, et après lui avoir donné des ordres secrets, était parti avec le comte de Crozant.

Cependant Emri avait dépêché Vafre, son écuyer fidèle, à Aubégnat, vers Boslac, chef de routiers, pour lui offrir trois mille écus d'or s'il voulait prêter au comte de Crozant l'appui de ses hommes pour trois mois seulement.

Du temps de cette funeste guerre de cent ans contre l'Angleterre, nos malheureuses contrées, pour comble de fléaux, étaient saccagées par ces nombreuses bandes de brigands, si connus alors sous le nom d'écorcheurs et de retondeurs ; ils se mettaient souvent au service de nos ennemis, qui leur accordaient le pillage des places prises d'assaut, et la liberté d'écorcher et de retondre les pauvres campagnes.

Plusieurs compagnies de ces aventuriers avaient à leur tête un gentilhomme du Quercy, nommé André de Boslac ; lequel, après avoir dissipé tous ses biens, avait cru ne pouvoir mieux faire que d'embrasser la profession de routier. Ils ne servaient aucun parti, et détroussaient indistinctement l'Anglais et le Français. C'étaient eux qui avaient pillé Aubégnat et forcé le brave frère Marien à se faire ermite. Après avoir chassé les moines, ils avaient établi leur repaire dans l'abbaye, et, de là, rayonnaient sur tous les points, exerçant toutes sortes de brigandages.

Arrivé à Aubégnat, Vafre présenta sa requête à Boslac. Celui-ci se trouvait avec les principaux de sa bande dans l'ancien réfectoire des moines expropriés. « trois mille écus d'or! s'écria-t-il en regardant les autres routiers. De par le diable! nous acceptons! qu'en dites-vous?

— Nous acceptons! répétèrent tous les malandrins.

— Écoute! reprit Boslac en se retournant du côté de Vafre, tu diras au comte de Crozant que nous acceptons ses conditions. Nous allons nous mettre en marche; mais il faut que les trois mille écus d'or soient comptés à Vareilles, où nous ferons une halte; sans quoi nous n'irons pas outre.

— Mais, sire André de Boslac, osa représenter Vafre, il me semble qu'il n'est pas très juste d'exiger l'argent avant de l'avoir gagné.

— C'est une bonne précaution à prendre contre la bonne foi de ton maître, dit le chef routier en s'emportant. Hâte-toi de lui porter notre réponse.»

Vafre ne répliqua plus. Il pria seulement le terrible Boslac de se rendre sans tarder à Vareilles, avec ses hommes, l'assurant qu'il y trouverait la somme promise. Puis il alla prendre son coursier, et partit en toute hâte pour La Souterraine.

A peine avait-il quitté Aubégnat, qu'un autre émissaire vint trouver le chef des écorcheurs : C'était un envoyé de Chabannes. Lorsqu'il fut entré, il parla ainsi : « Brave Boslac, braves écorcheurs, Chabannes vous invite au pillage du château de Crozant!

— Chabannes nous invite au pillage du château de Crozant! répéta avec une surprise un peu comique André de Boslac; cela veut dire qu'il nous invite d'abord à le prendre; ce qui n'est pas le plus facile!... Diable!... huit grosses tours sur un pic!... avec hautes et épaisses murailles! puis, pour fossés, la Sédelle et la Creuse!...

— Chabannes n'entend pas emporter d'assaut une pareille forteresse, reprit l'autre; mais comme il sait qu'elle est mal approvisionnée, il compte qu'elle ne pourra tenir longtemps à un blocus.

— Mais nos forces réunies seront-elles suffisantes pour assiéger une telle place?

— Oh! soyez sans crainte, répondit l'envoyé de Chabannes; nombre de seigneurs voisins sont déjà en marche pour attaquer le château, conduisant avec eux des troupes bien armées. Nous sommes certains de réussir; songez combien de richesses doit renfermer cette antique résidence des comtes de la Marche.

— De par le diable! je cède à tes raisons, répondit le chef routier; mais tu ne sais pas que nous avons vendu notre service au comte de Crozant, pour trois mois, moyennant la somme de trois mille écus d'or; tu comprends que l'on ne peut pas renoncer sans faire quelques reflexions à un si bon marché. L'argent nous attend à Vareilles. Qu'en dis-tu, Roger Cœur-de-Roc ? termina-t-il en se tournant vers un des routiers qui l'entouraient.

— Il y a moyen d'arranger cela, répliqua celui-ci.

— Comment donc ?

— Allons prendre à Vareilles l'argent du comte de Crozant ; puis de là nous irons trouver sire de Chabannes.

— Par le diable ! à toi l'esprit du conseil ! interrompit Boslac en riant. C'est cela : allons, dit-il à l'envoyé, retourne à Chabannes et assure-le que nous allons le joindre. »

L'envoyé satisfait, prit aussitôt congé, et partit.

Vafre de retour à Crozant, avait rapporté à son maître le résultat de son message. Emri fut irrité des exigences de l'écorcheur ; mais il fallait céder au besoin, et Vafre, muni de la somme, repartit aussitôt de Crozant, et rencontra les malandrins à Vareilles. Il leur compta la somme promise de trois mille écus d'or. « Maintenant, sire de Boslac, dit-il, mon maître vous attend avec vos hommes.

— Tu diras à ton maître, repartit brusquement le routier après avoir fait saisir l'argent, qu'André de Boslac a changé d'avis, et qu'il n'ait point à compter sur lui, ni sur ses gens.

— Comment! s'écria Vafre grandement étonné, est-ce ainsi que l'on se joue d'une parole donnée?..... Rendez du moins l'argent du comte de Crozant, argent qui était le prix de votre engagement à le servir.

— Pas du tout, repartit Boslac : cet argent est de bonne prise et nous appartient par le bon droit.

— Songez, reprit Vafre, que mon maître, le puissant comte de Crozant, saura, tôt ou tard, vous punir d'une odieuse perfidie.

— De par le diable! arrête ta langue, s'écria le routier avec colère, ou tu vas apprendre à tes dépens, le cas que je fais de ton maître, le puissant comte de Crozant. »

Le prudent Vafre comprit qu'il n'avait rien de mieux à faire qu'à s'en retourner vers son maître, et c'est ce qu'il exécuta avec une célérité qui pouvait faire supposer qu'il croyait entendre siffler autour de lui les flèches des malendrins.

Cependant Emri avait pris toutes ses mesures pour opposer une vigoureuse défense. Lorsqu'il apprit le manque de foi des écorcheurs, loin de perdre courage, sa haine s'exalta davantage, et quand au moment même où Vafre achevait son récit, le comte de Crozant entendit un bruit confus d'armes, de hennissements de chevaux, et vit flotter les bannières des seigneurs coalisés qui venaient cerner son château, il releva fièrement la tête en disant à son écuyer : « Eh bien! s'ils osent m'attaquer, le vieux de Bridiers me servira de bouclier. »

Emri monta aussitôt sur l'esplanade de la tour de l'Ouest, pour mieux observer le nombre et la position des assiégeants. Sur la droite, vers le confluent des deux rivières, Alard, duc de Belâbre, Foulques, comte d'Argenton, et Jean de Brosse faisaient poser des tentes. A gauche, sur la Sédelle, campèrent le vieux comte Hugues de Chamborant, Aymar du Châtelier, Raoul de Châteaubrun, le jeune de Rance d'Aiguzon, et plusieurs autres seigneurs avec leurs nombreux vassaux. Au sud, le bourg de Crozant qu'Emri avait fait abandonner, était déjà occupé par les bandes farouches de Chabannes et de Boslac. Plusieurs malandrins poussaient l'audace jusqu'à s'approcher du pont-levis, et mesuraient de l'œil le large et profond canal qui réunissait encore de ce côté les deux rivières, et qui les séparait de la place.

Parmi ces insolents routiers, le comte de Crozant a distingué le perfide Boslac. Il se tenait sur la pierre de l'Écho avec quelques-uns des siens, et de là regardait et observait les escarpements et fortifications du château.

« Ménard, dit Emri à un archer qui était avec

lui sur la tour, passe-moi ton arbalète ; je veux voir si je vise juste. » Puis prenant aussitôt l'arc des mains du soudard, il ajuste uue flèche vers la pierre de l'Écho. Le trait vole et va frapper un des gens de Boslac, qui tombe mort aux pieds du chef. Boslac et les autres routiers tournent leurs regards étonnés du côté de la grande tour, et aperçoivent le comte de Crozant. Ils poussent des cris de fureur en faisant des gestes menaçants ; mais Emri, riant de leur rage impuissante, décoche une autre flèche qui emporte l'aigrette du casque de Boslac. Les écorcheurs se hâtent aussitôt d'enlever le corps de leur camarade et de s'éloigner de ce poste dangereux.

« Vafre, dit Emri en quittant la plate-forme, ils veulent nous prendre par la famine ; ils forment le blocus du château ; nous n'avons pas de provisions pour un mois ; il faut qu'avant huit jours les assiégeants demandent merci aux assiégés. » L'écuyer interdit regarda son maître, et il le suivit en se demandant à lui-même si le comte de Crozant n'était pas dans une de ces crises singulières dont il était atteint depuis quelque temps.

Le soleil se couchait ; un dernier rayon dorait encore une cîme lointaine ; mais déjà les ombres des rochers étendaient un sombre voile sur les eaux de la Sédelle et de la Creuse.

Un vieillard était venu s'appuyer sur les remparts du nord du château de Crozant : ses yeux erraient sur les tentes qui se dressaient rapidement autour du château, sur les feux qui s'allumaient ; son oreille attentive poursuivait tous les bruits du camp, comme si elle eût pu saisir une voix amie, des paroles d'encouragement. Il était là depuis longtemps, lorsqu'un second personnage s'approchant doucement de lui :

« La soirée est belle, seigneur de Bridiers, dit-il à demi-voix.

— Oui, répondit le vieillard avec distraction.

— Belle surtout pour ceux qui sont là au pied de nos murailles, libres, ayant des vivres, du vin, et qui peuvent attendre joyeusement que la famine leur livre le château. »

Le vicomte de Bridiers se retourna étonné ; car il avait reconnu la voix de Vafre, le serviteur dévoué d'Emri de Crozant.

« Le château est-il donc dépourvu de vivres ? demanda-t-il.

— Il en a pour huit jours à peine, sire de Bridiers ; le comte mon maître est décidé à souffrir toutes les privations plutôt que de se rendre ; il mangera, dit-il, jusqu'aux cordes des arbalètes avant de demander merci. »

Vafre s'arrêta ; et comme le vicomte ne répondait rien : « Sire de Bridiers, dit-il, cette perspective de mourir de faim ne vous effraie-t-elle pas ?

— Oh! si je savais ma femme et ma fille hors de danger, dit-il.

— Elles n'en courent aucun, dit Vafre; elles sont en sûreté à Aiguzon.

— S'il en est ainsi, je vous remercie, Seigneur Dieu! fit le vieillard en levant les yeux au ciel.

— Sire de Bridiers, reprit l'écuyer, ne seriez-vous pas heureux de les revoir?

— Que dis-tu?... Serait-il possible?...

— Écoutez, repartit rapidement l'homme d'armes en baissant encore la voix, le seigneur de Crozant a juré de périr ici et de s'ensevelir sous les ruines de son château. C'est une résolution désespérée et que je suis loin d'approuver; d'ailleurs, je suis las de servir le comte Emri. Ce soir je quitte le château. Voulez-vous me suivre?

— Te suivre!... mais, comment?

— Malgré la rapidité du courant, des hommes vigoureux et décidés peuvent monter une barque jusqu'à cette grève étroite et sablonneuse au-dessous de nous.

— Mais nous, par quelle issue pourrons-nous arriver au pied du roc?

— Soyez tranquille, seigneur : Emri de Crozant ne se défie pas encore assez de Vafre pour que ce dernier ne puisse se procurer les clefs du souterrain qui descend à la Creuse.

— Et une barque?

— Pour quelque argent l'on aura celle d'un pêcheur dont on rencontre la demeure non loin d'ici en suivant le cours de la rivière.

— Mais qui se chargerait de l'exécution d'une pareille entreprise ?

— Arthur de Breuil hésitera-t-il devant un projet qui doit rendre à votre fille un père chéri ? Il ne lui sera pas difficile, d'ailleurs, de rencontrer quelques hommes pour le seconder.

— Mais encore, comment lui faire savoir ton dessein et nos moyens pour réussir ?

— C'est moi-même qui m'en charge : reposez-vous sur moi ; la mission est trop délicate pour la confier à un étranger. Je saurai trouver un moment où je pourrai m'absenter sans éveiller les soupçons de mon maître : je suis assez bien avec le guichetier pour pouvoir sortir de la place à l'heure que je désirerai. Dès ce soir j'irai trouver Arthur de Breuil, qui est aussi chez sire de Rance.

— Arthur est auprès d'Éléonore !...

— C'est lui que Chabannes a chargé de protéger ces dames jusqu'au château d'Aiguzon. Le regretteriez-vous et ne voudriez-vous pas accepter le secours de sire de Breuil ?

— Oh ! si fait ! s'écria presque le vieillard. Qu'il me délivre de ton maître, et Éléonore...

— Eh bien, vous acceptez ?

— Vafre, tu m'as montré trop d'attachement

pour que je me défie de toi : je m'abandonne à ta prudence et à ton habileté. Si tu réussis, je te jure que tu n'auras pas à regretter ton maître, et que je saurai récompenser dignement un dévoûment tel que le tien.

— Je crois que quelque objet venant de vous, et qui pût prouver que j'agis par votre consentement, me serait nécessaire pour me faciliter l'accès auprès de votre famille au château d'Aiguzon ; et puis sire Arthur de Breuil n'accueillera-t-il pas peut-être avec défiance les paroles d'un homme qui est au service du comte de Crozant? Alors cette marque de votre confiance dissiperait ses soupçons et le déciderait...

— Voilà mon cachet, interrompit le vieillard en confiant à l'intendant d'Emri cet insigne précieux de sa famille. Maintenant, que le ciel conduise tes pas et hâte notre délivrance !

— C'est tout ce qu'il faut, dit Vafre en serrant avec soin le cachet du vicomte. A présent, la prudence nous commande de nous éloigner d'ici pour ne pas exciter la défiance des gens de garde. Demain, à la septième heure du soir, trouvez-vous près de la tour qui donne au nord-est sur la Creuse.

— J'y serai. Que Dieu te protége !

— Adieu, seigneur ! »

Puis ils se séparèrent.

Vafre sortit du château de Crozant dans la nuit

même ; il alla passer la Sédelle sur un pont de bois qui faisait communiquer le camp de Chabannes avec celui des autres seigneurs coalisés ; puis, longeant cauteleusement la rivière pour éviter les avant-postes des assiégeants, il alla prendre le chemin d'Aiguzon au-dessus de Débarron.

IX

PERPLEXITÉ.

Au château d'Aiguzon, dans la grande salle, régnait un profond silence, bien que plusieurs personnes fussent réunies : c'étaient le vieux de Rance, son fils, sa femme, les trois dames de Bridiers, Arthur de Breuil et un homme d'armes à la visière baissée. Le seigneur d'Aiguzon se promenait avec agitation, tandis que chacune des autres personnes semblait absorbée dans de profondes réflexions. Il n'y avait guère qu'Arthur de Breuil et Éléonore de Bridiers qui, parfois, levant les yeux l'un sur l'autre, les rebaissaient, confus de ce que leurs regards s'étaient rencontrés. Tout à coup le vieux seigneur de Rance s'arrêta devant Arthur :

« Jeune homme, dit-il, vous avez raison, et je cède ; mon fils vous accompagnera. »

A ces mots, une pâleur mortelle se répandit à la fois sur le visage d'Éléonore et sur celui de la noble dame d'Aiguzon. Le jeune de Rance, voyant sa mère tombée renversée sur le dos de son fauteuil, courut à elle, lorsqu'en même temps Arthur, s'avançant vivement vers les dames de Bridiers, leur dit, mais surtout à Éléonore : « Eh bien ! demain vous embrasserez le noble Enguerrand de Bridiers.

— Ma mère, disait de Rance à la vieille dame, qui, ayant pris la tête du jeune chevalier entre ses bras, le couvrait de baisers ; ma mère, n'ayez aucune crainte ; nous ne courons aucun risque. Mon père est prudent, vous le savez ; puisqu'il pense que nous pouvons nous en rapporter à Vafre et au sceau du sire de Bridiers, ne devons-nous pas croire que toute crainte doit être éloignée ?

— Mon enfant, dit enfin la dame d'Aiguzon, c'est une faiblesse qu'il faut que vous me pardonniez, ainsi que votre père ; et je prie les dames de Bridiers de m'accorder aussi merci. Oui, vous devez partir, et nous ne tarderons pas à vous revoir ; mais laissez-moi vous embrasser encore : je suis vieille, mon âme est faible, et mon esprit ne peut complètement rassurer mon cœur. » En parlant ainsi, la pauvre mère, appuyant ses lèvres tremblantes sur la chevelure de son fils, laissa couler des ruisseaux de larmes qu'elle ne pouvait plus retenir.

Les dames de Bridiers s'étaient levées et cherchaient à rassurer leur généreuse amie ; le vieux d'Aiguzon donnait des conseils à Arthur de Breuil.

Quand le moment de trouble que la résolution qui venait d'être prise fut passé, l'homme d'armes, qui avait assisté à cette scène sans remuer, sans prononcer une seule parole, redressa la tête, et, profitant d'un moment de silence :

« Messeigneurs, dit-il, vous faites votre devoir de loyaux chevaliers ; et, s'il était permis à un pauvre homme d'armes comme moi, à un misérable écorcheur de donner son avis, tout en vous encourageant à tenter cette entreprise, je vous engagerais à vous défier de Vafre et du comte Emri.

— Emri est un loyal chevalier, interrompit le seigneur d'Aiguzon ; il n'aurait pas machiné une trahison ; il y a longtemps que je le connais : l'at-on vu jamais forfaire en quoi que ce soit à l'honneur ?

— Seigneur, répliqua le malandrin avec calme,

Caïn n'avait-il pas été irréprochable jusqu'au jour où Dieu lui dit : « Qu'as-tu fait d'Abel ? »

— Cavalier, ce soupçon, que les ennemis du sire de Crozant ont fait courir, est infâme ! s'écria Isabelle avec vivacité.

— Oui, ce sont de mauvais propos, poursuivit le seigneur d'Aiguzon.

— Sire d'Aiguzon, noble dame de Bridiers, savez-vous au juste comment la chose s'est passée ? demanda l'écorcheur mystérieux que Chabannes avait donné pour commander l'escorte qui avait accompagné ses prisonnières à Aiguzon.

— Bien qu'il n'y ait que six années que cet évènement soit arrivé, c'est déjà une vieille légende entourée de merveilleux et de fables, dit le vieux seigneur.

— Et ne seriez-vous pas curieux de savoir comment la chose s'est passée ? poursuivit l'homme d'armes.

— Est-ce que vous pourriez le dire ?

— Je le dirai, car j'étais dans le pays alors, et à portée d'être mieux instruit que personne. Vous croirez à mon récit ou vous le repousserez ; mais n'eût-il que le mérite de donner de la prudence à ces deux jeunes gens, et de faire écouler plus rapidement les heures que nous avons encore à passer jusqu'au moment du départ, je le dirai. »

Personne n'ayant répondu, le cavalier commença ainsi :

« C'était une fête magnifique, comme vous le savez, à laquelle le seigneur Hugues de Chamborant avait invité, dans son château de La Clavière, tous les seigneurs, toutes les dames des environs. Les deux fils du vieux châtelain de Crozant, votre ami, sire d'Aiguzon, n'avaient garde de manquer à cette fête, car ils étaient tous les deux amoureux de la fille de Hugues de Chamborant, la belle Iseult, pour laquelle tant de braves et beaux chevaliers se mouraient d'amour.

— Tous deux ? interrompit Arthur de Breuil. Je n'avais entendu parler que de l'amour de l'aîné des fils du comte de Crozant, du brave et beau Albert; d'Emri, il n'avait jamais été question.

— Non, sans doute, ajouta Isabelle de Bridiers.

— Voulez-vous que je ne dise pas cette histoire comme je la sais? interrompit le cavalier.

— Oh! non, continuez, s'écria Éléonore qu'un regard sévère de sa mère interrompit.

— Albert et Emri étaient donc venus l'un et l'autre dans l'espoir d'obtenir un regard, un mot de la belle Iseult, poursuivit le narrateur. Le mot fut dit à Albert, à l'ombre d'un feuillage épais, derrière lequel Emri s'était caché pour écouter; et ce mot, si doux pour son frère, lui entra comme une lame de poignard dans le cœur.

Vous avez entendu dire, n'est-ce pas, qu'il y eut grande chasse le lendemain, et qu'Albert fut assez heureux pour dégager le seigneur de Chamborant, qui était pris sous son cheval qui s'était abattu à la vue d'un sanglier, et avait livré son maître à la rage de l'animal blessé à mort. Le soir, en présence de tous, le père d'Iseult loua hautement le jeune de Crozant, et en de tels termes, que personne ne douta qu'il ne devînt bientôt l'heureux époux d'Iseult.

Cependant l'on avait préparé un somptueux repas. Les seigneurs se hâtèrent de réparer dans la bonne chère leurs forces épuisées par les fatigues de la journée. Ils étaient encore à table que les ombres du soir descendaient dans les ravins de Séjalat. La cloche du prieuré de Chantôme jetait ses derniers sons dans les bois d'Argentières lorsque Emri et Albert prirent congé. Le châtelain, qui était allé les accompagner jusqu'au bout de la grande allée de La Clavière, où les attendaient leurs coursiers, lorsqu'il revenait sur ses pas, crut entendre des gémissements. Il s'avança du côté d'où ils partaient, et aperçut l'ombre d'une femme qui se glissait derrière les arbres ; il s'approcha et reconnut sa fille. Pauvre Iseult !... En voyant le comte qui venait vers elle, elle courut se jeter dans ses bras.

« Tu souffres, mon Iseult, lui dit son père.

Eh bien, sèche tes pleurs ; j'ai deviné, Iseult : je sais que tu aimes Albert. Pourquoi ne me l'avoir pas dit ? Tu savais bien que rien ne s'opposait à ce qu'il devînt ton époux ? Ne pleures pas, ma fille ; demain Albert sera ton fiancé.

— O mon père ! s'écria-t-elle, Emri !... Emri me fait peur ! » Et les sanglots étouffaient sa voix.

Le comte parvint, toutefois, à calmer son âme agitée, et dès qu'elle fut assez tranquille, ils rentrèrent dans la salle où se trouvaient encore la plupart des nobles convives.

— Le seigneur d'Aiguzon avait bien raison de dire que c'était là une vieille histoire, interrompit Isabelle impatiente. Eh bien ! voici la légende. Au moment où le reste de l'assemblée se disposait à se retirer, on vit la porte s'ouvrir et un chevalier paraître, n'est-ce pas Albert ? dit le comte en quittant sa place pour aller vers lui. Mais une stupeur soudaine a saisi tout le monde. L'étrange chevalier, debout, pâle, découvre à son côté une large blessure ; il tourne un regard douloureux vers Iseult... comme un adieu... il disparaît... Huit jours après, on enterrait aussi Iseult.

Vous voyez que nous savons tous ce vieux conte.

— Eh bien ! voici quelque chose que vous ne savez pas, poursuivit l'écorcheur froidement :

Lorsque les deux frères eurent quitté les domaines du seigneur de Chamborant, il était nuit close. Albert ivre de joie, marchait à côté de son frère Emri, à qui il fit alors confidence de son amour heureux. Dans son exaltation il lui prit la main, et ne s'aperçut pas qu'elle était tremblante. Bientôt ils arrivèrent vers l'étang du Maupas : là, comme la chaussée était devenue trop étroite par suite d'un éboulement survenu à l'un de ses bords, Emri retint son coursier afin qu'Albert passât devant. Celui-ci s'engagea donc le premier dans ce sentier assez difficile. Arrivé à l'endroit dangereux, il retournait la tête pour avertir Emri, lorsqu'un violent coup d'épée lui fut porté au visage qui fut aussitôt couvert de sang. Albert, étourdi et aveuglé, tomba sur la chaussée ; aussitôt Emri mettant pied à terre se pencha sur lui, et tirant son poignard, il le lui plongea trois fois dans la poitrine ; après quoi, il jeta le corps dans l'étang.

« Tu mens, s'écria Isabelle en se levant : seigneur d'Aiguzon, souffrirez-vous qu'on insulte ainsi chez vous le seigneur de Crozant?

— Qui tient votre époux, le père de votre fille, dans son château, pour le faire mourir demain, peut-être, ajouta le cavalier lentement.

— Ce que vous venez de dire, reprit le seigneur d'Aiguzon, est grave, et il faut une preuve.

— La noble dame de Bridiers, qui a si bonne mémoire, poursuivit l'écorcheur, se rappelle-t-elle ce qui donna lieu aux soupçons qui planèrent quelque temps sur le comte de Crozant?... Ce fut l'absence de son poignard que l'on avait remarquée à la fête du seigneur de Chamborant, qu'on ne lui revit plus depuis, et dont on dit, dans le temps, que la gaîne avait été trouvée par un maçon qui rétablissait la chaussée de l'étang.

— Je me souviens fort bien de cette circonstance, dit le vieux de Rance : je connais même quelqu'un qui m'a assuré avoir vu ce fourreau.

— Voici la lame! » dit le cavalier en tirant de dessous son armure un poignard de fin acier dont la poigné en croix était magnifiquement ouvragée et couverte de diamants de prix.

Tout le monde se leva et entoura l'écorcheur : le poignard passa de main en main ; de larges taches de sang se voyaient en différents endroits. Le sire d'Aiguzon dit enfin : « Telle était bien, si j'en crois les descriptions que j'en ai entendu faire, l'arme que portait le comte Emri au château de Clavière ; cette lame se rapporte exactement d'ailleurs à ce que m'a dit mon ami de la gaîne.

— Comment cette arme est-elle entre vos mains? demanda Arthur, qui, plus que tout autre, avait des motifs d'être étonné du mystère qui entourait l'homme qui venait de parler.

— Oh! bien simplement, répondit celui-ci : j'étais un des écorcheurs qui passèrent sur la chaussée quelques instants après le meurtre.

— Un des assassins, voulez-vous dire? interrompit encore une fois Isabelle.

— Vous oubliez, Madame, que le cheval d'Albert fut retrouvé couvert de sa magnifique selle tout incrustée d'or et d'argent ; que les vêtements du malheureux comte étaient aussi sur la chaussée, et qu'aucun des ornements que portait Albert n'y manquait.

— Mais enfin cette arme... où était-elle? dit le jeune de Rance.

— Dans la poitrine d'Albert, d'où je l'arrachai moi-même, lorsque nous l'eûmes retiré des roseaux dans lesquels il était engagé.

— Et le comte? demanda timidement Éléonore.

— Belle damoiselle, il mourut le lendemain entre mes bras, en me faisant cadeau de cette arme. C'est une relique précieuse qui ne me quittera jamais.

— Maintenant, seigneurs, poursuivit l'écorcheur en s'adressant aux jeunes chevaliers, partez, car l'heure approche ; mais défiez-vous d'Emri et de son écuyer ; prenez des hommes avec vous, et n'allez au rendez-vous qui vous a été assigné que bien armés et bien accompagnés. » Ayant ainsi parlé, l'écorcheur salua et sortit.

« Vous ne partirez pas, dit alors la vieille Imogène, qui avait attentivement écouté ce récit. Il ne sera pas dit que la vie de deux braves jeunes gens sera exposée aux perfidies d'un fratricide, pour sauver les quelques années qui restent au seigneur de Bridiers. C'est mon fils, et plus que personne je voudrais le sauver ; mais non pas au prix d'un dévoûment dangereux ; non pas en enlevant un fils à sa mère, et un fiancé à sa fiancée, car, dès aujourd'hui, Éléonore appartient à Arthur de Breuil ; vous entendez, Isabelle ? »

La vicomtesse ne répondit pas, mais le sire d'Aiguzon prit la parole : « Plus que jamais, dit-il, l'on devait chercher à arracher Enguerrand des mains du comte Emri qui, évidemment, le gardait comme un ôtage ; que, sans doute, il ne fallait pas ajouter une entière créance au récit de cet écorcheur que personne ne connaissait et qui s'entourait du mystère, sous prétexte d'un vœu qu'il avait fait ; mais que, cependant on ne peut dissimuler qu'il n'y eût bien quelque apparence de vérité dans ce qu'il avait raconté ; que d'ailleurs le seigneur de Bridiers et la manière simple avec laquelle s'était exprimé Vafre, ne permettaient pas de suspecter complètement ce dernier ; qu'il fallait donc partir immédiatement avec dix piquiers, afin d'être prêts à se défendre en cas de perfidie.

Tout étant ainsi réglé, les jeunes seigneurs se disposèrent à partir ; mais avant de sortir de la salle, la dame d'Aiguzon se leva, et, faisant agenouiller son fils devant elle, elle étendit ses deux mains sur sa tête et le bénit, le recommandant à Dieu, à la Vierge, aux saints et à son patron. Puis, l'ayant fait relever, elle l'embrassa avec calme, tandis qu'Éléonore tendait à Arthur une main tremblante sur laquelle celui-ci imprima un chaste et saint baiser.

Un instant après, les chevaliers sortaient du château, suivis de leurs hommes, qu'ils avaient trouvés tout prêts par les soins de l'écorcheur.

X

DÉVOUMENT.

Quand le jeune de Rance et Arthur de Breuil furent partis, le vieux seigneur d'Aiguzon rentra dans la salle où il avait laissé les dames : un silence solennel, qu'interrompaient seulement parfois les sanglots étouffés de la châtelaine d'Aiguzon, régnait dans cette vaste pièce qu'éclairaient à peine deux flambeaux prêts à s'éteindre. Les dames de Bridiers entouraient la pauvre mère, mais ne lui donnaient aucune consolation, car dans le cœur de chacune d'elles était aussi un sentiment qui l'occupait tout entier : Éléonore pleine du récit de l'écorcheur, partagée entre le désir d'arracher son père des mains d'Emri et la crainte de voir Arthur tomber au pouvoir de son cruel ennemi, était plongée dans une sorte d'apathie qui ne lui permettait pas de prendre part à ce qui se passait autour d'elle; Isabelle, bien qu'elle eût fait bonne contenance, ne laissait pas que de concevoir des doutes sérieux sur la part qu'Emri pouvait avoir prise à la disparition de son frère aîné; et il n'y avait guère que la vieille Imogène qui s'occupât de la dame de Rance : sans doute parce que, comme elle, elle craignait pour la vie d'un fils. Ainsi se passèrent les premiers instants qui suivirent le départ des jeunes chevaliers. Mais lorsque la septième heure se fut écoulée, ce silence devint intolérable à chacun : le seigneur d'Aiguzon reprit sa promenade saccadée, pendant que chacune des dames, se levant à son tour, allait ouvrir les fenêtres pour écouter si elle n'entendrait pas quelque bruit qui leur apprît l'heureuse réussite des aventuriers. Mais rien; le ciel était sombre, et le vent, qui soufflait avec force, couvrait tout de sa voix puissante.

Éléonore ne put pas supporter plus longtemps cette incertitude; elle sortit dans la cour et alla questionner le guichetier, comme s'il eût pu la rassurer; celui-ci n'avait rien vu, rien entendu non plus. La fille du vicomte de Bridiers écouta sur les remparts : tantôt, appuyée aux créneaux, elle se penchait dans l'espoir de saisir dans le lointain quelque bruit éloigné ; tantôt elle se promenait avec agitation le long des murailles. Une fois, il lui sembla être certaine d'avoir distingué les pas des chevaux : elle retint son haleine, mit la main sur son cœur pour en comprimer les battements qui l'empêchaient d'entendre ; mais une bouffée de vent, qui tordait au loin les branches des arbres, emporta le bruit qu'elle croyait avoir entendu.

Dans ce moment, un homme d'armes parut tout à coup à côté d'Éléonore : « Belle damoiselle, dit-il, espérez ; j'ai parfaitement reconnu les pas des cavaliers.

— Je croyais l'avoir entendu aussi, fit Éléonore, que cette lueur d'espoir vint inonder de bonheur.

— Écoutez, repartit l'écorcheur, car c'était lui ; on s'avance dans le vieux chemin ; il y a plusieurs chevaux... mais on n'en entend plus qu'un.

— Peut-être les autres sont-ils en arrière, dit Éléonore qui sentit son cœur se serrer de nouveau.

— Cependant, ajouta l'homme d'armes, j'avais cru comprendre... non. Il n'y en a qu'un... sans doute les cailloux roulants qu'il heurtait... Il s'approche.

— Un seul?... En êtes-vous bien sûr? s'écria la fille d'Enguerrand.

— Je voudrais en douter, pauvre damoiselle, reprit l'écorcheur d'un ton plein de tristesse... Mais, sans doute, je me trompe : qui pourrait venir, à cette heure, sinon nos nobles seigneurs? Et puis voilà que le bruit est couvert de nouveau par le vent; d'ailleurs, s'ils sont sortis du chemin, ils sont entrés dans la clairière, et les chevaux ne font plus aucun bruit sur la mousse et sur l'herbe. »

L'homme d'armes se tut; Éléonore s'était penchée, par une embrasure des murailles, de façon à se précipiter dans les fossés; il la retenait par sa robe, et osa même lui prendre la main pour l'attirer doucement vers lui; puis, l'ayant fait asseoir sur la banquette, il lui dit, d'un son de voix où il eût été difficile de distinguer ce qui l'emportait de l'intérêt ou de la pitié : « Belle damoiselle, Arthur de Breuil reviendra, nous devons l'espérer; et s'il ne revenait pas ; si, par une odieuse trahison, il était tombé dans un piége!...

— O mon Dieu! ayez pitié de nous, murmura Éléonore. Elle était tombée à genoux, les mains jointes, la tête et les yeux levés vers le ciel. La lune, qui sortit de derrière un nuage, laissa tomber dans cet instant un rayon sur Éléonore; on voyait les larmes couler silencieusement le long de ses pâles joues, que ses cheveux dénoués par le vent cachaient et découvraient tour à tour. L'écorcheur sentit redoubler l'intérêt qui l'attirait vers cette jeune fille, et, lorsqu'elle eut prié, il poursuivit : « Eh bien, que pourrait-il arriver si Arthur de Breuil était prisonnier d'Emri ? Rien de grave, belle damoiselle. Le comte de Crozant n'aurait voulu s'en emparer, ainsi que du jeune de Rance, que pour ajouter une garantie de plus à celle qu'il trouve dans la personne de votre père ; dans ce cas, les seigneurs coalisés n'hésiteraient pas à lever le siége pour délivrer trois chevaliers de la valeur des seigneurs de Bridiers, de Breuil et d'Aiguzon.

— Iseult ! Iseult ! murmura Éléonore.

— Iseult ! fit l'homme d'armes en tressaillant. Oui, il causa sa mort... Belle, aimante, jeune comme vous !...

— Et le rival qu'il tua, n'était-il pas son propre frère ?... Vous l'avez dit, cavalier, ajouta la fille d'Enguerrand avec désespoir.

— Je l'ai dit, répondit l'écorcheur, et plût au ciel que j'eusse menti ! Et il tomba dans une sombre rêverie.

— Les pas des chevaux ! dit tout à coup Éléonore.

— Hélas ! le pas d'un cheval, répéta l'homme d'armes. En effet, un cavalier s'approchait ; il tourna les remparts et on l'entendit bientôt héler le guichetier. L'écorcheur était déjà à la porte, et, arrachant des mains de ce dernier le pli qui venait de lui être remis, il s'élança dans la salle où attendait avec impatience, presque avec désespoir, le seigneur d'Aiguzon. Éléonore, qui l'avait suivi, entra presque en même temps que lui. « Eh bien ! ils sont de retour ? demanda le vieux seigneur avec anxiété.

— Voici un pli qu'un homme vient d'apporter, dit l'écorcheur.

— Voyons ! » fit le vieillard en l'ouvrant pâle et tremblant. La dame d'Aiguzon avait joint les mains ; les dames de Bridiers interrogeaient d'un regard avide le seigneur de Rance pendant qu'il lisait. La lettre semblait courte, et cependant il lisait toujours.

« Seigneur d'Aiguzon ! » fit Éléonore avec fermeté.

Le vieillard se retourna ; il fixa un instant celle qui lui parlait, comme indécis sur ce qu'il devait faire ; puis, prenant une résolution, il lui tendit la lettre. Éléonore la prit vivement, mais la lut avec calme ; quand elle l'eut achevée, elle se couvrit la figure de ses deux mains, puis elle dit : « Seigneur, que l'on me prépare une haquenée, je vais partir à l'instant.

— Qu'est-ce ? Seigneur Dieu ! s'écrièrent toutes les dames à la fois.

— Emri réclame sa fiancée, dit Éléonore : c'est juste, je lui appartiens.

— Ma fille! s'écria Isabelle.

— Ma mère, si demain matin le comte Emri n'a pas auprès de lui sa fiancée, mon père, le généreux fils du seigneur de Rance et le noble Arthur de Breuil périront de la mort infâme des vilains.»

Trois cris qui n'en faisaient qu'un seul furent poussés en même temps; le seigneur d'Aiguzon essuyait une larme qui coulait sur sa joue.

« J'accompagnerai ma fille, dit Isabelle avec fierté.

— Votre présence serait inutile, répondit le châtelain; d'ailleurs, vous m'avez été confiée par Chabannes, et je réponds de vous, Madame. Noble Éléonore, je n'en attendais pas moins de vous; je vous accompagnerai, non pas directement au château de Crozant, mais au camp des seigneurs coalisés; peut-être trouverons-nous le moyen de délivrer les victimes de la perfidie d'Emri. Va faire préparer une suite de dix archers, ajouta le seigneur d'Aiguzon en s'adressant à l'écorcheur; en mon absence, je te confie la garde du château.»

L'écorcheur sortit. Éléonore eut bientôt fait ses préparatifs. On partit quelques instants après, et le soleil ne se levait pas encore à l'horizon quand la petite cavalcade arriva au camp qui entourait le château de Crozant.

Aussitôt les principaux seigneurs furent assemblés en conseil dans la tente du comte de Chamborant, et l'on agita la question de savoir si on laisserait Éléonore accomplir son héroïque sacrifice, ou si, par des moyens de violence ou de douceur, on tenterait d'arracher les prisonniers à la mort dont ils étaient menacés. Il y eut une longue discussion : Chabannes voulait donner l'assaut, et son opinion allait l'emporter lorsqu'on apprit que trois potences venaient d'être élevées sur les remparts du château de Crozant, en vue du camp. Cette circonstance décida l'assemblée en faveur de l'avis ouvert par le comte de Chamborant, et qui consistait à envoyer un héraut à Emri, afin de lui faire comprendre l'infamie qu'il y aurait à exécuter ses menaces, et le châtiment terrible dont leur réalisation serait suivie. Si ce moyen ne réussissait pas, il demeura convenu qu'on offrirait de lever le siége, à condition que les trois prisonniers seraient mis en liberté.

Le héraut partit aussitôt que cette résolution fut arrêtée, et son retour fut attendu avec une indicible impatience. Éléonore surtout, malgré le courage dont elle s'était armée, avait peine à se contenir : « Il ne cèdera pas, disait-elle, laissez-moi partir ; si, quand je me serai livrée à lui, il manquait encore à sa parole, ne seriez-vous pas toujours à même de donner l'assaut et de nous venger?... Lorsque trois nobles têtes sont ainsi menacées, qu'est-ce donc que la vie d'une femme qui la donnerait mille fois peur sauver son père et celui qu'elle se glorifie hautement d'aimer ! »

L'incertitude fut longue. Enfin le héraut revint, il était consterné : « Seigneur !... » dit-il. Mais la parole expira sur ses lèvres : il venait de porter les regards sur les murailles du château, et ce fut avec horreur que chacun, suivant son geste, vit deux hommes gravir une échelle appuyée à l'une des potences, et l'un d'eux, malgré les cris de fureur qui partaient du camp, passer une corde autour du col de la victime, dont le corps flotta bientôt au-dessus des créneaux.

Aussitôt, Chabannes donnant le signal, les troupes se précipitèrent vers le château avec des échelles pour escalader les murailles.

Éléonore s'était évanouie; le seigneur de Chamborant était tombé comme frappé de la foudre. Le héraut avait raconté qu'Emri lui avait dit de rapporter aux assiégeants que, pour leur prouver qu'il ne redoutait pas leurs menaces, un des prisonniers allait mourir; que, vers le milieu du jour, un autre serait attaché à la seconde potence, si Éléonore ne lui était pas livrée à cette heure ; et que, le soir, le troisième irait rejoindre les deux autres dans l'éternité.

Lequel des prisonniers venait d'être sacrifié ?

XI

ÉLÉONORE ET EMRI.

Emri, retiré dans les appartements les plus reculés du donjon, appuyé à une fenêtre qui donnait sur la campagne, regardait les flots écumeux de la Creuse qui venaient se briser contre les rochers. Tout plongé qu'il paraissait dans une sombre rêverie, il se retourna subitement à un léger bruit que fit quelqu'un en faisant tourner la porte de fer de son appartement sur ses gonds silencieux : c'était Vafre.

« Eh bien ? demanda Emri.

— L'affaire est faite, répondit celui-ci en souriant cruellement.

— Qu'ont dit les assiégeants?

— A la vue du fruit que votre justicier a suspendu à une des potences, les coalisés se sont élancés furieux vers les remparts.

— Et les ont-ils escaladés? demanda dédaigneusement Emri.

— Ils n'ont pas les ongles assez pointus, à ce qu'il paraît, pour s'attacher aux parois, répondit l'écuyer sur le même ton; car, cette première effervescence passée, ils sont tranquillement rentrés dans leur camp.

— Et Éléonore?

— La demoiselle de Bridiers est dans la première enceinte, qui attend votre bon plaisir, monseigneur.

— Ici! ici! s'écria le comte de Crozant; Éléonore est en mon pouvoir!... Et que ne le disais-tu tout de suite? Fais-la conduire à l'instant près de moi.

— J'ai voulu vous prévenir, et je vais...

— Un instant. Comment est venue Éléonore? qui l'accompagnait?

— Elle est venue seule, et je crois qu'elle s'est échappée du camp pendant que chacun de ces étourneaux s'imaginait avoir des ailes pour voler par-dessus les remparts.

8.

— Oui, cela doit être, elle craignait pour la vie d'Arthur de Breuil. Eh bien ! qu'un héraut parte pour le camp, et qu'il annonce aux coalisés que, puisque mes conditions n'ont pas été acceptées, j'en impose de nouvelles : Si demain matin leurs tentes ne sont pas pliées, et les abords du château parfaitement libres, la seconde potence...

— Balancera un autre gland, termina Vafre; et si après demain ils ne sont pas décidés, une troisième victime... je comprends.

— Va, et surtout que bonne garde soit faite autour du gibet, de façon à ce que tout le monde ignore quel est celui qui y est suspendu. »

Vafre sortit ; un instant après il rentra conduisant Éléonore, ou plutôt la suivant, car la damoiselle avait ordonné au traître de ne pas l'approcher, afin de n'être pas souillé de son contact.

Lorsqu'elle parut à la porte de l'appartement, elle s'arrêta comme pour respirer. Cependant sa démarche était assurée, sa tête haute, son regard ferme ; si n'avait été une pâleur extrême et le léger tremblement qui agitait ses lèvres, on eût pu croire qu'elle était calme comme aux jours où elle commandait à ses femmes, dans le château de Bridiers.

Emri, dès qu'elle parut, se leva avec empressement, et voulut la prendre par la main ; elle l'arrêta d'un geste : « Mon père ! dit-elle. »

Le comte de Crozant ne répondit pas.

« Mon père, répéta-t-elle avec vivacité, qu'en avez vous fait ?

— Belle Éléonore, dit enfin Emri qui, intimidé d'abord, avait bientôt repris toute son assurance ; belle Eléonore, avant de vous répondre, ne dois-je pas savoir dans quel dessein vous êtes venue ici ?

— Qu'aviez-vous demandé ? quel prix aviez-vous mis pour renoncer à un crime ? n'est ce pas qu'Éléonore se livrât à vous ? Eh bien ! où est mon père ?

— Je vous ferai observer, Éléonore, repartit le comte, que mes conditions n'ayant pas été acceptées, un commencement de justice a été fait.

— Eh bien ! achevez : mon père est la victime que vous avez immolée à votre vengeance, contre les droits des gens ! »

En parlant ainsi, Éléonore fut obligée de s'appuyer sur un meuble : elle était prête à défaillir.

Emri, la torturant à plaisir, répondit :

« Il est incontestable qu'ayant fait des propositions aux seigneurs coalisés, si elles n'étaient pas acceptées, je demeurerais libre d'en user avec mes prisonniers selon mon bon plaisir ; par conséquent, je pouvais choisir le sire de Bridiers, ou le chevalier Arthur de Breuil, ou le jeune de Rance qui s'était déclaré mon ennemi, en faisant cause commune avec Chabannes et les ennemis du roi d'Angleterre et de France. Maintenant il pourrait se faire que j'eusse épargné Enguerrand, et que ma justice eût commencé par l'un des deux autres : et dans ce cas, belle Éléonore, votre perplexité ne serait-elle pas la même ? »

La fille d'Enguerrand sentit en elle un tumulte de sentiments qui semblaient devoir lui faire perdre la raison : son amour filial, sa tendresse pour Arthur, la reconnaissance que lui inspirait la généreuse conduite du jeune de Rance, l'indignation que venaient d'exciter les paroles d'Emri bouillonnaient ensemble dans son cœur. Un instant elle oublia la résolution quelle avait prise et ne sut plus que répondre ; mais cet instant d'incertitude fut court : parmi toutes ces pensées, elle crut comprendre, elle espéra plutôt que le comte de Crozant avait épargné son père. Alors, toujours debout, toujours tenant du geste Emri éloigné d'elle, elle reprit :

« Oui, je ne crois pas que vous ayez été assez infâme pour assassiner un vieillard qui, il y a quelques jours, vous donnait sa fille, et que vous traitiez d'ami. D'ailleurs, cela aurait été une folie dont vous n'êtes pas capable. Je vous dirai donc, maintenant, comte de Crozant, où est de Rance ?

— De Rance ! s'écria Emri en riant, est-ce bien là le nom que vous voulez dire, belle damoiselle ?

— J'ai dit de Rance, répéta froidement Éléonore, de Rance qui n'est point votre ennemi, de Rance dont le père était lié avec le vôtre, de Rance qui n'a pas cru à votre déloyauté, et qui, négligeant aussi bien qu'Arthur de Breuil les conseils de prudence que ceux qui vous connaissaient bien leur donnaient, a été assez imprudent pour venir seul, avec un chevalier aussi généreux que lui, s'exposer à votre haine et à votre perfidie.

— Ah! ah! fit Emri en souriant toujours de son sourire contraint et cruel, et si j'avais épargné le généreux de Rance et que ce fût Arthur qui figurât au sommet de ma justice... »

Éléonore sentait son cœur prêt à rompre sa poitrine; elle n'entendait plus, pour ainsi dire, elle ne voyait plus; un bourdonnement terrible remplissait sa tête, ses yeux étaient éblouis par mille rayons qui éclataient, mouraient, reparaissaient pour disparaître encore et renaître plus éclatants; encore un effort et sans doute la vie allait se séparer d'elle. Le comte de Crozant, la voyant chanceler, s'avança rapidement, et la reçut dans ses bras; mais à ce contact, Éléonore recouvrant toute son énergie, se leva du fauteuil où il l'avait déposée, et s'élançant vers la fenêtre : « Oui, vous avez tué Arthur de Breuil, dit-elle haletante, le chevalier que j'aimais! Celui que vous n'aviez pu vaincre dans le tournoi, vous l'avez assassiné; car c'est ainsi que vous vous débarrassez de ceux qui osent aimer la même femme que vous.

— Éléonore! s'écria Emri en pâlissant horriblement.

— Oui, vous avez tué Arthur... Mais enfin, il reste encore mon père et de Rance, je suis venue me proposer pour les racheter : acceptez-vous?

— Et quand je n'accepterais pas, répondit le comte de Crozant avec une espèce de rage froide, croyez-vous que je vous laisserais repartir maintenant? croyez-vous que la femme que j'aime de toute la puissance de mon âme m'échapperait ainsi une seconde fois?... Et si cela était possible, ne venez-vous pas de prononcer un mot qui ferme à jamais sur vous les portes du château de Crozant? imprudente damoiselle!... Qu'aviez-vous besoin de savoir et de dire surtout qu'Emri était implacable vis-à-vis de ses rivaux!

— Ainsi vous ajouteriez un nouveau manque de foi à vos autres crimes?

— Je ferai tout pour satisfaire ma passion, Éléonore. Oui, l'un de mes trois prisonniers a péri : lequel?... Vous ne le saurez pas; c'est peut-être votre père, peut-être votre amant, peut-être votre protecteur; quel qu'il soit, il me reste encore deux ôtages contre les seigneurs coalisés; deux ôtages contre vous; ni les ôtages, ni vous ne m'échapperez : c'est une résolution inébranlable quant à vous du moins. Quant aux autres, quant à Arthur ou votre père et le jeune de Rance; quant à votre père et Arthur, peut-être tous deux ensemble, je pourrai leur faire grâce à deux conditions : la première, c'est que les assiégeants se retireront en me laissant un traité en bonne forme, qui me garantisse une trêve d'un mois; la seconde condition... »

Emri s'arrêta en entourant Éléonore de ses regards passionnés et haineux.

« Quelle est votre seconde condition, demanda froidement la fille d'Enguerrand :

— La seconde, reprit-il avec ardeur, c'est que de gré ou de force vous m'appartiendrez.

— De ma propre volonté, jamais, répondit Éléonore avec résolution. Quant à la violence, je saurai bien m'y soustraire..... Et vous qu'on ne voit jamais porter de poignard à votre ceinture, vous saurez sans doute retrouver celui que vous aviez le jour où le comte Albert votre frère périt sur la chaussée du Maupas! »

Ces derniers mots frappèrent Emri comme d'un coup de foudre; il chancela et tomba sur son siége. Éléonore saisissant cet instant pour s'échapper, sortit de l'appartement, et ayant trouvé ouverte une porte voisine, qui donnait accès dans une tourelle étroite où elle ne vit aucune issue, elle s'y précipita et ferma solidement en dedans cette porte qui était aussi de fer.

Pendant ce temps, la nuit était venue ; le ciel, couvert de nuages lourds et noirs, était déchiré à chaque instant par de longs sillons de feu ; le tonnerre lointain s'était rapproché et commençait à gronder formidablement. Une vague terreur saisit le comte de Crozant. Il se leva et voulut sortir pour retrouver Éléonore ; ses pas chancelants ne surent pas trouver la porte ; il parcourut inutilement la chambre, heurtant les meubles et les parois, comme s'il eût été ivre. Et les éclairs devenaient plus fréquents, et la foudre grondait plus fort. Emri s'arrêta devant la fenêtre afin que le vent rafraîchît sa tête brûlante ; il étendit les mains pour recevoir les grosses gouttes d'eau qui commençaient à tomber, il en mouille son front. Tout-à-coup la foudre éclate, tombe devant lui, sur la rive, et brise un chêne que les orages respectaient depuis plus de cent années. Mais est-ce une illusion de son imagination malade ?... A la lueur du feu du ciel et des éclairs qui se succèdent rapidement, Emri a vu un cavalier debout sur un rocher, au pied du château de Crozant ; cet homme d'armes est sans casque, et le vent fait flotter une longue chevelure blanche ; sa taille est élevée, sa tournure noble et imposante, sa figure... O ciel !... Elle est hideuse !... d'horribles cicatrices qui la sillonnent en font un objet de dégoût et d'horreur... Emri s'agite, il veut fuir, une force invincible le retient ; en vain ses regards se détournent ; en vain il ferme les paupières, l'image est là devant lui, le touche presque, et une voix dont chaque son éveille un écho terrible dans son cœur, retentit à son oreille. Le fantôme dit :

O Lusignan ! écoute Mélusine,
Qui t'avertit !

XII

LA CONFESSION.

L'orage continuait, et le château était ébranlé sur ses fondements de granit par les éclats terribles de la foudre. Emri, s'arrachant enfin de la croisée, saisit son sifflet d'argent et le fit résonner trois fois avec précipitation. Vafre parut. « Où est-elle? demanda le comte.

— Qui donc? monseigneur.

— Éléonore, malheureux !

— Je ne l'ai point vue. A peine rentré de porter vos ordres, l'orage a éclaté : tout était en feu dans le château ! Les meubles tremblaient, les vaisselles s'agitaient sur les dressoirs... et sur mon âme! monseigneur, j'ai vu les portraits de vos aïeux lancer des regards de feu... C'est une nuit terrible! monseigneur.

— Est-il donc tard?

— Minuit passé.

— Minuit! répéta Emri de plus en plus troublé... Où est le chapelain?

— Dans la chapelle, sans doute, qui prie : car la cloche n'a cessé de sonner.

— Va le chercher et me l'amène.

— Le chapelain? monseigneur, demanda l'écuyer stupéfait.

— Le chapelain! répéta Emri avec une sorte d'égarement. »

Vafre sortit, après quelques secondes d'hésitation; bien qu'il ne fût pas timide d'ordinaire, il traversa en tremblant les grandes pièces désertes qui conduisaient à la chapelle. Arrivé à la porte, la terreur secrète dont il ne pouvait se défendre redoubla; cependant il entra. A peine eut-il ouvert la porte que le vent, s'engouffrant sous les voûtes avec un bruit formidable, agita les panonceaux, les lampes et plusieurs autres objets qui produisirent un bruit singulier; et puis, il sembla à Vafre avoir aperçu une ombre qui se glissait derrière les colonnes. Pensant que c'était le chapelain, il l'appela par son nom; personne ne répondit. Vafre, incertain s'il devait avancer ou sortir, appela de nouveau; mais, en cet instant, une nouvelle rafale le précipita si furieusement dans l'église que les lustres qui l'éclairaient furent éteints, tandis que l'ombre que Vafre croyait avoir aperçue déjà une fois, s'approchant de l'autel, sembla s'abîmer dans le sol.

L'écuyer, épouvanté, sortit précipitamment du temple, et ce fut presque en courant qu'il se rendit au logement du chapelain; mais sa terreur fut portée à son comble lorsque, étant arrivé jusqu'à la chambre du saint homme, il trouva celui-ci profondément endormi dans un immense fauteuil, devant un grand feu qui s'éteignait. Ce n'était donc pas lui que Vafre avait vu dans la chapelle; d'ailleurs plusieurs flacons sur une table où l'on voyait aussi les débris d'un succulent souper, et les ronflements sonores du digne moine, attestaient que, s'il s'était livré à la prière, il n'avait pas oublié non plus les soins de cette misérable vie.

Vafre s'approcha vivement, et, l'ayant secoué rudement : « Bon père ! dit-il.

— Eh quoi ! qu'est-ce ? s'écrie le religieux en s'éveillant en sursaut. Oserais-tu toucher à un serviteur de Dieu ? malheureux !... *Vade retrò Satanas !*

— Eh ! à quoi en avez-vous donc, frère Marien ? dit Vafre ; ne me reconnaissez-vous pas ?

— Ah ! c'est vous, digne écuyer, dit le frère Marien, car c'était bien notre vieille connaissance qui avait l'honneur d'être le chapelain du château de Crozant; que Dieu ait pitié d'un pauvre pécheur et d'un de ses plus indignes prêtres! poursuivit-il; mais je vous ai encore pris pour un écorcheur : que voulez-vous? honnête Vafre, c'est mon cauchemar : je ne rêve que malandrins depuis le pillage de notre pauvre couvent d'Aubégnat. Ah! c'est qu'il y a bien de quoi perdre la tête, voyez-vous : moi qui étais accoutumé à une existence si tranquille, si exempte des soucis de ce monde corrompu... passer tout à coup à une vie si agitée, pleine des évènements les plus extraordinaires, les plus inattendus...

— Étiez-vous dans la chapelle il y a un instant? demanda l'écuyer, sans réfléchir que le moine, s'il avait été à l'église, n'aurait pas eu le temps de revenir depuis que Vafre l'avait quittée lui-même.

— A la chapelle? excellent écuyer ; certainement, j'y suis allé... comme tout homme de Dieu doit le faire; j'y ai dit ma messe ce matin; j'y ai reçu l'aveu des fautes de ce malheureux que monseigneur a fait pendre.

— Mais ce soir?... tout à l'heure?... demanda Vafre avec impatience.

— A vrai dire, poursuivit frère Marien, je n'y suis pas retourné depuis que j'ai donné l'absolution à l'homme d'armes... Le sacristain a bien sonné la cloche toute la soirée, et je m'apprêtais à y aller prier; mais vous comprendrez, mon cher Vafre, qu'il faisait un temps horrible : j'ai pensé que, faites au coin de mon feu, mes prières n'en seraient pas moins écoutées du ciel.

— Et êtes-vous bien sûr de ne pas vous promener en dormant? frère Marien.

— Me promener en dormant?, Vafre; me prenez-vous pour un possédé du démon?

— C'est singulier; j'ai cru voir quelqu'un tout à l'heure dans la chapelle.

— Le sacristain, sans doute, qui se sera relevé pour aller éteindre les cierges; cependant je lui avais recommandé de les laisser brûler toute la nuit. Et, sur ma foi, il a eu bon courage; si j'avais été dans mon lit, comme lui... Mais qui me procure votre visite à cette heure avancée de la nuit? mon excellent ami.

— Le comte Emri vous fait demander à l'instant.

— Sainte Vierge! et pourquoi, s'il vous plaît? Monseigneur voudrait-il que je lui fisse quelque lecture de livres de chevalerie, comme hier?... Dites-lui que c'est lecture profane, et que, par un pareil temps, il s'exposerait à tenter Dieu.

— Monseigneur ne s'est point expliqué, et j'ignore ce qu'il peut vouloir de vous; mais il paraît fort agité : il y a quelque chose de singulier dans sa voix et dans son regard... Mais venez, voilà déjà beaucoup de temps de perdu.

— Et moi qui comptais si bien m'étendre dans ce bon lit... car, Vafre, il y a si longtemps que je couchais sur la dure lorsque vous êtes venu me prendre à mon ermitage... Allons, que la volonté de Dieu soit faite ! »

Et le digne moine, prenant comme par distraction une bouteille, remplit deux verres et en vida un, repoussant légèrement l'autre du côté de son compagnon. Après qu'il eut bu, poussant un profond soupir, comme un homme qui vient de laborieusement travailler : « Allons, je vous suis, Vafre ; mais quoi ! laissez-vous cet excellent vin de Gasgogne s'éventer ?

— Merci, répondit l'écuyer, je n'ai pas soif ; et vous-même, vous n'avez pas remarqué qu'il est plus de minuit ?

— Oh! mon sablier est arrêté, répondit le moine. Ce malheureux ne m'en fait pas d'autre et m'expose ainsi à pécher : véritablement, je crois que c'est le démon qui se plaît à me jouer ces vilains tours. »

En parlant ainsi, Marien, qui avait ramené soigneusement sa cagoule sur sa tête et serré sa ceinture, prit un livre de prières et suivit Vafre, ayant eu soin auparavant de se munir d'une lanterne de corne qui ne jetait qu'un jour douteux.

« Voici le bon père, dit Vafre, qui entra le premier dans l'appartement d'Emri.

— Qu'il entre, » dit celui-ci avec préoccupation.

Marien s'avança ; le comte lui fit signe de s'asseoir auprès de lui, et, d'un geste, congédia son écuyer.

Un long silence suivit, pendant lequel le moine cherchait à deviner ce que pouvait vouloir de lui son seigneur et maître. Mais, comme cet examen le fatiguait, il y renonça et allait s'arranger sur son fauteuil le plus commodément possible pour un homme que le sommeil sollicite, lorsque le comte, sortant de sa rêverie, lui dit :

« Mon père, croyez-vous aux revenants ?

— Par le ciel ! si j'y crois, s'écria le moine ; et qui n'y croit pas ? mon fils ; c'est là un article capital de notre foi.

— Vous pensez donc que les morts peuvent sortir du tombeau ?

— Incontestablement, monseigneur ; et je pourrais vous réciter une infinité d'histoires véridiques qui ne vous laisseraient aucun doute sur ce point, à commencer par l'ombre de Samuel.

— Et dans quelles occasions les morts reviennent-ils sur cette terre ? Qui visitent-ils plus particulièrement ?

— Oh ! pour bien des causes Dieu permet que

les âmes qui ont quitté ce monde y reviennent accidentellement. Mais, le plus souvent, c'est pour donner des avertissements.

— Des avertissements? dit Emri tressaillant.

— Oui; ou des conseils à ceux que les âmes ont aimés pendant qu'elles-mêmes animaient des corps humains; et puis aussi pour tourmenter des coupables, leur reprocher des crimes.

— Tourmenter des coupables? fit encore Emri.

— Oui; beaucoup aussi, retenues en purgatoire, viennent demander des prières.

— Et les coupables dont vous parlez, mon père, que doivent-ils faire pour éloigner ces fantômes, faire cesser ces apparitions?

— S'humilier et prier, monseigneur; jeûner, macérer le corps, vil limon de la terre; s'adonner aux bonnes œuvres, et surtout faire des legs pieux.

— Et alors le repos leur est rendu?

— Oui, si les dons ont été convenables et le repentir sincère, et qu'ils s'en soient confessés.

— Tous leurs péchés leur sont remis pour le passé?

— Certainement.

— Et pour l'avenir?

— Oh! pour l'avenir, c'est plus difficile; il faut certaines conditions...

— Eh bien! mon père, écoutez un pécheur et

lui donnez l'absolution, fit Emri en se signant et en se mettant à genoux devant frère Marien.

— Monseigneur! dit celui-ci stupéfait.

— Dites mon fils. N'êtes-vous pas celui qui peut réconcilier le pécheur avec Dieu?

— C'est la vérité, repartit le moine, qui se redressa alors avec une dignité dont on ne l'aurait pas cru capable. Eh bien! mon fils, parlez; je vous écoute :

« Mon père, j'ai commis plus d'une faute; car, vous le savez mieux que moi, tout homme est pécheur, et les gens de guerre sont encore plus exposés que d'autres. Je ne vous dirai donc point tout le menu des fautes que j'ai pu commettre et que vous devinez facilement. Mais voici ce qui me pèse le plus et dont je voudrais avoir merci : J'avais un frère aîné que mon père aimait mieux que moi, j'en fus jaloux; mais j'aurais vaincu ce mauvais sentiment si Albert avait été bon pour moi. Il était loin d'en être ainsi : mon frère, fier de son droit d'aînesse qui devait le rendre maître du château de Crozant et de ses vastes domaines, abusait de la faiblesse de notre père pour me perdre dans son esprit. Sans cesse il me représentait au faible vieillard comme un esprit indomptable, un cœur méchant, un chevalier sans foi ni loi, toujours prêt à mal faire... »

Un profond soupir interrompit Emri, qui releva la tête vers le moine : « C'était bien mal à lui, n'est-ce pas, mon père? et le gémissement que vous venez de faire entendre sera bien justifié.

— Je n'ai point gémi, dit le moine, et je croyais que c'était vous.

— Moi ! je m'accuse, mais je ne gémis pas, dit fièrement Emri. Nous nous sommes trompés, sans doute : ce sera le vent, qui ne cesse de faire rage au dehors. Cependant je continue l'aveu de mes torts : Or, bien que mon frère Albert ne fût pas juste envers moi, j'aurais étouffé la jalousie qui dévorait mon cœur, si la femme que j'aimais n'avait aussi été aimée par Albert. Et encore, l'aimait-il ?... je ne le crois pas ; il voulut seulement me la ravir, parce qu'il savait bien que son droit d'aînesse me le ferait préférer. Quoi qu'il en soit, il fit si bien auprès d'elle et auprès de son père, qu'il obtint de l'un et de l'autre la promesse de l'avoir pour épouse, et il put ensuite me railler cruellement. »

Ici un second soupir, mais plus fort, plus distinct que le premier, se fit encore entendre : « Sur mon âme, il y a quelqu'un ici, » s'écria Emri en se levant. Puis ayant tiré son épée, il fit le tour de l'appartement, regarda dans tous les angles, visita chacun des meubles, s'assura que la porte et les fenêtres étaient bien fermées. Ne trouvant personne, il revint s'agenouiller devant le moine qu'un tremblement nerveux avait saisi ; lui-même montrait moins d'assurance, et ce fut avec une voix émue qu'il continua ainsi :

« Voyant que mon frère me raillait si cruellement, je ne fus plus maître de ma colère; je lui répondis avec aigreur, et je lui reprochai tout ce qu'il avait fait contre moi. Alors, joignant l'outrage à l'insulte, il leva les mains sur moi et me frappa du bois de sa lance. Que vous dirai-je encore, mon père?... Ma colère ne connut plus de bornes; je tirai mon épée et en frappai Albert. Malheureusement, tout mal dirigé qu'il était, mon coup atteignit le visage, pénétra dans l'œil et renversa Albert. Nous étions sur le bord d'un étang fort étroit; le malheureux tomba dans l'eau, et, embarrassé par ses armes, il se noya avant que je pusse le secourir.

— Tu trompes le prêtre; mais tu ne tromperas pas Dieu, » dit une voix qui semblait sortir du mur. Cette fois Emri fit un bond comme un tigre : il courut droit à un panneau de la boiserie, et, ayant fait jouer un ressort, une porte secrète s'ouvrit, laissant voir dans une niche un chevalier d'une taille gigantesque et couvert d'une armure de fer, de la tête aux pieds. Emri, qui avait tiré son épée pour frapper, la laissa retomber devant cette apparition, et se cacha la figure dans les mains, tandis que frère Marien, épouvanté, cherchait en vain les formules d'exorcisation. Le spectre, car ce ne pouvait être qu'un habitant de l'autre monde, ce passage qui conduisait aux souterrains du château n'étant jamais connu que des chefs de famille de la maison de Crozant, qui n'en divulguaient le secret qu'à leur héritier, dans leur testament; le spectre sortit lentement de la niche, referma le panneau, puis, s'étant arrêté devant Emri, il le saisit d'une main puissante, dont la force était surhumaine, et, le forçant de s'agenouiller devant le moine, il lui dit : « Confesse-toi dans la sincérité de ton cœur, car l'heure de la justice est proche. »

Puis il sortit, fermant en dehors la porte de fer qui conduisait dans le château.

XIII

LE GUIDE.

Lorsqu'il eut quitté la chambre où il laissait Emri de Crozant épouvanté aux pieds du moine, le mystérieux chevalier, évitant avec beaucoup d'habileté la salle où plusieurs hommes d'armes tenaient compagnie à Vafre, et comme s'il eût connu les plus secrets passages du château, ouvrit une petite porte basse qui donnait accès dans les créneaux du donjon. L'orage s'était un peu calmé; cependant de rapides nuages couraient au ciel qu'illuminaient encore de temps à autre des éclairs menaçants. L'inconnu s'arrêta pensif, et, appuyé à une embrasure, parut tomber dans une profonde rêverie. Il avait levé la visière de son casque, et ses yeux se reposant tour à tour avec une sorte de curiosité avide sur chacune des parties de la puissante forteresse qu'il dominait de l'endroit où il était placé, on eût dit qu'il avait peine à les détacher des tours, des murailles, et des diverses constructions renfermées dans l'enceinte des remparts. De grosses larmes coulaient silencieusement sur sa figure ; ses mains se joignirent, et ses genoux fléchissant peu à peu, il se trouva bientôt prosterné sur les dalles mouillées de pluie.

Il était depuis longtemps déjà dans cette posture, lorsqu'à l'extrémité opposée de la galerie, une ombre blanche apparut tout à coup. Le chevalier, par un mouvement rapide, rabaissa la visière de son casque et porta la main sur ses armes. L'ombre s'avança d'abord lentement et avec hésitation, comme incertaine de la route qu'elle devait tenir ; cependant elle se rapprochait de l'inconnu, et tout à coup un cri étouffé se fit entendre : « Silence, Éléonore, dit-il en retenant la jeune fille qui cherchait à fuir.

— Grâce ! grâce, dit celle-ci en se débattant, au nom de Dieu, ne me livrez pas à Emri.

— N'ayez aucune crainte, noble damoiselle, repartit le chevalier en radoucissant sa voix ; ne savez-vous pas que l'écorcheur vous est tout dévoué ?

— O ciel ! murmura la fille d'Enguerrand de Bridiers en étouffant un nouveau cri, vous ici !

— Ici pour vous protéger, pour sauver Arthur, votre père, le noble de Rance.

— Hélas ! dit Éléonore en fondant en larmes, voyez là-bas, sur les remparts, cet infâme instrument de mort : l'un des trois seigneurs généreux que vous venez de nommer y est suspendu depuis hier.

— Peut-être, noble damoiselle ; j'ai quelque raison de croire que le seigneur de Crozant n'a pas commis ce crime : oui, un corps flotte au gré de la tempête, suspendu à ce gibet ; mais quelque chose me dit que ce n'est ni celui de votre père, ni celui de votre chevalier ; ce n'est pas davantage celui de votre hôte. Pourquoi Emri l'aurait-il voulu faire périr ? N'avait-il pas tout à perdre en agissant avec autant de précipitation ? Ne valait-il pas mieux pour lui attendre ? Mais enfin, quoi qu'il en soit, deux nobles seigneurs vivent encore, et dans une heure ils auront quitté ce château avec vous que je n'espérais pas avoir le bonheur de rencontrer aussitôt.

— Merci ! oh ! merci, chevalier dont je voudrais baiser les mains, que je voudrais honorer à genoux, dit profondément Éléonore en s'efforçant de porter jusqu'à ses lèvres le gantelet aux mailles d'acier de l'inconnu. Car vous aussi, continua-t-elle, vous êtes un noble cœur, et j'en suis certaine, un sang illustre coule dans vos veines.

— Pourquoi cela Éléonore ? Croyez-vous donc que les sentiments généreux ne puissent pas se rencontrer dans un cœur de vilain ou de serf, comme dans l'âme d'un chevalier. Avez-vous oublié qu'Emri de Crozant fut fratricide, et que ce furent de misérables écorcheurs qui recueillirent Albert, qui soignèrent ses blessures ?... Mais nous perdons un temps qui peut être précieux : Venez, suivez-moi, fille du vénérable Enguerrand ; j'ai l'espoir qu'avant peu, votre père vous pressera entre ses bras. »

En parlant ainsi, le chevalier s'avança dans la galerie, dans la direction de la porte par où Éléonore était rentrée ; mais il ne l'ouvrit pas. Il marcha quelques pas encore, puis tournant dans une autre galerie qui faisait un angle avec celle-ci, il s'arrêta devant une ouverture pratiquée au milieu du passage dans les dalles ; et, posant les pieds sur les barreaux d'une échelle, il descendit le premier, en recommandant à Éléonore de prendre ses préautions pour le suivre. La fille du seigneur de Bridiers qui, au premier abord, semblait timide et faible, était douée, ainsi que nous l'avons déjà vu, d'une assez grande énergie. Elle n'hésita pas à suivre son singulier conducteur et posa ses petits pieds sur les barreaux qui gémissaient du poids du lourd guerrier. Ce ne fut qu'après être descendus ainsi l'espace de cinquante échelons, qu'ils arrivèrent à toucher le sol, ou plutôt les dalles d'une autre galerie. Mais celle-ci n'était plus découverte et aérée comme les premières ; elle était au contraire très obscure, et Éléonore reconnut bientôt qu'elle se trouvait dans un de ces passages étroits pratiqués dans l'épaisseur des murailles des châteaux. Après avoir fait plusieurs détours, l'écorcheur s'arrêta, et sa main se promena quelques instants sur la muraille : « Ciel ! le passage est fermé, dit-il enfin avec une visible anxiété ; il nous faut revenir sur nos pas.

— O mon Dieu ! le jour nous surprendra, murmura Éléonore ; voyez, cherchez bien, bon chevalier.

— La lame de mon poignard pénètre bien entre deux pierres, dit celui-ci ; mais il ne peut faire céder celle qui ferme le passage.

— Peut-être vous êtes-vous trompé, et la sortie est-elle placée moins avant ?

— Non, c'est bien ici, répondit l'homme d'armes en faisant de nouveaux efforts. Oh ! je ne puis pas me tromper.

— Mais, au nom du ciel, qui êtes-vous donc ?

demanda l'amante d'Arthur de Breuil, frappée du ton avec lequel ces dernières paroles furent prononcées.

— Silence! fit l'écorcheur en prenant doucement la main à Éléonore : on marche de l'autre côté, il y a plusieurs personnes. »

En effet, des pas se firent entendre à quelque distance; puis ils se rapprochèrent, et un rayon de lumière pénétra dans les interstices des pierres. Le compagnon d'Éléonore avait appliqué son oreille à la muraille; celle-ci, haletante, retenait avec peine sa respiration, tant son cœur bondissait. Si on venait à pénétrer dans ce passage, s'ils allaient être découverts..... Mais son effroi fut à son comble, quand l'écorcheur laissant sa main qui tremblait dans la sienne, elle l'entendit frapper, d'une façon particulière, le mur du côté des personnes qui s'avançaient.

« Que faites-vous, ô mon Dieu! dit-elle vivement.

— Ne vous montrez pas, dit tout bas l'écorcheur : ils ne sont que trois, et ils m'ont entendu. »

En effet, on s'était arrêté, et, après un instant de silence, d'autres coups répondirent à ceux que l'homme d'armes venait de faire entendre. Celui-ci frappa encore, et presque aussitôt une large pierre roulant sur elle-même, laissa voir trois hommes d'armes : l'un d'eux tenait une lanterne dont il dirigeait la lumière vers la porte qu'il venait d'ouvrir : c'était Vafre.

L'écorcheur s'avança vers lui, et se penchant à son oreille, lui dit quelques mots qui semblèrent fort étonner l'écuyer. Comme il paraissait hésiter, l'écorcheur, s'approchant de nouveau, lui parla encore tout bas : aussitôt une sorte de tremblement s'empara de Vafre ; il remit sa lanterne à l'inconnu, et reprenant la galerie par où il était venu, il ordonna aux deux hallebardiers qui l'accompagnaient de revenir avec lui sur leurs pas. Lorsqu'ils se furent éloignés, l'écorcheur entra chercher Eléonore dans le passage, qu'il referma, et puis, la soutenant sur son bras vigoureux, ils se mirent à marcher aussi vite que l'agitation de la fille d'Enguerrand le permettait. Mais elle ne tarda pas à se remettre, et, lorsqu'ils arrivèrent dans la cour où s'élevaient les trois potences, Éléonore marchait avec autant de fermeté que son guide. Et cependant, à l'une de ces potences se balançait le corps de son père peut-être ; peut-être celui d'Arthur ! Pourtant, lorsqu'ils passèrent auprès de ce signe de la justice du seigneur de Crozant, l'inconnu sentit la damoiselle s'appuyer plus fort sur son bras et le presser convulsivement.

« Courage ! noble damoiselle, dit celui-ci : nos incertitudes vont cesser ; nous voici arrivés à la prison. »

En effet, l'écorcheur venait d'ouvrir une porte qui laissa apercevoir un homme assis près du feu, le morion en tête, la pique au poing et une trousse de clefs à la ceinture : c'était le guichetier. Au bruit que l'homme d'armes et sa compagne firent en entrant, il retourna la tête et parut fortement étonné de la présence d'une femme, plus étonné encore peut-être de l'air étrange du guerrier qui se présentait devant lui. Cet homme était un grand vieillard à l'œil vif et hardi, qui indiquait un homme résolu et dévoué. L'écorcheur s'approchant de lui : « André, ouvre les chambres des trois seigneurs, dit-il. »

Le guichetier tressaillit : « Seigneur! dit-il avec embarras.....

— Ouvre, te dis-je, André, répéta le mystérieux personnage ; ne reconnais-tu pas ma voix ?

— Seigneur ! Seigneur ! fit encore le guichetier en se signant, est-il possible ? mon Dieu!... »

L'homme d'armes leva sa visière et André tomba à genoux, lui tendant le trousseau de clefs et détournant la tête avec épouvante. L'écorcheur les prit, et après avoir ouvert une porte avec l'une d'elles, fit signe à Éléonore de l'accompagner ; au bout d'un corridor, il s'arrêta : « Maintenant, dit-il à la damoiselle, que la fille d'Enguerrand de Bridiers, que la maîtresse d'Arthur de Breuil s'arme de courage, qu'elle songe que si Dieu a pris l'un de ceux qu'elle aimait, il lui a laissé l'autre pour la consoler. »

Il tenait une clef à la main, prêt à l'introduire dans la serrure d'une porte devant laquelle il était. Éléonore, la tête baissée, garda le silence un instant, puis, se redressant, le regard assuré, la voix presque ferme, elle dit : « Ouvrez ! » L'écorcheur ouvrit et entra dans la cellule, suivi de la courageuse jeune fille.

Cette chambre n'était pas à proprement parler une prison : elle formait seulement comme l'antichambre d'un cachot, dont l'entrée s'ouvrait et se fermait au moyen d'une assez large dalle en pierre, munie d'un fort anneau en fer qui la distinguait des autres dalles dont cette pièce était pavée. Chaque cachot avait une cellule pareille, qui servait de prison ordinairement aux hommes d'armes du château, pour les fautes qu'ils commettaient; les véritables prisons, c'est-à-dire ces cachots creusés dans le roc, sans lumière et presque sans air, étant réservés pour les vassaux du châtelain.

Or, dans cette pièce où l'écorcheur introduisit Éléonore, il y avait une couchette recouverte de paille sur laquelle un homme, enveloppé d'une sorte de couverture, dormait doucement, comme on le comprenait à la régularité de sa respiration. Éléonore, qui s'était arrêtée en entrant, prit la lanterne des mains de son compagnon et marcha résolument vers ce lit : « Mon père ! » s'écria-t-elle avec une sorte de délire. Et s'affaissant près du vieillard, qui venait de s'éveiller à ce cri qu'il avait reconnu, Éléonore s'évanouit.

En ce moment les clairons retentirent dans le château ; il se fit un grand bruit d'armes, et des cris se firent entendre. L'écorcheur s'élançant hors de la cellule, laissa Enguerrand et sa fille dans l'obscurité.

XIV

JUSTICE.

Lorsque l'écorcheur, accompagné d'Éléonore, pour sortir du passage secret où il était enfermé, s'était trouvé en présence de Vafre, celui-ci parcourait le château afin de découvrir l'endroit où la fille d'Enguerrand de Bridiers s'était réfugiée après s'être échappée de la chambre d'Emri. A la vue d'un guerrier inconnu et à la visière baissée, l'écuyer craignit d'abord une trahison; et le mot de passe du seigneur de Crozant que le chevalier mystérieux lui avait dit à l'oreille, ne suffisant pas à le rassurer, l'écorcheur qui d'ailleurs voulait éloigner Vafre de la direction qu'il allait prendre lui-même, avait ajouté bien bas : « Vafre, retourne promptement près de ton maître ; car, pris d'une subite terreur, il se confesse au chapelain, et est prêt à lui déclarer toute l'histoire de l'étang du Maupas. » Nous avons vu combien l'écuyer avait été effrayé de cette révélation. Il se hâta de regagner le donjon, et ayant laissé ses hallebardiers dans la salle d'armes avec les autres gens de guerre qui faisaient sa veille, il se dirigea silencieusement vers l'appartement d'Emri.

Arrivé à la porte qu'il avait fermée lui-même sur le moine, il s'étonna de la trouver verrouillée en dehors. Il y appliqua son oreille dans l'espoir de comprendre si son maître se confessait réellement ; mais il jugea bientôt qu'il lui était impossible de rien saisir à travers une porte de fer. Il n'y avait pas à hésiter : il tira doucement les verrous, poussa peu à peu la porte, et, lorsqu'elle fut entrebaillée, il passa la tête avec discrétion, comme il avait coutume de faire en certaines circonstances, pour savoir si son seigneur n'avait pas besoin de ses services.

Le spectacle qui s'offrit aux yeux de Vafre n'était pas de nature à le tranquilliser : aux pieds du frère Marien, dont la tête retombait sur la poitrine comme affaissée sous un coup terrible et dont les bras pendaient à ses côtés, Emri à genoux, non droit mais assis brisé en quelque sorte, les mains convulsivement jointes, le regard fixe, hagard, hébété, faisait entendre des grincements de dents semblables à ceux des damnés. Était-il trop tard? le comte avait-il parlé? s'était-il laissé aller à tout dire? Mais personne ne remuait, et le prêtre et le pénitent restaient dans la même immobilité, comme s'ils venaient d'être frappés par le feu du ciel. Un instant l'écuyer crut à cette vengeance de Dieu. Cependant comme il remarqua que la large et ronde poitrine du chapelain s'élevait et s'abaissait avec beaucoup d'action, et qu'il en sortait en même temps de terribles soupirs, Vafre se hasarda à avancer. Frère Marien l'ayant aperçu, fit un bond sur son fauteuil en poussant un cri étouffé qui sembla rompre le charme qui retenait Emri.

« Vafre! s'écria celui-ci, debout, menaçant et de sa voix la plus impérieuse.

— Seigneur? fit l'écuyer intimidé.

— Vafre! » cria encore le comte de Crozant. Puis s'élançant vers lui, il le saisit de sa main vigoureuse, l'étreignit dans ses bras d'acier, et le portant vers la fenêtre qui était restée ouverte, il chercha à le lancer sur les rochers. Mais le péril avait doublé les forces du misérable; il s'était attaché au comte, et quelque précipitée et violente que fût l'action de celui-ci, son effort ne suffit pas pour le séparer de l'écuyer. Cependant la lutte ne pouvait être longue : les doigts de Vafre furent bientôt brisés sous la main du comte; en vain sa victime s'accrocha-t-elle encore à la colonnette de la croisée; en vain se cramponna-t-il au cordon de pierre qui faisait saillie; en vain même frère Marien, revenu de son saisissement, s'était-il précipité pour éviter ce nouveau crime à son maître : bientôt un dernier cri d'angoisse et de désespoir se fit entendre, et puis le son d'un corps qui se brisait contre les rochers.

« Ce fut lui qui me conseilla, mon père, dit Emri au chapelain anéanti; ce fut le démon qui me poussa au fratricide : n'était-il pas juste qu'il fût ainsi récompensé? »

Frère Marien ne savait que repondre. Le comte reprit, mais d'un air égaré et avec une exaltation qui croissait à mesure qu'il parlait : « Oui, c'est là une juste récompense pour celui qui me tenta; pour celui qui mit l'envie, la jalousie et la haine dans mon cœur; pour celui qui calomnia mon frère et mon père, qui empoisonna toutes leurs actions afin de me les rendre odieux : la mort d'Albert n'est-elle pas aussi bien son œuvre que la mienne? et si la blanche et douce Iseult s'est couchée dans la tombe avant l'heure, ne faut-il pas en accuser Vafre aussi bien que moi? Oh!

mais ne croyez pas, mon père, que je dise cela pour m'excuser ; mon tour viendra aussi, justice complète sera faite ; seulement je ne veux pas être damné, je ne veux pas brûler avec le traître... je me suis confessé, moi, je me repens ; je vais réparer mes crimes par les fondations dont vous me parliez tout à l'heure : vous allez écrire des lettres par lesquelles je veux faire cent œuvres pies... et puis vous me donnerez l'absolution, et je n'irai pas dans l'enfer, n'est-ce pas ? » Et comme le moine épouvanté se taisait toujours : « Eh bien ! ne m'as-tu pas entendu, moine ? que t'ai-je dit ? je confesse mon crime, je me repens ; je suis prêt à faire relever ton prieuré, à fonder cent messes, un hôpital, si tu veux, pour les ladres, un autre pour les voyageurs, un autre pour les mendiants : cela ne suffit-il pas ?

— Monseigneur ! » dit enfin le pauvre chapelain dont les dents claquaient plus que jamais, car il lui semblait être en présence du diable en personne. Emri, dont l'effervescence croissait :

« Eh quoi ! prêtre insatiable, n'est-ce point assez de dons pour que tu me réconcilies avec le ciel ? faut-il te donner les domaines de Crozant et le château lui-même ? prends garde de pousser ma patience à bout !

— Monseigneur, que faut-il que je fasse ? murmura le malheureux chapelain hors de lui.

— Assieds-toi dans ce fauteuil. » Le moine s'assit; le comte s'agenouilla à côté de lui : « Et maintenant, donne-moi l'absolution, ajouta-t-il.

Frère Marien était placé de façon à ce qu'il voyait d'un côté la fenêtre ouverte par laquelle Vafre venait d'être lancé sur les rochers qui bordaient la Creuse; de l'autre, la porte ouverte aussi, et dont quatre pas le séparaient à peine; entre lui et le comte, il pouvait facilement mettre le fauteuil et s'enfuir dans l'intérieur du château avant que celui-ci pût le joindre. Mais comment exécuter une résolution si hardie? Qui donnerait aux pauvres jambes tremblantes du moine la force nécessaire? qui lui raffermirait le cœur? qui exalterait sa tête? Ah! s'il avait seulement une coupe de ce bon vin qu'il avait laissé sur la table!...

« Eh bien! mon père, n'êtes-vous pas prêt? demanda Emri, avec une voix moins sévère.

— Mon fils, répondit le prêtre à tout hasard, humiliez-vous. »

Émri baissa la tête en se frappant la poitrine.

«Humiliez-vous, mon fils, continua le confesseur en lorgnant tour à tour la porte et la croisée, le salut et le péril, la vie et la mort. Et puis il commença sa formule d'absolution, les paroles qui effacent les péchés. Mais au moment où il allait les prononcer, plein d'horreur pour le sacrilége qu'il allait commettre, il se sentit pris d'un courage soudain : d'un coup d'œil rapide s'étant assuré qu'Emri, baissé près du fauteuil, ne pouvait voir aucun de ses mouvements, il se leva doucement, et, de même que si la terreur lui eût attaché des ailes aux pieds et aux mains, il prit la fuite avec une telle vitesse, qu'il était arrivé à la salle d'armes avant que le comte se fût relevé seulement.

Frère Marien était saisi d'une telle épouvante, qu'il ne s'arrêta pas au milieu des hommes d'armes ; il était sorti en criant, de l'appartement du comte de Crozant ; il traversa la salle d'armes en poussant les mêmes cris, et ce fut en criant encore qu'il s'élança à travers les galeries, les escaliers et les tours du château. Il n'en fallait pas tant pour jeter l'alarme dans la garnison : chacun crut à une surprise des assiégeants, et tout le monde criant : Aux armes ! se mit en devoir de se défendre : qui en courant aux murailles, qui en se barricadant, qui en s'élançant du côté du donjon pour s'y enfermer. Ce fut cette panique qui vint surprendre l'écorcheur et Éléonore au moment où celle-ci venait de retrouver le vieil Enguerrand de Bridiers.

Cependant les principaux seigneurs qui s'étaient enfermés dans le château de Crozant avec le comte Emri, après avoir rallié leurs soldats et reconnu que les seigneurs coalisés n'avaient point paru aux murailles, étonnés de n'avoir pas vu paraître leur chef au milieu de cette alerte, se dirigèrent vers son appartement. Ils le trouvèrent se promenant à grands pas. Dès qu'il les vit, il les fit asseoir, et, s'étant placé au milieu d'eux, il leur parla comme il suit :

« Seigneurs, vous avez été étonnés de ne pas me voir tout à l'heure parmi vous lorsqu'une apparence de danger se présentait ; c'est que je savais que ce danger n'était pas réel, que les coalisés dormaient tranquillement dans leurs tentes, et qu'enfin cette alerte était le fait d'une panique dont le chapelain, qui s'était endormi dans ce fauteuil, a été saisi en s'éveillant. Mais, si nos ennemis n'ont pas songé à nous surprendre, c'est à nous de faire ce qu'ils n'ont pas fait, ce qu'ils ne pouvaient pas faire d'ailleurs. Il ne convient pas à des chevaliers tels que nous de rester enfermés dans des murailles, lorsque nous pouvons combattre en pleine campagne. D'ailleurs, vous n'ignorez pas que les vivres vont nous manquer. Pourquoi attendons-nous ce moment pour chasser les seigneurs coalisés ? Du reste voici quel est mon plan ; c'est à vous de décider s'il doit être adopté :

La nuit est sombre, et l'orage n'est pas encore complètement calmé ; mais le vent qui mugit toujours favorisera nos projets. Vous, Berthold, à la tête d'une partie de nos archers, vous allez monter le cours de la Sédelle : le fauconnier Landri vous servira de guide. A environ deux mille pas de distance, vous rencontrerez la grande voie qui mène à Saint-Vaulry, puis le pont du Diable. Vous passerez à l'autre bord de la rivière, et alors, à peu de distance, vous trouverez un sentier peu frayé qui revient sur la droite : vous le prendrez et le suivrez. Avant le jour, vous devez être entre Pébarron et le camp du comte de Chamborant et du duc de Belâbre ; avant le jour aussi, mes hommes d'armes et moi, nous escaladerons les hauteurs où ils sont retranchés.

— Fort bien ! interrompit le vieux Foucaud de Saint-Germain ; mais Chabannes, qui occupe le bourg avec ses bandes, croyez-vous qu'il soit bien possible d'éviter sa surveillance ?... Il faudra de grandes précautions à Berthold et à ses gens pour tromper la sentinelle qui veille sur la pierre de l'Écho. Réussirait-il, songez qu'en diminuant le nombre des défenseurs du château pour aller combattre les seigneurs de Belâbre et de Chamborant, sur l'autre bord de la Sédelle, nous le laissons exposé aux forces qui nous menacent du côté du bourg de Crozant. — N'est-ce pas trop imprudent d'aller s'engager ensuite dans des lieux désavantageux et entre deux camps ?

— L'ennemi est sans défiance ; la sentinelle de la pierre de l'Écho néglige son service. Pour la garde de la forteresse de Crozant, un seul archer suffit pour lever le pont-levis, et vous savez bien que, n'y eût-il pas un soldat sur les remparts, l'ennemi ne pourrait pas l'escalader en moins d'une demi-journée. Or, avant que le soleil se lève, nous donnerons de la besogne aux assiégeants. »

Le vieux seigneur ne trouva rien à répliquer,

« En bon chevalier, je ferai mon devoir, reprit Berthold. »

L'escouade est prête; le pont-levis est baissé : Berthold et sa troupe sortent sans bruit; l'ennemi ne s'aperçoit de rien. Ils longent, en montant, la rive droite de la Sédelle, rencontrent presque à chaque pas des précipices que l'habileté de leur guide leur fait éviter. Après bien des fatigues, ils se trouvent sur la grande voie de Saint-Vaulry et passent sur le pont du Diable. Arrivés à l'autre rive, ils tournent sur la droite par le sentier que leur a indiqué le châtelain; ils marchent encore longtemps et par mille détours. Ils arrivent près de Pébarron, lorsque les premières lueurs de l'aurore commencèrent à peine à blanchir le ciel.

XV

BATAILLE.

Tout dormait dans le camp des coalisés : après le violent orage qui venait d'avoir lieu, les soldats qui s'étaient épuisés à raffermir contre la fureur de l'ouragan leurs tentes et celles des seigneurs, avaient enfin pu prendre quelques instants de repos. Les sentinelles s'endormaient à leur poste, et les chefs eux-mêmes, qui avaient nargué l'orage à l'aide de copieuses libations, sentant leurs paupières s'appesantir, se jetaient sur les lits que la pluie n'avait pas envahis. Les lumières disparaissaient les unes après les autres dans les tentes ; les feux éteints jetaient quelques derniers nuages de fumée, lorsque le guet des avant-postes, vit tout à coup apparaître des ombres silencieuses.

« Est-ce ainsi que l'on veille, archers? dit l'un des survenants d'une voix impérieuse. » A peine ces mots eurent-ils été prononcés que chacun fut à son poste, l'arme à la main, comme s'il eût été pris en faute par un chef.

Celui qui venait de parler n'avait cependant aucun grade dans l'armée des seigneurs coalisés; mais il avait sur une partie des troupes qui le connaissaient une influence dont nous avons vu un exemple dans l'un des premiers chapitres de cette histoire.

C'était l'écorcheur mystérieux.

Il traversa le poste suivi de quatre personnages, dont trois, malgré les capes dont ils étaient couverts, se faisaient facilement reconnaître pour des guerriers ; la quatrième personne, plus soigneusement enveloppée que les autres, par sa petite taille et sa démarhe, accusait une femme.

La petite troupe traversa les avant-postes et se dirigea au milieu du camp, vers la tente du seigneur de Chamborant. Elle en était encore à quelque distance, lorsque, dans le silence de la nuit, un cri terrible, le cri suprême d'un homme dont s'empare la mort, retentit au bas de la montagne, près de la Sédelle. L'écorcheur s'arrêta subitement : « Seigneurs, dit-il à ceux qui l'accompagnaient, après avoir prêté l'oreille un instant, la sentinelle du pont vient d'être égorgée.

— J'ai, en effet, entendu un cri d'angoisse, dit un de la troupe.

— Silence! fit tout bas l'écorcheur; malgré le vent, je distingue un murmure qui ne peut être autre que celui d'une troupe qui s'avance : les assiégés font une sortie, on n'en saurait douter. Armez-vous, seigneurs, et donnez l'alerte, pendant que je mettrai cette noble damoiselle en sûreté... »

Et, prompt comme l'éclair, l'écorcheur enlevant comme une paille légère celle qu'il venait de désigner, s'élança vers la tente du comte de Chamborant, tandis que ses trois compagnons se dispersant de côtés divers, couraient aux tentes des autres chefs.

Au même instant, des cris se firent entendre aux avant-postes, les armes retentirent, et une foule de soldats pleins d'ardeur se précipite dans le camp, massacrant tous les hommes d'armes qu'elle trouve dans les premières tentes ; car, pris au dépourvu à moitié de la nuit, et endormis le plus grand nombre, ils n'opposaient qu'une faible résistance ; mais, à mesure qu'ils avançaient, les hommes du seigneur de Crozant trouvaient mieux à qui parler. Chaque seigneur, averti du danger que courait l'armée, ralliait ses gens, ranimait leur courage, et tenait tête aux assiégeants ; ce fut bientôt une épouvantable boucherie. Emri, entouré de Jean de Taille-Fer, d'Arthur de Bourganeuf, et de Renaud d'Aubusson, immolait une foule de victimes : parmi les chefs, Jean de Brosses et Aimar de Chatelier, sont déjà tombés sous ses coups, lorsque le comte de Chamborant s'élance à la rencontre du terrible chevalier. Le choc aurait été fatal au vieux seigneur, si un autre guerrier n'était accouru à son secours.

« A toi donc ! » s'écria Emri furieux de voir lui échapper l'un des principaux chefs dont la mort devait contribuer à lui assurer la victoire ; et il tourna toute sa colère contre le nouvel assaillant. Mais, à peine l'eut-il envisagé, que son épée faillit lui tomber des mains : il avait reconnu le jeune de Rance qu'il croyait tenir enfermé dans les prisons de son château de Crozant.

Le fils du seigneur d'Aiguzon a vu la stupéfaction de son ennemi : « Oui, c'est bien moi ! lui crie-t-il, moi de Rance qui vais te punir de ta félonie, traître chevalier ! » Et, profitant d'un instant d'incertitude d'Emri, il lui porte un vigoureux coup d'estoc qui fausse son corselet. Mais il fallait une main plus puissante que celle du jeune guerrier pour abattre un chevalier semblable au comte de Crozant; celui-ci n'est pas même ébranlé, et c'est avec une sorte de mépris féroce qu'il répond à son adversaire : « Enfant, mieux eût valu pour toi de rester dans les prisons du château de Crozant que de venir affronter Emri. » A peine a-t-il prononcé ces paroles, que d'un revers de sa pesante épée à deux mains, il frappe de Rance sur son cimier et lui partage la tête, dont chaque moitié vient retomber sur ses épaules. Le pauvre jeune homme en mourant n'a même pas pu prononcer le nom de sa mère ; de sa mère qu'un funeste pressentiment engageait à ne pas le laisser partir; de sa mère qui, retirée dans son oratoire du château d'Aiguzon, prie le ciel de lui permettre de revoir encore une fois son enfant bien-aimé.

Chabannes a vu tomber le jeune de Rance, et à ce coup comme à sa taille gigantesque, il a reconnu Emri. Il s'élance aussitôt contre le traître châtelain, brûlant de le punir lui-même de sa perfidie. Jean de Taille-Fer, qui voit le danger du comte de Crozant, vole à son secours; mais ce fut à la malheure pour lui, car l'épée de Chabannes l'a percé au cœur, et il tombe en prononçant le nom d'Emma de Glénis. Renaud d'Aubusson eut la fin la plus déplorable : il s'était précipité contre le vainqueur de Jean de Taille-Fer; pressé par Chabannes, son pied a manqué près d'un abîme. Il tombe, et son corps entraîné par la pente rapide, roule de rocher en rocher et va rougir les eaux de la Sédelle.

Chabannes revient vers Emri, qui lui-même se précipite à sa rencontre : les deux terribles rivaux en sont déjà aux mains, quand tout à coup Berthold tombe avec furie sur les derrières des coalisés, et décide la victoire. Le duc de Bélâbre et ses hommes d'élite, Foulques d'Argenton et bon nombre d'autres, ont été écrasés par le chevalier normand ; les vassaux des seigneurs ligués commencent à lâcher pied. Bientôt l'épouvante devient générale : ils n'entendent plus la voix de leurs chefs et cherchent leur salut dans la fuite ; mais la plupart tombent dans des précipices et périssent misérablement. Les plus courageux, sous la conduite de Hugues de Chamborant, de Raoul de Château-Brun et du vieux de Rance, qui cherche partout son fils dont il a appris la délivrance, dont il ignore la mort, se font jour à travers les vainqueurs, et, se repliant sur le chemin d'Aiguzon, s'efforcent d'atteindre La Clavière.

C'en était fait de la bonne cause, lorsqu'une bande d'écorcheurs, descendant la pente escarpée du bourg de Crozant, passe la Sédelle, et, malgré les traits dont elle est accablée par Berthold et ses arbalétriers, marche avec intrépidité, ou plutôt se précipite comme un torrent auquel rien ne résiste. Mais un autre torrent venait à sa rencontre : les vainqueurs, ayant à leur tête le seigneur de Crozant, s'élancent avec la même ardeur. Que va-t-il résulter de ce choc? A qui restera la victoire? Emri, enivré par l'odeur du sang, comme poussé par une puissance infernale, renverse tout ce qu'il rencontre, tue d'un seul coup quiconque se trouve à la portée de son épée, et semble invulnérable au milieu des traits qui sont dirigés contre lui. Mais, d'une autre part, le chef des écorcheurs n'est pas moins terrible, et les soldats le suivent avec la confiance que donne la certitude du succès.

Les deux troupes se joignent et les deux chefs en même temps. Mais à peine Emri a-t-il vu son adversaire, qu'il sent son cœur faiblir : il s'arrête, baisse son épée prête à frapper, se détourne : on croirait qu'il veut fuir. Cependant l'écorcheur s'est approché de lui : « Emri, dit-il, ne t'es-tu donc pas confessé, et ne veux-tu pas faire pénitence? » A cette voix, Emri qui voulait douter encore, sent un frisson parcourir tous ses membres, son cœur se serre, ses idées deviennent confuses; il tremble, tourne le dos, et fuit honteusement aux yeux de ses soldats qui, le voyant quitter le champ de bataille, croient que tout est perdu.

Emri, comme fou, courut longtemps, de même que s'il eût voulu mettre un monde entre lui et cette terrible apparition. Les soldats l'avaient suivi d'abord ; puis, comme il ne faisait aucune attention à eux, ils avaient pris diverses directions, les uns cherchant à rentrer dans le château, les autres se dispersant aux environs, de sorte qu'il ne tarda pas à se trouver seul, fuyant toujours sans direction et sans but.

Cependant il s'arrêta tout à coup ; il venait de reconnaître l'étang de Maupas. Il allait même rétrograder, lorsqu'il vit, à quelques pas devant lui deux cavaliers dont l'un portait en croupe une femme qu'il a cru reconnaître : mais était-ce bien Éléonore, Éléonore qu'il avait laissée au château ? Car comment aurait-elle pu en sortir ? Ce vieillard contre lequel elle se pressait, était-il aussi son père Enguerrand de Bridiers ? Et le second !... Emri l'a reconnu aussi, et il oublie tout. En un instant, il les a rejoints : « Arthur de Breuil, s'écria-t-il, tu m'as donc aussi échappé, et tu fuis lâchement ? »

Arthur, car c'est bien lui, s'est retourné : à la vue de son rival, d'un bond il est par terre, d'un autre bond il se pose devant lui. Les épées sont tirées, les poignards sont aux dents : Enguerrand et sa fille sont les seuls témoins de ce duel à mort.

Il méritait cependant de plus nombreux spectateurs : jamais deux guerriers plus égaux en force, en adresse, en courage ; jamais deux ennemis plus mortels, jamais rivaux plus acharnés n'en vinrent aux mains. De part et d'autre, même sang-froid et même résolution de tuer ou d'être tué. Emri a tout oublié pour ne penser qu'à son amour pour Éléonore qui le regarde, pour ne penser qu'à sa haine pour Arthur qui veut avoir sa vie. L'un et l'autre s'avancent à la fois, se replient à la fois, font les mêmes feintes, se portent les mêmes coups ; les étincelles jaillissent de leur armure, comme du fer bouillonnant que forge l'ouvrier ; leurs épées dardent comme la triple langue d'une couleuvre ; leurs pieds ne quittent pas l'empreinte où ils se sont d'abord placés. Il faut que l'un des deux tombe là, pour ne plus se relever.

L'un d'eux tomba en effet, et ce fut Emri : le jugement de Dieu était prononcé. A peine le seigneur de Crozant fut-il abattu, que son adversaire lui mit le genou à la poitrine et le poignard à la visière : « Repens-toi et meurs, dit-il. — Il est trop tard, fit l'autre ; je suis damné ! » Ce furent les derniers mots que prononça Emri de Crozant : la lame d'Arthur se plongea trois fois dans sa gorge ; puis il le jeta dans les algues de l'étang, comme lui-même avait jeté son frère Albert six ans auparavant.

XVI

ÉPILOGUE.

Quelque temps après, la cause de Henri d'Angleterre étant perdue, et la guerre finie entre les seigneurs de la Marche, le pays fut définitivement purgé des écorcheurs dont on n'entendit plus parler.

Arthur de Breuil qui avait épousé Éléonore de Bridiers, prit possession du château de Crozant, en vertu d'une donation en bonne forme signée Albert de Lusignan et confirmée par Charles VII, malgré les irrégularités que quelques collatéraux des seigneurs de Crozant voulurent faire ressortir de ce titre, qui, disaient-ils, ne pouvait être valable, le comte Albert ayant disparu six années avant la mort d'Emri. Mais ces prétentions furent repoussées par le roi séant en son conseil, et mises à néant par lettres patentes délivrées à Arthur de Breuil.

Des évènements que nous venons de raconter, il ne resta d'autres traces que deux tombes et la restauration du couvent d'Aubégnat. L'une de ces tombes était un magnifique monument élevé dans la chapelle du château d'Aiguzon, par la vieille mère du généreux de Rance ; l'autre était une simple pierre que l'on voyait dans un coin de l'église du château de Crozant, et sur laquelle était tout simplement le nom du comte Emri, pour le repos de l'âme duquel une messe journalière fut d'ailleurs fondée à perpétuitée par Arthur de Breuil.

Quant au prieuré d'Aubégnat, il fut relevé par la munificence du nouveau sire de Crozant, et ce fut le joyeux frère Marien qui voulut en être le prieur : il avait refusé de continuer ses fonctions de chapelain dans un château qui lui rappelait de trop terribles souvenirs.

L'ermitage des bois de l'Argentière ne demeura pas vide longtemps : un nouveau solitaire vint l'habiter à la même époque ; mais il vécut complètement séparé du monde, ayant fait mûrer sur lui la porte de son réduit. Chaque semaine on lui apportait du château de Crozant ce qui lui était nécessaire pour huit jours. Personne ne le vit jamais ; et, quand il mourut, dix ans plus tard, Arthur de Breuil fit transporter son corps dans la chapelle du château, où il reçut une honorable sépulture. On disait qu'il s'opérait de grands miracles sur ce tombeau.

Il est inutile d'ajouter que personne ne prit garde au cadavre du paysan qu'Emri avait fait pendre pour faire croire aux seigneurs coalisés que c'était un de ses trois nobles prisonniers. Les corbeaux le mangèrent à la potence où il avait été attaché.

FIN.

HENRIETTE DES CARS.

I

LES MOINES.

Il possédait un bien gras priorat, le bon gros prieur de La Bussière-Galant, Charles de Ribeireix : à plus d'une lieue alentour du presbytère, plaines couvertes de blé, vastes prairies où bondissaient les plus beaux troupeaux du Périgord et du Limousin; taillis, châtaigneraies, étangs, moulins, tout appartenait au serviteur de Dieu.

Puis les dîmes, puis les évangiles.

Le saint homme, en attendant le ciel, jouissait ici-bas des biens que lui avait si largement prodigués la Providence ; en moine qui savait vivre, il mangeait bon, il buvait sec.

Le développement quotidien de sa circonférence attestait la douce quiétude de son âme : jamais le moindre souci ne rembrunissait sa face large et heureuse ; gai le matin, gai le soir, soit à table, soit en faisant le tour du jardin, on l'entendait toujours fredonner une antienne ou une joyeuse chanson.

Aux messes des dimanches et des jours fériés, les nombreux fidèles, en admirant au chœur ou à l'autel sa taille courte et rebondie, ne pouvaient s'empêcher d'interrompre la dévote prière pour murmurer tout bas cette neuvième béatitude : « Heureux ceux qui se vouent au service du Seigneur, car le ciel et la terre sont à eux. »

A une petite promenade de La Bussière s'élevait le monastère d'Orens. Ces bons religieux d'Orens étaient les meilleurs voisins du monde et tout à fait serviables. Il ne se passait pas de bonne fête sans que quelques-uns d'entre eux n'allassent partager les pieuses fatigues du révérend prieur. Mais, après la messe, on dînait, puis l'on allait chanter les vêpres, puis l'on retournait vite au souper qui attendait, et qui durait longtemps.

Le lendemain ou le surlendemain, l'abbaye ne manquait pas de régaler à son tour.

C'est ainsi que nos dévots personnages coulaient avec résignation leurs jours dans la vallée de larmes. Mais l'heureux temps que c'était, du temps que le prieur Charles de Ribeireix dîmait à La Bussière-Galant ! C'était en 1600.

Le onze novembre, époque de la Saint-Martin, fête patronale de La Bussière, le prieur Charles avait, ce jour-là, pour aide dans ses pieux travaux, le respectable supérieur du couvent d'Orens, le père Goussaud. Le soir, que vêpres et complies étaient terminées, que les dévots habitants des campagnes se retiraient contents d'avoir changé leurs sols pour des évangiles, pendant que les deux abbés déposaient dans la sacristie les ornements de la cérémonie, en récapitulant les recettes, un beau cavalier descendit au presbytère. La gouvernante aussitôt quitta sa cuisine, et vint d'un air affairé annoncer l'évènement dans la chapelle aux deux ecclésiastiques : « C'est mon frère le chevalier, dit le prieur ; j'attendais aujourd'hui Raimond de Ribeireix.

» Allons ! Marianne, ne perdez pas de temps ; déployez toute votre science culinaire pour un magnifique et succulent souper.

» Père Goussaud, nous boirons aujourd'hui d'un bordeaux qu'a dégusté le roi Henri IV, lorsque mon père lui acheta la terre de Courbefy (1). Le

(1) Du temps des guerres de religion en France, Henri

contrat de vente se passa au milieu de plusieurs flacons de cet excellent vin. Le Béarnais, parfait connaisseur, en fit un éloge fameux qu'il appuya de fameuses rasades.

— Je brûle de savoir, répliqua le moine, si, sur ce point, le célèbre Henri est au niveau de sa réputation.

— Sans doute, appuya le prieur, et mon vin le prouvera. C'est le plus fin gourmet de France et de Navarre. Et quel intrépide buveur !... Il terrassa à coups de verre, le chapelain, le tabellion, et même Pierre de Ribeireix mon père, qui pourtant était un solide vis-à-vis.

— Prieur, répondit le supérieur d'Orens, ne croyez pas que je veuille essayer de détruire une renommée si bien consolidée ; la chanson ne dit-elle pas :

> Ce diable à quatre
> A le triple talent
> De boire et de battre
> Et d'être vert-galant.

— Et la chanson a raison en tous points, dit le prieur en riant. »

Les deux abbés, après avoir suspendu le long

---

de Navarre, plus tard Henri IV, ayant besoin d'argent pour faire des levées en Limousin, vendit sa terre de Courbefy au seigneur de Ribeireix, 15,000 livres.

d'une boiserie leurs surplis aux ailes séraphiques, sortirent de la chapelle.

Charles de Ribeireix ne tarda pas à embrasser Raimond de Ribeireix son frère, beau et superbe jeune homme aux traits réguliers, à la stature haute et martiale que relevait admirablement son riche costume de capitaine dans la Cornette blanche (1).

Bientôt l'on se mit à table : on soupa gaîment et avec un appétit qu'avait doublé les sauces excitantes et les assaisonnements de l'incomparable Marianne. Chaque mets qu'elle servait lui attirait un éloge des deux abbés et du chevalier. Mais le vin que l'on but répondit à si bonne chère, et le supérieur d'Orens convint que le roi Henri IV l'avait apprécié en véritable connaisseur.

Le lendemain, les trois convives étaient assis à une autre table non moins bien servie : c'était celle de l'abbaye d'Orens.

La nuit était noire et lugubre, la pluie tombait comme un déluge, le vent soufflait avec furie dans les gorges et dans les bois. L'on vint frapper plusieurs coups à l'abbaye d'Orens ; mais les moines qui chantaient et buvaient au réfectoire ne pouvaient entendre.

(1) Corps de volontaires dans lequel s'engageaient les cadets de famille.

Le chevalier Ribeireix était assis près de son frère : il s'ennuyait, il bâillait et buvait sans pouvoir se griser. Étourdi par la cacophonie monacale, il sortit et se promena un moment seul dans le vaste corridor du couvent. Il entendit alors les coups redoublés du marteau qui tombait avec force sur la grande porte du monastère. Raimond revint aussitôt dans la salle pour annoncer aux moines qu'un voyageur, sans doute égaré, frappait dans ce moment à l'abbaye, car il ne put ouvrir, la porte étant solidement fermée.

« C'est une heure indue pour demander l'hospitalité, dit un religieux.

— C'est une heure où ceux qui sont dehors ont besoin d'un abri, répliqua le frère du prieur Charles.

— Si c'était peut-être un de ces mécréants excommuniés, un de ces prétendus réformés, avança un grave penseur après avoir vidé son verre.

— Calviniste ou orthodoxe, repartit vivement Raimond, vous ne pouvez le laisser dehors par le temps qu'il fait.

— Mon frère a raison, dit le prieur Charles après mûre réflexion ; si c'était par hasard un de nos bons voisins de l'abbaye de Saumur qui se sera remémoré que le lendemain de la Saint-Martin se célèbre à Orens?

— Je suis de votre avis, répondit le père Goussaud. Peut-être même serait-ce le chapelain des Cars, ou le curé de Firbeix. Au reste, qu'il soit le bien venu. »

Cependant Raimond de Ribeireix, qui avait été faire une nouvelle tentative pour ouvrir, ne tarda pas à reparaître : « Mademoiselle des Cars demande pour quelques heures une chambre et du feu, dit-il en rentrant au réfectoire.

— Mademoiselle des Cars? répéta le supérieur étonné, Mademoiselle Diane?

— Oui, Mademoiselle Henriette des Cars, affirma le chevalier de Ribeireix. »

Le pauvre religieux, déconcerté et tout décontenancé, voulut se lever pour aller faire des excuses et en même temps un honnête accueil à Mademoiselle des Cars; mais trois fois il essaya de se séparer de son fauteuil, et trois fois une force invincible le ramena sur le siége. Contraint de céder à cette puissance d'attraction, il se tourna vers le frère sommelier : « Frère Courantin, dit-il dignement, allez ! »

Celui-ci, plus solide ou ayant moins bu que son digne supérieur, se leva de table et traversa la salle sans trébucher. Il sortit avec le chevalier de Ribeireix.

« Voilà une visite assez singulière, commença le prieur.

— S'il n'était si tard, répondit le supérieur d'Orens, elle ne m'étonnerait pas ; car assez souvent, la belle chasseresse, comme on l'appelle, le comte son père et d'autres veneurs, quand le mauvais temps les surprend dans les bois giboyeux, interrompent la poursuite du cerf et viennent se mettre à l'abri dans le monastère.

— Ami Goussaud, elle est gentille ! prenez garde.

— Par la Sainte Vierge ! elle est plus belle que la païenne dont elle porte le nom. Mais si jamais elle met le feu au couvent d'Orens, nous aurons le moyen d'éteindre l'incendie ; » et le moine saisissant la volumineuse lagène, remplit les deux verres.

« Vous savez, prieur, reprit le père Goussaud, que le baron de Lastours est son fiancé ?

— René de Lastours ? Il n'est pas beau.

— En effet : nez énorme qui sépare deux petits yeux gris creusés dans une tête monstrueuse posée sur un petit corps voûté que portent deux jambes en forme d'arc... Pauvre demoiselle Henriette ! quel futur épouseur !

— Quel contraste avec la jeune châtelaine, repartit l'autre : cheveux d'ébène, yeux noirs, brillants comme deux perles, teint vermeil, bouche de rose, dents d'ivoire, col de lis, taille de nymphe...

— Au feu! vous brûlez, interrompit en souriant le malin prieur et en tendant sa coupe.

— Rassurez-vous, mon bon ami, répliqua l'infatigable échanson en s'acquittant de son office, l'on peut, je pense, admirer le Créateur dans la beauté de ses œuvres, sans éprouver pour la créature une passion illicite.

— Bah! mon joyeux compère, il est seulement dommage qu'au lieu d'être Mademoiselle des Cars, elle ne soit pas plutôt une de ces vassales qui viennent folâtrer dans les prairies d'Orens...

— A la santé de Henri IV! interrompit le moine Goussaud.

— A la santé du Béarnais! appuya l'abbé Charles. »

Puis ils choquèrent et burent à sec.

Cependant la flamme d'un bon feu pétillait dans l'âtre de la chambre du monastère dite des étrangers. Quatre personnages entourèrent momentanément le foyer : Raimond de Ribeireix, frère Courantin, Mademoiselle des Cars et son palefrenier.

« Chauffe-toi bien, Frank, dit la jeune demoiselle à son serviteur, car toi, pauvre garçon, tu n'avais ni manteau, ni cape, pour te garantir de la pluie. Je ne te demande pas si tu as eu soin de nos malheureuses montures, car je connais ta vigilance.

— Soyez tranquille, Mademoiselle Diane, répondit le palefrenier, nos chevaux ne souffrent point.

— Je sais, du reste, reprit la jeune fille, que les prévoyants moines d'Orens ont, d'habitude, bon toit et bonne table pour leurs hôtes, et bonnes écuries pour les chevaux.

— Votre estomac doit éprouver quelques besoins, dit aussitôt frère Courantin.

— Bons religieux, répondit Henriette de Cars, ce temps, les mauvais chemins, la fatigue, ont réveillé, je vous assure, mon appétit; mais songez d'abord à mon brave Frank; emmenez-le dans l'office où il pourra finir de se sécher aisément devant la grande cheminée, et faites-le bien restaurer. Ensuite vous aurez, je vous prie, l'obligeance de me servir, dans cet appartement, quelque chose de votre souper. M. de Ribeireix voudra bien, j'espère, me tenir compagnie. »

Le chevalier de Ribeireix était tellement préoccupé depuis l'arrivée d'Henriette, qu'il oublia de répondre à cette gracieuseté de la jeune fille. Celle-ci, bien loin de se fâcher de ce manque de courtoisie, était intérieurement flattée de l'admiration dont elle se voyait l'objet. Après quelques instants de silence :

« Chevalier, commença Mademoiselle des Cars, je vous fais l'aveu de mon étonnement de rencon-

trer ici un capitaine de la Cornette blanche. Voulez-vous vous faire moine d'aventure ?

— Non pas, noble demoiselle, répondit Raimond, revenant à lui ; c'est le prieur de La Bussière, mon frère, qui m'a amené à Orens. Comme il y avait fête aujourd'hui au couvent, il avait cru que je m'y amuserais. Mais je dois être bien plus étonné moi-même de vous voir à cette heure, car je ne puis supposer que vous vouliez entrer comme nonain dans ce monastère ?

— Rien d'extraordinaire dans ma présence ici, répliqua Henriette en riant : j'étais à Frugie, depuis quelques jours ; j'ai pris, ce soir, congé du marquis et des dames de Frugie, pour prendre ma part à la belle chasse qui doit avoir lieu demain dans nos forêts des Cars. L'averse m'a surprise en route, et je suis venue chercher un abri au couvent qui était sur mon chemin.

— Vous auriez été réellement à plaindre si dans le couvent il n'y avait eu que des moines.

— On dit que moine à l'abri s'inquiète peu du prochain qui se mouille, reprit Mademoiselle des Cars ; et j'ai été vraiment heureuse que vous m'ayez précédée à Orens ; car sans vous je courais risque de me morfondre sous le portail.

— Si le mauvais temps ne vous avait pas si fort maltraitée, je le remercierais, ma foi, de vous avoir fait descendre ici. Car je ne pouvais plus tenir au réfectoire, et près de vous.......

— Je ne vais pas cependant tarder de vous rendre aux moines : car j'attends que la pluie ait un peu cessé...

— Puisse-t-elle ne jamais...

— Cesser? acheva Henriette en riant. Mais alors il vous faudrait bien rester forcément dans ce monastère que vous paraissez cependant si peu goûter?

— Oh! belle demoiselle, je me ferais ermite partout où vous seriez!

— Vraiment, beau capitaine? Mais ne serait-ce pas chercher la solitude pour se vouer au diable?... Eh bien! au lieu de vous suivre au désert, je veux que vous me suiviez aux Cars. Vous devez aimer la chasse?

— Oh! si je l'aime, et surtout... »

Soudain la jeune fille fixa ses yeux noirs sur la figure du gentilhomme avec un sérieux qui le déconcerta. Puis, après avoir joui de son trouble, elle se mit à rire.

« Beau capitaine de la Cornette blanche, reprit-elle, puisque vous acceptez mon invitation, prenez garde à vos propos galants : moi, Diane, j'ai un Actéon bien jaloux!

— Un Actéon?

— Mais oui, le baron de Lastours, mon fiancé.

— René de Lastours?...

— N'en dites pas de mal, Monsieur, car je défendrais l'absent.

— Je n'ai pas de mal à dire du baron de Lastours, votre fiancé, répondit le chevalier en étouffant un secret dépit.

— Enfin comment trouvez-vous sa personne?
— Très bien.
— Sa figure?
— Très bien.
— Ses yeux surtout?
— Très bien.
— Sa taille?
— Très bien.
— L'avez-vous entendu parler quelquefois? Comment le trouvez-vous dans la conversation.
— Très bien.
— Quel dommage qu'il ne soit pas là caché derrière une de ces boiseries pour nous entendre! reprit Henriette avec son rire malicieux. Mais il ne pleut plus, continua-t-elle en courant à une fenêtre; même les nuages se dissipent, les étoiles commencent à briller. Allons, chevalier, êtes-vous prêt?

— Je ne puis vous suivre, répondit le jeune seigneur.

— Vous paraissiez décidé, il y a un moment; quelle idée inopportune est survenue soudain pour changer votre détermination?

— Aucune.

— Vous nous suivrez donc ?

— Impossible.

— Mais si, vous nous suivrez, insista Henriette avec un air moitié triste, moitié mutin. Demain, c'est une belle chasse !...

— Faut-il n'avoir que la cape et l'épée ! murmura tout bas le gentilhomme.

— Allons ! disposez-vous à venir. Je le veux, recommença avec une espèce d'entêtement la jeune chasseresse, et en attachant sur son interlocuteur un regard qui bouleversait son âme.

— J'irai où vous voudrez, répondit-il d'une voix tremblante.

— A la bonne heure ! Mais savez-vous, Monsieur le capitaine de la Cornette blanche, que de trop courtois vous alliez devenir impoli ? »

Quelques minutes après, Raimond et la jeune chasseresse sortaient du couvent après avoir fait prévenir de leur départ les moines, qu'ils n'avaient pas cru devoir déranger de leurs joyeuses occupations.

II

LES CHATELAINS.

L'un des plus nobles, l'un des plus riches et des plus puissants seigneurs du Limousin était assurément messire Aimar de Pérusse, marquis de Saint-Ibart, comte des Cars, seigneur de La Roche-l'Abeille, de Séreilhac et autres lieux. Ses domaines étaient immenses, et plus de dix châteaux montraient sur l'arceau de leur portail les cinq cloches de son blason.

Dans le voisinage s'élevait le fameux manoir des Lastours, maison peut-être plus ancienne et plus illustre, mais bien moins opulente que celle des Cars. Un vieux proverbe disait : « Lastours, noblesse ; les Cars, richesse. » Le projet du père de la belle Henriette était de marier sa fille unique avec le baron René de Lastours, peut-être dans la secrète intention de détruire le dicton qui blessait son orgueil, par la fusion des deux familles et en unissant ainsi noblesse et richesse.

Le vieux châtelain des Cars reçut très bien le jeune Raimond de Ribeireix qui avait accompagné sa fille, mais avec l'ostentation d'un seigneur qui veut éblouir ses hôtes. Il n'en eût peut-être pas fait plus pour un duc. Il avait cependant dans ses manières et ses paroles certaine hauteur qui aurait quelquefois offensé le gentilhomme, si elle n'eût été compensée par l'affabilité et les prévenances de la gentille châtelaine.

« Chevalier, dit le comte, le matin du jour fixé pour la chasse, j'ai connu assez intimement feu votre respectable père Pierre de Ribeireix. Quelles belles parties de chasse nous avons faites autrefois ensemble dans mes vastes forêts ! Il tirait très bien le cerf.

— Je me rappelle, répondit Raimond, quoique je fusse bien jeune alors, qu'à cette époque, le comte des Cars, le vieux de Lastours, père du baron, et le marquis de Ribeireix mon père, avaient grande réputation en vénerie dans tout le Limousin et le Périgord.

— C'est à peine si je me souviens de vous avoir vu enfant au château de Ribeireix, où j'allais cependant quelquefois, reprit le vieux seigneur. Vous avez, je crois, embrassé de bonne heure la carrière des armes ?

— Dès l'âge de quinze ans j'ai quitté ma famille, pour aller volontaire dans la Cornette blanche.

— C'est fort bien : l'on a vu à l'armée de simples cadets de famille faire leur chemin ; mais, comme dit le proverbe : l'homme de guerre doit avoir assaut de levrier, fuite de loup et défense de sanglier, s'il veut parvenir.

— Vos liaisons n'ont pas continué avec la maison de Ribeireix? demanda Raimond.

— Non, répondit le comte ; je vois bien toujours les Lastours ; mais j'ai presque oublié les Ribeireix. A vous dire le vrai, votre frère aîné est loin de ressembler à feu votre noble père ; il vit retiré dans son manoir, et nous le laissons ; sans intention de vous fâcher, il a plutôt l'air d'un pauvre gentillâtre que du riche et puissant seigneur de Ribeireix, de Labastide et de Courbefy, dont la justice s'étend sur dix paroisses aux alentours. »

En entendant un compliment si peu flatteur sur le chef de sa famille, Raimond rougit et faillit répliquer un peu haut ; mais un regard d'Henriette l'arrêta. « Comte, dit-il alors, je regrette que mon frère n'ait pas l'avantage d'être mieux connu de vous ; car vous le jugeriez plus favorablement.

— Chevalier, termina le châtelain, je m'aperçois que je vous ai peiné, et j'en suis marri. Laissons-là votre frère ; venez voir mes meutes, je défie qui que ce soit d'en trouver de plus belles. »

Puis l'ayant attiré vers une fenêtre qui donnait sur la grande cour, il appela aussitôt les valets de chiens et leur ordonna de les faire sortir.

Ce ne fut pas sans plaisir que Raimond vit courir çà et là, mâtins, molosses, limiers, levriers, chiens courants, chiens couchants, chiens baux, chiens de Saint-Hubert, qui hurlaient, aboyaient, japaient et glapissaient. Jamais il n'en avait vu de tant d'espèces à la fois.

Le comte jouit un moment en silence de la surprise du chevalier. Puis il dit : « Examinez bien ces blancs, remarquez ces noirs, pas une tache à leur robe : ce sont de véritables greffiers de la race de Souillard (1).

— Votre meute est superbe, s'écria Raimond.

— Chevalier, reprit le châtelain avec un amour-propre satisfait, je ne me trompe jamais dans les

---

(1) Souillard, le premier en France de la race des chiens baux.

signes qui annoncent un bon chien : j'aime qu'il ait, comme ceux-ci, la tête longue et non camuse, les naseaux gros et ouverts pour être de haut nez, les oreilles larges, les reins courbes, le jarret droit et bien herpé pour la vitese, le rable gros ainsi que les hanches, la cuisse troussée, la queue grosse auprès des reins pour la force, la jambe grosse, le pied sec comme celui du renard, car le pied gros ne vaut rien.

— Mon père, interrompit Henriette, il me semble que Messieurs de Châlus et de Lastours sont en retard.

— Tu dis vrai, ma fille, répondit le vieux seigneur, qui porta aussitôt les yeux sur un cadran dont l'aiguille marquait près de six heures, nous devrions maintenant avoir commencé les battues, et toi, Diane, tu t'impatientes? Robert, cria-t-il, rentre la meute, et monte un peu corner sur le préau du donjon. Robert obéit.

Bientôt les sons cuivrés et tranchants de sa trompe retentirent au loin. D'autres sons ont répondu presque simultanément, et du côté de Saumur et du côté du Tuquet de la Garde; quelques instants après on vit entrer dans la grande cour les seigneurs de Châlus et de Lastours, traînant après eux, meutes, vautrets et équipages de chasse.

« Corbleu ! commença d'abord René de Lastours, hier j'ai chassé le lièvre charmé (1).

— Il n'a pas pris vos chiens ? demanda avec un sourire malin l'espiègle Henriette.

— Corbleu ! non pas, répondit naïvement le baron ; mais mes chiens n'ont pu le prendre, et vraisemblablement que tout autre meute que la mienne n'eût pas mieux réussi.

— Il faut espérer, reprit l'espiègle châtelaine, que les cerfs et les lièvres ne seront pas charmés aujourd'hui, et que nous serons plus heureux. »

Cependant le comte, qui éprouvait un malaise toutes les fois que sa fille cherchait à s'amuser et à rire aux dépens du baron de Lastours, invita ses hôtes à prendre part à un déjeuner de chasseurs. Mais, pendant le court repas, l'impitoyable Henriette, attachée à son point de mire, ne cessait de lacérer l'ingénu baron. Le marquis de Châlus et le chevalier de Ribeireix étaient les seuls qui se divertissent de ses espiègleries ; ils les excitaient même en y ajoutant de temps en temps quelques plaisanteries de leur façon.

« Baron, dit Henriette au moment où l'on allait se lever de table, vous avez la réputation de bon cavalier ; vous devriez essayer de dompter notre Bucéphale.

(1) Les chasseurs superstitieux du xvie et du xviie siècle croyaient au lièvre charmé.

— Dieu me garde, interrompit le comte effrayé, de souffrir que le baron s'expose sur le genêt le plus fougueux peut-être qui soit entré dans les écuries des Cars. et qui a désarçonné nos plus intrépides et nos plus habiles écuyers.

— Serait-il le plus terrible balzan qui soit sorti de l'Espagne et de la Navarre, s'écria le fanfaron Lastours, qui comptait sur l'opposition constante du châtelain, je veux l'éprouver.

— Quelque expert que vous soyez en équitation, reprit Henriette en stimulant la présomption du jeune seigneur, je crains bien que vous ne réussissiez pas mieux que d'autres avec Bucéphale.

— Votre cœur à l'heureux cavalier! repartit René de Lastours, voulant viser à un galant effet.

— Soit! répondit la fille du châtelain : mon cœur à l'heureux cavalier!

— Tout en demandant l'avantage de monter sur Bucéphale après M. René de Lastours, dit Raimond avec quelque hésitation, il est entendu que la gageure ne vous lie nullement à mon égard. »

Cet incident bouleversa le vieux comte. Il prétexta le danger, et voulut s'opposer à tant d'imprudence.

« Le baron peut se désister s'il lui plaît, reprit le chevalier de Ribeireix ; mais, pour moi, je demande au noble comte des Cars le plaisir de dompter son genêt, uniquement pour le plaisir de le dompter.

— Je monterai Bucéphale avant vous, répliqua avec un air presque offensé René de Lastours au gentilhomme.

— Mon cœur à l'heureux cavalier, répétait toujours la maligne Diane.

— Allons donc voir ce terrible Bucéphale, » dit le marquis de Châlus, qui ne cherchait qu'occasion de rire.

On le suivit dans la grande cour, et de là dans la vaste prairie des Ribières, derrière les fossés du château : car c'était le lieu que l'on avait choisi, d'après le sentiment naïf de Lastours, qui prétendit que la pelouse n'avait pas les inconvénients du pavé.

Deux palefreniers ne tardent pas à amener par les rênes un étalon fier et ombrageux. Le superbe genêt a toutes les perfections requises : corne noire, lissée et creuse; paturons courts, ni trop droits, ni lissés; bras secs et nerveux; genoux décharnés, jambes de cerf, poitrine ouverte, croupe large, corps grand, flancs unis, double échine, col mollement voûté avec élégante crinière; longue queue, oreilles pointues, yeux gros et prompts; bouche grande, écumeuse; naseaux ouverts, poil châtain, étoile au front, aux jambes deux balzanes.

Dès qu'il a aperçu le groupe, il s'arrête tout à coup, souffle des narines, puis recule, entraînant avec lui les deux palefreniers, qui peuvent à peine le tenir. Enfin ceux-ci serrant le mors, parviennent, non sans travail, à le ramener auprès des seigneurs.

René de Lastours aurait bien voulu intérieurement céder le pas à Raimond de Ribeireix ; mais il s'était trop avancé ; il y avait honte maintenant à rétrograder, et l'amour-propre fut plus fort que la crainte. Faisant donc bon cœur contre fortune, il s'approche du redoutable balzan, et, les palefreniers aidant, Lastours est sur Bucéphale. Mais à peine le coursier sent-il sur sa croupe un fardeau inaccoutumé, que renversant les valets qui le retiennent, d'un seul bond il franchit six brasses, et renvoie à une distance double devant lui son malencontreux cavalier.

René de Lastours s'est relevé tout honteux et en jurant contre l'infernale monture : « Vous avez perdu la gageure, » s'écria aussitôt l'inhumaine Henriette, qui s'abandonna à toute son hilarité. Le seigneur de Châlus et le chevalier de Ribeireix se tenaient les côtes de rire, tandis que le comte allant au devant de son ami, essayait de le consoler de son échec, en l'assurant que son indomptable balzan avait désarçonné avant lui les meilleurs écuyers.

Cependant Raimond, secondé des palefreniers, a ressaisi le fougueux coursier. Il commence par le caresser et le flatter; puis saisissant les rênes des mains des deux valets, il s'élance sur son dos. L'animal inquiet semble déjà sentir la différence qui existe entre ce dernier cavalier et le précédent. Il s'étonne et reste un moment immobile; mais bientôt il se câbre, il saute, il rue; puis tout à coup détendant tous ses nerfs, il prend le galop. Rapide comme l'éclair, il est déjà à l'extrémité de la prairie; puis il franchit la haie, puis il échappe à l'œil surpris. Ribeireix toutefois ne tarde pas à le ramener; mais il est plus souple et déjà comprend la guide; plus docile à la volonté de celui qui le dirige, tantôt il s'arrête, tantôt il va le pas; du pas, il passe au trot; du trot au galop, selon le caprice du cavalier. Raimond, revenu près des spectateurs, fait rebrousser de nouveau le fier étalon, lâche son frein, pique ses deux flancs, et lui donnant carrière, fait, avec la vitesse de l'air, vingt fois le tour de la vaste prairie; et enfin, lui faisant prendre l'amble, il le conduit doux et docile auprès de Mademoiselle des Cars : « Vous avez gagné, murmura la fille du comte en rougissant.

— Mademoiselle, repartit Raimond à voix basse, de manière à n'être entendu que de la jeune chasseresse, je n'exige le prix de la gageure qu'autant qu'il sera donné librement et de bon gré.

— Vous êtes l'heureux cavalier », répondit avec un sourire gracieux la belle châtelaine.

Le vieux comte se trouvait dans une position assez délicate : son embarras était grand entre la mystification de René de Lastours et le triomphe de Raimond de Ribeireix. Il était loin de prendre au sérieux le fatal pari ; mais il redoutait l'influence de cet évènement sur l'esprit romanesque de sa fille, qui déjà était peu disposée en faveur du baron.

Le seigneur de Châlus tira le châtelain de perplexité en commandant à un piqueur de donner un mot de grêle. Mille voix de levriers y répondent des cours du château.

« Vous avez raison, marquis, s'écria le comte, nous donnons trop de repos aux cerfs et aux sangliers. Allons ! dépêchons-nous ! Taïaut ! Taïaut !

— Comte, dit Raimond au châtelain, pour achever de réduire votre balzan, voulez-vous que je le mène à la chasse ?

— Chevalier, répondit le vieux seigneur, j'oubliais que j'avais des remercîments à vous faire pour avoir contraint Bucéphale à porter un cavalier. J'ai trop d'intérêt à ne pas vous le refuser, pour que vous finissiez de le subjuguer à la poursuite du chevreuil. Mais ne soyez pas dupe d'une trop grande confiance en votre adresse, et qu'il ne vous arrive pas malheur.

— Ne craignez rien ; je ramènerai ce soir votre fougueux genêt, docile comme un palefroi. »

Bientôt les seigneurs des Cars, de Châlus, de Lastours, le chevalier de Ribeireix et Henriette la Diane sortirent du château, montés sur de magnifiques coursiers et suivis par un grand nombre de piqueurs qui conduisaient les meutes impatientes, et se jetèrent dans les bois, tandis que Raimond forçait le balzan à suivre le pas du cheval que montait Henriette des Cars.

III

LA CHASSE.

Les cors retentissent, les chiens aboient. Piqueurs, veneurs se lancent dans les broussailles et les halliers en criant, huchant, houppant, forhuant et sonnant de la trompe. Ils dépistent les hardes timides, font des brisées dans les forts et les ressuis, et se mettent sur les erres du cerf qui forlonge à Valdemont. Celui-ci tantôt va la voie, tantôt va la route, et, pour tromper le nez des limiers et leur donner le change, décrit un grand cercle dans sa course rapide, et vient au gîte d'un autre cerf qui le relève. Mais c'est en vain que, par ces hourvaris, il a fatigué plusieurs relais des meilleures meutes : les chasseurs ayant découvert sa ruse, le lancent de reposée en reposée. Réduit aux abois, il regagne son fort. Il est chancelant et finit de s'épuiser en donnant de grands bonds ; il fait de grandes glissées et donne des os en terre. Enfin les chiens l'atteignent; renonçant alors à une fuite que ses jambes ne peuvent plus continuer, il se retourne tout à coup contre ses cruels ennemis, et, par un dernier effort, engage avec eux une lutte terrible, leur portant avec son bois des coups meurtriers. Il ne tarde pas cependant à pousser son dernier raire, et tombe sous le coutelas d'un hardi chasseur. La fanfare retentit, on crie halali, les chasseurs se rassemblent, le cerf est dépecé, et l'on fait curée chaude aux chiens ; mais comme il est de bonne heure encore, on lance de nouveaux limiers.

Cependant Henriette suivait la chasse avec une ardeur qui n'était égalée que par celle que mettait Raimond à accompagner la jeune chasseresse. Mais il y avait une troisième personne qui chevauchait aussi par monts et par vaux, sinon avec plaisir, du moins avec une grande obstination. Qui donc avait rendu si hardi le baron de Lastours, d'ordinaire si ennemi des choses dangereuses ou même fatigantes, si ami de la paix ?

D'où vient qu'il semblait rivaliser d'audace avec Henriette et de Ribeireix, pour franchir les fossés, traverser les ruisseaux ou les halliers, se hasarder au bord des précipices, au risque de se casser dix fois le col ? L'amour ? non : la jalousie ; car, dans le cœur du gentilhomme, si l'amour délicat et sincère ne pouvait pas avoir accès, la jalousie régnait en maîtresse absolue ; et puis d'ailleurs, la beauté d'Henriette avait agi sur lui aussi puissamment qu'il était possible ; à tout prendre, il l'aimait à sa façon, moitié par orgueil, moitié par appétit des sens. C'était sa fiancée ; elle lui était promise ; tout le monde savait qu'il avait la parole du vieux châtelain des Cars ; n'y en avait-il pas là assez pour que le baron commençât à voir avec effroi les progrès que le chevalier de Ribeireix semblait faire dans le cœur de la jeune fille, tandis que lui, au contraire, était plus rigoureusement traité ! Donc le baron de Lastours, en maugréant à part lui, tenait tête aux deux jeunes gens qui ne se quittaient pas, et venait sans cesse se mettre en tiers, lorsque, forcés de ralentir la rapidité de leur course, à cause de la difficulté du terrain ou pour reposer leurs chevaux, ils voulaient s'adresser quelques mots. De la chasse, aucune de ces trois personnes n'en prenait souci ; elle s'était même tellement éloignée, ou plutôt ils avaient pris une direction si opposée à celle que suivaient les chiens, que c'était à peine si, de temps à autre, le vent apportait quelques sons lointains des cors.

Ils venaient de s'arrêter un instant, pour chercher à comprendre de quel côté ils devaient tourner pour rejoindre, lorsque Frank, l'écuyer d'Henriette, apparut tout à coup au détour d'un chemin. Ce fidèle serviteur avait suivi de loin sa maîtresse, et l'ayant perdue de vue depuis longtemps, craignait qu'il ne lui fût arrivé quelque accident. Dès qu'elle l'aperçut, Henriette courut à lui, lui parla bas, et revint aussitôt joindre ses compagnons, tandis que Frank repartait au galop. « Où l'envoyez-vous, belle demoiselle? demanda Lastours, qui espérait avoir trouvé un guide qui allait le remettre en bon chemin.

— A la découverte, répliqua la jeune fille; il donnera deux mots de grêle dès qu'il entendra ou apercevra la chasse ; nous n'aurons alors qu'à nous diriger du côté d'où viendront les sons, et nous aurons bientôt retrouvé nos chasseurs. »

En effet, un quart d'heure ne s'était pas écoulé, que la trompe de Frank se fit entendre. « Nous voilà retrouvés, s'écria Lastours, heureux d'en finir avec le rôle de gardien qu'il commençait à trouver trop périlleux.

— Eh bien! donnons de l'éperon, s'écria la demoiselle des Cars; vous êtes bon cavalier, baron, ajouta-t-elle en souriant ; M. de Ribeireix ne monte pas trop mal non plus ; vous avez fait tous deux vos preuves ; voyons, quel est celui de nous trois qui aura le plus tôt atteint l'endroit où Frank nous attend ; je vous défie tous deux !

— Mais à quoi bon, lorsque nous avons déjà tant couru... demanda le baron contrarié.

— Ah ! je crois que vous avez peur, s'écria Henriette : eh bien ! M. le capitaine de la Cornette blanche, dit-elle en se retournant vers Raimond, c'est vous et Bucéphale que je défie. »

A peine avait-elle parlé que son cheval, rapide comme la foudre, dévorait l'espace ; Raimond même n'avait pas pu partir aussitôt qu'elle ; et ils étaient déjà bien loin de Lastours que celui-ci ne s'était pas encore décidé à mettre son cheval au galop.

Cependant les deux jeunes gens fuyaient toujours, emportés par leurs rapides coursiers, et Raimond remarquait, sans oser en faire l'observation à sa compagne, qu'ils ne se dirigeaient pas du côté où ils entendaient les sons du cor de l'écuyer. Au bout d'un quart d'heure de course, ce n'était plus que dans le lointain et derrière eux que les deux mots de grêle retentissaient. Tout à coup Henriette arrêta son cheval, et éclatant de rire : « Je parie, dit-elle, que le baron a été moins étourdi que nous, et qu'à l'heure où nous fuyons comme des cerfs effrayés au milieu des bois, il est à côté de Frank, regardant de tous côtés si nous n'arrivons pas aussi. »

A peine Henriette avait-elle parlé qu'une seconde trompe se joignant à celle de Frank, fit entendre un éclatant appel : « Que vous disais-je? continua la chasseresse en riant plus fort, nous nous sommes égarés, et lui seul a trouvé son chemin : vous plaît-il, intrépide cavalier, que nous tournions de ce côté? » Et la jeune fille, d'un air lutin et railleur, étendait sa petite main vers la partie de la forêt où Frank et Lastours cornaient à qui mieux mieux.

Raimond de Ribeireix, tout capitaine de la Cornette blanche qu'il était, ne savait si la jeune fille se moquait de lui ou voulait parler sérieusement. Quelquefois il cherchait à se persuader qu'Henriette avait ordonné secrètement à son écuyer d'éloigner Lastours. pour se débarrasser d'un témoin importun ; mais lorsqu'il songeait au regard par lequel la jeune fille avait retenu plusieurs fois l'aveu prêt à lui échapper, il se répétait cent fois que tout cela n'était qu'un jeu, et qu'il devait arracher de son cœur, avant qu'il y eût pris racine, l'amour qui venait de l'envahir. Ce fut donc simplement qu'il répondit : « Nous irons là où il vous plaira, belle chasseresse.

— Eh bien! dit Henriette, avec un dépit mal déguisé, et en tournant son cheval, allons donc rejoindre mon Actéon. » Puis se retournant subitement vers Ribeireix : « Tenez, dit-elle, non sans une sorte de confusion, mais avec une noble confiance; tenez, chevalier, ce serait mal à moi de vous tourmenter plus longtemps. Vous savez très bien que je n'aime pas, que je ne puis aimer le baron ; mais ce que vous ne savez peut-être pas, c'est qu'aucune autorité au monde, pas même le désir bien vif cependant qu'a mon père de voir mon blason écartelé de trois tours, ne sauraient me faire consentir à épouser celui auquel on m'a fiancée. Ce que vous ignorez encore, c'est que mon cœur est pris par un autre, et que celui-là seul sera mon époux. »

Henriette s'était arrêtée de parler, examinant sérieusement le capitaine de la Cornette blanche, dont les traits avaient été subitement bouleversés; elle reprit aussitôt « Que dites-vous de ma résolution, chevalier, ne l'approuvez-vous pas ?

— Certes, Lastours est indigne de vous posséder, répondit en soupirant le pauvre Raimond ; mais, Mademoiselle, pour savoir si son heureux rival mérite son bonheur, il me faudrait le connaître...

— Oh! qu'à cela ne tienne, répliqua la jeune fille en riant, mais toujours plus embarrassée. Je puis vous le portraiturer au vif. D'abord il est beau, courageux et fort, voilà pour les qualités physiques; son esprit est élevé, son cœur noble, son âme belle, voilà pour les qualités morales : quant à ses défauts, car hélas! je reconnais qu'il a des défauts, il est orgueilleux à ce point de ne pas faire connaître son amour à la femme qu'il aime, parce que, cadet de famille, il craint de n'être pas accepté. »

A peine avait-elle achevé en détournant la tête, que Raimond s'étant élancé de son cheval, s'était mis à genoux devant la jeune fille, qui le regardait en souriant de bonheur, pendant qu'il baisait le bas de sa robe qui couvrait son étrier. Ivre de joie, le chevalier ne pouvait trouver un seul mot et se sentait prêt à pleurer. « Allons ! timide jouvenceau, reprit Henriette après deux minutes d'un silence délicieux, relevez-vous et tâchez de rattraper Bucéphale, qui heureusement s'amuse à brouter.

— Henriette! Henriette! est-il donc vrai! fit Raimond, éperdu de bonheur.

— Mon cœur à l'heureux cavalier, s'écria joyeusement la chasseresse en montrant Bucéphale à son amant... »

Quelques instants après les deux jeunes gens cheminaient lentement côte à côte, à l'ombre des grands arbres de la forêt.

Cependant Frank, sous prétexte de rejoindre Henriette ou la chasse, faisait faire du chemin au baron de Lastours, qui n'avait pas tardé à le rejoindre, tandis que la chasseresse s'égarait à dessein avec Raimond de Ribeireix. Tantôt le fidèle valet le conduisait à travers champs, s'arrêtant de temps à autre pour sonner de la trompe ; tantôt il le menait de village en village, demandant sournoisement à tous les paysans qu'ils rencontraient s'ils n'avaient pas vu la demoiselle des Cars ou les chasseurs ; mais personne ne pouvait donner des nouvelles de la belle cavalière, et, quant à la chasse, tout le monde s'accordait à dire qu'elle était bien loin de là. Enfin Lastours, convaincu que ses recherches étaient inutiles, et qu'il ne retrouverait pas sa fiancée, se décida à rejoindre la chasse. Ils n'en étaient pas très éloignés, lorsqu'ils rencontrèrent le marquis de Châlus ;

« Diable ! baron, s'écria celui-ci, il semble que vous aimiez les fanfares, car, si je ne me trompe, c'est vous et le drôle qui vous accompagne, qui cornez depuis tantôt une heure.

— N'avez-vous pas vu Mademoiselle des Cars ? » demanda ingénument Lastours. A cette question, le marquis de Châlus se pinça les lèvres pour ne pas rire, et la manière dont il regarda Frank fit comprendre à celui-ci qu'il n'était pas dupe comme le baron. « Je ne l'ai point rencontrée, répondit-il ; mais comment donc l'avez-vous perdue ? il me semble que vous la suiviez d'assez près, cependant.

— Monsieur le marquis, interrompit le malin écuyer, Monsieur le baron de Lastours et moi sommes fort en peine de Mademoiselle et de Monsieur le chevalier de Ribeireix ; égarés de la chasse, Mademoiselle m'avait donné ordre de prendre le vent pour savoir de quel côté elle avait tourné, et de corner pour les appeler quand je l'aurais retrouvée ; c'est ce que j'ai fait ; mais M. le baron, en bon cavalier et habile veneur qu'il est, a seul rejoint, sans savoir ce que ses compagnons sont devenus.

— S'il en est ainsi, plaisant coquin, repartit le marquis cédant à son envie de rire, tu peux continuer ta course tout seul ; le baron et moi nous aurons bientôt retrouvé les chasseurs. »

Frank s'éloigna ; mais à peine les deux seigneurs étaient-ils arrivés à la borne qui marquait la limite des deux justices des Cars et de Châlus, qu'ils entendirent deux mots de grêle secs qui venaient de la forêt ; un son que le marquis reconnut appartenir au cor du capitaine de la Cornette blanche répondit aussitôt. « Je crois, dit le marquis de Châlus, que Franck sera plus heureux seul qu'en votre compagnie, baron ; puis, après un moment de silence, il ajouta : « René, je ne puis tenir plus longtemps à l'envie que j'ai de vous donner un bon conseil.

— Et quel est-il, marquis?

— De renoncer à votre fiancée.

— A Henriette? Et pourquoi cela, je vous prie?

— Vous avez l'assentiment du père; mais la fille.

— Eh bien! la fille? demanda le baron presque fâché.

— Eh! mon Dieu, René, la fille... je gage que Raimond de Ribeireix ne l'a pas perdue comme vous!

— Voudriez-vous dire que le chevalier est un heureux rival?

— Et tenez... répondit le marquis en montrant Henriette et le capitaine de la Cornette blanche qui débouchaient de la forêt en même temps qu'eux, mais à une grande portée de fusil du lieu où ils se trouvaient.

Le baron pâlit et rougit tour à tour. Mais ils venaient de rejoindre tous ensemble les autres seigneurs, qui avaient fait halte en cet endroit.

L'on avait tué plusieurs cerfs et chevreuils. Le soleil touchait presque à l'horizon; la chasse était terminée et les piqueurs se disposaient à enlever le gibier, lorsque tout à coup les chiens entourent un lieu fourré et plein de broussailles, et font entendre comme des hurlements prolongés.

Au même moment, les branches se remuent, et, de sa bauge, s'élance un sanglier énorme. A la vue des cavaliers, il s'arrête tout à coup, souffle, puis rebrousse. Raimond, qui n'a pu abattre une seule bête, et qui revenait sur Bucéphale dompté, veut que l'honneur de la journée lui reste. D'un bond, il s'est mis à la portée du sanglier ; il l'ajuste, tire, et le blesse au defaut de l'épaule ; mais Bucéphale, épouvanté, se câbre, fait un faux pas et s'abat sous Raimond ; le sanglier est bientôt sur lui, cherchant à le labourer de ses redoutables défenses. Le danger est imminent ; aucun chasseur n'ose tirer sur la bête, de peur d'atteindre Ribeireix ; les plus hardis hésitent à s'attaquer au sanglier le coutelas à la main. Soudain une détonation s'est fait entendre : le sanglier abandonne Raimond, se relève plus furieux et retombe mort.

Henriette, qui tient encore l'arme qui a sauvé Raimond, se laisse aller évanouie dans les bras de son père, qui a à peine le temps de la retenir.

Le lendemain, au jour naissant, le seigneur de Lastours se promenait lentement dans le jardin ; sa figure était rouge, ses lèvres violacées, son regard triste et animé. A chaque fois qu'il se retrouvait en face du château, il s'arrêtait brusquement, les yeux ardemment fixés sur une des fenêtres de la plus haute tourelle, qui laissait percer, à travers son grillage de fer, la clarté défaillante d'une lampe. Il écoutait, il épiait et tressaillait au moindre bruit. Le premier gazouillement de la fauvette lui semblait un chant d'amour ; il croyait reconnaître la voix d'Henriette, puis celle de Ribeireix, dans le murmure de la petite rivière qui coulait au pied du jardin. Le sable qui craquait sous son pied le faisait retourner avidement ; le frôlement des feuilles faisait battre son cœur ; car le pauvre baron était dans un de ces états violents qui égarent la raison au point de faire désirer un surcroît de douleur. Ainsi en proie aux plus terribles tourments de la jalousie, René cherchait encore un aliment à cette dangereuse passion ; depuis la veille, il savait qu'Henriette aimait Raimond. Les paroles railleuses du marquis de Châlus résonnaient encore à son oreille ; la jeune fille évanouie en sauvant le beau capitaine de la Cornette blanche était continuellement devant ses yeux. Ce souvenir seul brisait son âme ; et, cependant, il éprouvait une inexplicable joie à rêver qu'il surprenait les deux amants au milieu de leurs tendres confidences ; et ce qui exaspérait sa pauvre tête fatiguée d'une nuit sans sommeil, ce n'était pas l'idée que Mlle des Cars songeait tendrement au chevalier, mais l'impossibilité de pénétrer dans sa chambre, de suivre sur le beau visage de la noble châtelaine les traces de ses douces émotions, de deviner ses plus secrètes pensées d'amour.

Tout à coup il entendit des pas légers et précipités derrière lui; puis une voix joyeuse qui lui disait bonjour. Il se retourna : « Comment, dit-il en reconnaissant Raimond, déjà levé après votre accident d'hier? Le sanglier ne vous a donc pas dévoré?

— Pas le moins du monde, cher baron; c'est à peine s'il s'est permis d'égratigner mon pourpoint; c'est que le dieu du proverbe, qui veille sur les ivrognes, veille aussi sur les amoureux.

— Vous n'êtes pas un amoureux discret, en tout cas, répondit M. de Lastours, qui crut voir une provocation.

— Indiscret! reprit Ribeireix, mais est-ce que je vous ai appris quelque chose? est-ce que vous ne saviez pas qu'à mon âge on est toujours amoureux?

— C'est vrai, » dit René distrait; et il laissa tomber la conversation. Toutes ses facultés, tout son être se concentra dans son regard anxieux. Sa poitrine était oppressée, tout son corps palpitant; un frisson glacé le parcourait tout entier, et ses yeux brûlants semblaient cloués à un papier qui s'échappait de la poche de son compagnon. Par un de ces instincts que l'on ne tente pas de combattre, tant ils sont impérieux, René sentait que sa destinée était attachée à la possession de ce chiffon. Une secousse, qu'il lui était facile d'imprimer à Ribeireix, aurait fait tomber le papier, objet de tous ses vœux ; mais, bien que René eût dégénéré, bien que son caractère fut indigne de ses aïeux, il y avait encore du sang des Lastours dans ses veines. Il ne fit pas un mouvement. La lettre tomba donc d'elle-même, et Raimond ne s'aperçut pas que le baron se baissait pour la ramasser, car à ce moment une fenêtre s'ouvrit avec fracas, et la divinité, de sa blanche main, lui fit un signe amical. Tout capitaine qu'il était, Raimond avait un cœur d'adolescent ; aussi s'élança-t-il dans le château, craignant qu'Henriette ne vînt le rejoindre au jardin. Pour rien au monde il n'aurait voulu que la présence du baron profanât le premier regard qu'elle lui adresserait.

Mais Henriette avait été encore plus prompte que Ribeireix ; pendant qu'il la cherchait dans le château, sortie par une autre porte, elle ne rencontra que Lastours, qui était cependant resté seul assez longtemps pour lire et placer sur le passage de la jeune fille la lettre qui s'était échappée de la poche de Ribeireix. Henriette, désappointée, ralentit le pas lorsqu'elle vit que Raimond n'était plus là, tandis que le baron, feignant de ne pas la voir, s'éloignait du côté opposé. Bientôt le regard de la jeune châtelaine s'arrêta sur le papier tombé au milieu de l'allée : il était ouvert et déchiré ; du reste, il portait l'adresse du chevalier de Ribeireix et paraissait écrit de la main d'une femme. Après un moment d'hésitation, Henriette lut ce qui suit :

Cher Raimond,

Quel plaisir m'a causé ta dernière et tendre lettre ! Oh ! qu'elles me sont douces, tes expressions d'amour ! Tu n'as pas oublié celle dont toutes les affections sont pour toi. Te rappelles-tu notre heureuse............
Ce souvenir est tout le bonheur de ta..............
aimée. Hélas ! bientôt je dois......................
Comme tu me l'as promis, viens....................
ton Ermance. Viens recevoir ce baiser.............
Pauvre Raimond, tu es comme moi, la.............
les dangers des batailles à moi....................
Raimond, toutes mes prières sont pour toi..........
      Ta..............
    Ermance de...............

A peine eut-elle achevé cette lecture, que Diane se leva et marcha d'un air majestueux à la rencontre du chevalier, qui accourait vers elle le visage radieux. Le sourire de Mlle des Cars était tellement dédaigneux, ses yeux brillants avaient une expression si grave, la pose de sa tête quelque chose de si hautain, que Ribeireix allait se retirer sans lui adresser un mot, lorsqu'elle lui dit d'une voix froide et posée : « Où alliez-vous si vite, capitaine ?

— Vous rejoindre, Mademoiselle, répondit-il timidement.

— Je désire être seule, » reprit-elle d'un ton sec.

Raimond salua et fit quelques pas pour se retirer. Mais son orgueil blessé céda à son amour ; il oublia qu'il se nommait Ribeireix, qu'il portait l'uniforme de capitaine de la Cornette blanche et la glorieuse épée qui l'avait illustré, et revint se prosterner aux pieds de celle qu'il aimait avec toute l'ardeur d'un premier amour, d'une âme de quinze ans. Les impressions de son esprit chevaleresque étaient fortes comme son corps vigoureux, qu'elles ravageaient cruellement. A ce moment, ce beau jeune homme, ce vaillant soldat était pâle et défait comme une frêle jeune fille aurait pu l'être après huit jours de désespoir. Mlle des Cars, au contraire, avait conservé toute sa dignité, et ses traits n'avaient subi aucune altération. Pourtant elle souffrait bien. « Henriette, dit-il d'une voix défaillante, qu'avez-vous contre moi ? Vous ne m'avez rien reproché, et cependant je sens qu'une barrière s'est élevée entre nous.

— Chevalier, répondit-elle en dégageant sa main qu'il avait saisie, nous n'avons jamais été assez unis, j'espère, pour qu'une barrière soit nécessaire à notre séparation. Il suffira de nous éloigner l'un de l'autre pour nous oublier ; et M. de Lastours, que j'épouse dans huit jours, s'en chargera assurément, ajouta-t-elle avec un sourire moqueur qui ranima le courage de Raimond.

— Adieu donc, Mademoiselle, dit-il en se relevant ; puissiez-vous ne jamais vous repentir de votre détermination ; puissiez-vous ne jamais être punie du cruel caprice qui laissera en moi des blessures ineffaçables. »

Sa haute taille s'était redressée, son maintien, sa physionomie exprimaient une noble résignation ; mais aussitôt que Diane, qui le regardait partir avec regret, l'eut perdu de vue, le malheureux chevalier enfonça ses éperons dans les flancs de son cheval, lui asséna quelques coups de cravache sur la tête, puis, se cramponnant à sa crinière, il abandonna la bride et n'eut plus qu'une pensée, celle de la mort qui l'attendait, avec son cheval, au fond des précipices qu'ils allaient cotoyer pour se rendre à Châlus, et où il avait résolu de pousser le pauvre animal afin de périr ensemble ; c'était le seul ami qui lui restât.

Comment, quelques heures après, Raimond frappait-il à la porte du château de Courbefy ? c'est ce qu'il ne pouvait expliquer que par l'intervention de la Providence, qui l'avait fait égarer dans un pays qu'il connaissait si bien.

On ne pouvait rien voir de plus imposant que le château de Courbefy, l'antique manoir des d'Albret, ce pic rocailleux qui portait sa tête crénelée jusque dans les nuages ; lorsque le ciel était pur, du préau du donjon on embrassait un point de vue magnifique ; rien ne bornait l'immense horizon : du côté de Limoges, l'on apercevait les cîmes lointaines de Grandmont et bien d'autres hauteurs qui se confondaient avec l'azur du ciel, sans doute quelques montagnes de la Marche ; sur divers autres points, l'on distinguait le Puy-Cogneu, les coteaux les plus éloignés du Périgord et de l'Angoumois.

Depuis l'acquisition de Courbefy par la maison de Ribeireix, les nouveaux seigneurs aimaient assez cette résidence, quoique un peu sauvage. Le marquis Frédéric de Ribeireix y avait fixé son domicile ; cette habitation convenait bien à son caractère sombre et ombrageux ; il pesait sur ses vassaux comme un despote inflexible ; mais dans sa famille, dont il était le chef, il était aimé et respecté, parce que, tout en laissant ses cadets accomplir leur destinée, il leur témoignait une affection dévouée, et particulièrement à Raimond. Aussi celui-ci se sentit soulagé en se trouvant près de son aîné ; et, bien qu'il n'eût pas l'intention de lui confier le déchirement de son cœur, puisque Dieu n'avait pas voulu qu'il mourût encore, il le remerciait de l'avoir conduit chez son frère, et le priait de l'y faire succomber promptement au chagrin qui le dévorait. Frédéric ne tarda pas à s'apercevoir du mal de Raymond ; lui si gai, si vif autrefois, maintenant il était continuellement mélancolique, indifférent à tout. Si, lorsque le marquis essayait de réveiller ses goûts belliqueux en lui demandant le récit de quelqu'une de ses batailles ou en provoquant un de ces assauts d'escrime où les deux frères avaient accoutumé de se disputer la victoire avec acharnement, c'était avec négligence, distraction, que le chevalier se prêtait aux désirs de son frère. Celui-ci s'inquiétait sérieusement d'un pareil état, et souvent il essayait d'arracher du capitaine l'aveu de son chagrin ; mais il restait toujours impénétrable, car il était encore trop fier pour parler d'un amour repoussé.

Depuis cinq jours il était à Courbefy ; il était demeuré tout seul au château, et ce moment de solitude dilatait son âme malade. Il se promenait à grands pas dans le salon ; la nuit était venue sans que notre amoureux s'en aperçût et sans qu'il songeât à son frère attardé dans sa promenade, où il avait refusé de l'accompagner. Tout à coup la porte s'ouvrit avec fracas, et le marquis entra dans le salon, précédé de valets portant des flambeaux, et suivi d'une femme vieille, ridée, édentée, au regard fauve, à la taille courbée ; elle portait une robe de serge verte, et ses cheveux blancs s'échappaient de dessous une espèce de béguin noir ; ses sandales usées laissaient voir ses pieds déchirés. D'une main elle tenait un cornet acoustique, de l'autre un sachet. « Mon cher Raimond, s'écria le marquis en entrant, je t'amène joyeuse compagnie pour ce soir ; j'ai rencontré celle-ci qui rôdait autour du château, et, puisque tu n'as pas voulu me confier tes secrets, je suis obligé de recourir à la science pour les apprendre. Allons, sorcière, à l'œuvre ; surtout, pas de mensonges ni d'impertinences.

— Je comprends, seigneur, dit la vieille ; de qui faut-il dire l'avenir ? qui me donnera sa main le premier ?

— Frère, dit Raimond, est-ce que vous ajoutez foi à ces folies ?

— Comment donc ? dit Frédéric, mais certainement ; que la science des magiciennes leur vienne de Dieu ou du diable, elle est infaillible ; n'est-ce pas la chiromancie qui prédit à Catherine de Médicis la royauté, la mort successive de ses trois fils et l'extinction de sa race ? Va, donne ta main à la vieille, et je te promets qu'elle t'apprendra du nouveau.

— Si cela peut vous amuser, dit Raimond en tendant la main à la bohémienne.

— La gauche, s'il vous plaît, monseigneur, dit celle-ci.

— Et pourquoi, s'il te plaît? demanda Raimond.

— Parce qu'elle tend au cœur, répondit la vieille, qu'elle est régie par Jupiter et lui est dédiée ; toutes les veines et lignes, tant de cette main que de ce bras, vont aux parties les plus nobles du corps, et particulièrement au cœur, qui est le siége de tous les désirs, de toutes les affections, et d'où procèdent toutes nos actions ; les cinq cent vingt muscles du corps humain étant divisés en sept parties correspondantes aux sept planètes, celle de Jupiter régit la main gauche, et tous les muscles qui en dépendent se rattachent au cœur ; d'où, par l'examen des lignes qu'elle contient, il est facile de prédire ce qui adviendra à celui qui donne cette main à examiner.

— Si tu n'es pas convaincu après cela, dit Frédéric en riant, c'est que tu n'as pas la foi.

— Or, continua la bohémienne, les planètes ayant une grande influence sur tous les corps terrestres, il est certain que les changements qui doivent survenir en nous sont marqués par le changement des lignes de nos mains ; par exemple, si la ligne de la vie est pure, c'est signal de santé ; rubiconde, signe de fièvre ; limpide, signe de grande maladie ; livide, elle dénote une mort soudaine. Par les lignes de la main, on reconnaît l'ange qui nous gouverne.

— Ah! voyons, dit Frédéric en présentant sa main gauche, je suis curieux de savoir quel est mon ange gardien.

— Ange gardien! ce n'est pas cela, dit la vieille d'un air sombre. Eh bien! je vois à ces veines rouges que votre seigneurie est d'une nature colérique; que son génie est igné de la hiérarchie de Gargatel, empereur de la région ignée, et qui a sous lui Tariel, Tubliel, Gaviel.

— Oh! diable de ton jargon, s'écria le marquis; voyons, mets-toi en besogne et dis la bonne aventure à ce jeune cavalier.

— Soit, » répondit la sibylle en reprenant la main de Raimond. Puis, quand elle l'eut examinée un instant : « Le jeune seigneur a visé bien haut, dit-elle; mais, comme il a le coup-d'œil juste, il atteindra.

— Expliques-toi plus clairement, dit le marquis; je ne veux point me donner la peine de traduire tes prophéties.

— En d'autres termes, seigneur, reprit la vieille, le capitaine est amoureux de la plus belle, de la plus noble, de la plus riche héritière de la contrée. — Raimond frissonna. — Rassurez-vous, beau cavalier, dit-elle, il y avait bien des obstacles; un vieux père ambitieux, un fiancé, un engagement pris par la belle demoiselle dans un moment de courroux causé par une perfidie ; mais à cette heure tous ces obstacles sont détruits ; la fauvette est envolée de sa cage ; elle est libre et près d'ici.

— Que dis-tu ? s'écria le chevalier en la saisissant par le bras.

— Je dis, répéta la sorcière avec assurance, que, si vous le voulez, dans une heure je vous conduirai aux genoux de votre adorée. »

A ce moment, on entendit des pas lourds dans le corridor ; Frédéric ouvrit la porte de mauvaise humeur, en disant qu'il ne voulait pas être dérangé : « Mais, Monsieur le marquis, lui répondit-on, il faut que je vous parle à l'instant même ; il s'agit de Mlle des Cars. » Raimond s'était levé brusquement et était accouru vers Frank, dont il reconnaissait la voix. « Messeigneurs, dit le pauvre écuyer tout attristé, depuis deux jours Mlle Diane est partie du château ; mes recherches ont été infructueuses, et je crains bien, si vous ne m'en donnez des nouvelles, qu'elle n'ait disparu pour toujours.

— Est-il possible ! s'écria douloureusement le chevalier.

— Mon garçon, dit Frédéric, nous n'avons point vu ta belle maîtresse ; mais voici une diseuse de bonne aventure qui prétend savoir où elle est.

Allons, la vieille, expliques-toi nettement si tu ne veux pas que je te fasse rouer de coups.

— Seigneur, répondit la vieille d'un ton triste, nous autres, enfants de la Bohême, nous ne craignons pas les coups; nous venons au monde dans les bois, la terre nous sert d'oreiller, l'eau de breuvage, la chair des animaux qui tombent en notre pouvoir, d'aliment; nos corps sont endurcis, ils ne tremblent à l'idée d'aucune souffrance; et, quant à la mort, elle n'arrive qu'à l'heure marquée dès notre naissance, heure que rien ne peut avancer ni reculer. Vos menaces ne sauraient donc m'effrayer.

— Oh là! valets, dit le marquis de Ribeireix, enfermez solidement la sorcière dans le cachot du donjon du château, et que personne ne s'en approche sans mon ordre. »

Et l'on emmena la sorcière dans le cachot du donjon.

Quand M. de Ribeireix fut parti, après qu'elle eut sondé son cœur, Diane le trouva si faible qu'elle résolut de le murer aussitôt. Voyant M. de Lastours prêt à monter à cheval, elle courut l'arrêter en lui disant d'un ton de seigneur à vilain :
« Monsieur le baron, dans huit jours je vous épouse; le lendemain nous partons pour Londres. » Et, sans écouter les tendres paroles qu'il lui répondait, elle se dirigea vers l'appartement

de son père, qu'elle combla de joie en lui faisant part de sa détermination. Ce fut le seul adoucissement à ses cruelles souffrances que l'altière jeune fille reçut sans remords; car, lorsqu'une excuse pour le chevalier se présentait à son esprit, elle la repoussait comme indigne d'elle.

Deux jours se passèrent ainsi; mais, vers le soir du second, Henriette, qui sentait enfin plier son courage, laissa la nombreuse compagnie que M. des Cars avait rassemblée, à l'instigation de son futur gendre, qui voulait qu'Henriette fût engagée au plus tôt publiquement envers lui, afin qu'elle n'osât plus se rétracter, quelque chose qui arrivât. Donc la pauvre jeune fille avait déjà subi les félicitations de sa noble parenté; elle avait même entendu régler les conditions de son contrat de mariage, et tout cela avait un peu ébranlé sa résolution. Aussi ce n'était plus la même femme qui se dirigeait vers l'endroit où elle avait reçu si orgueilleusement, la veille, les tristes adieux de Raimond. Elle marchait la tête baissée, les bras croisés sur sa poitrine; son teint était pâle, ses yeux fatigués, sa physionomie méditative. Elle vint s'asseoir sur un banc de gazon et y resta immobile quelques moments. Puis elle sortit vivement une lettre de sa poche, qu'elle lut et relut avec attention; enfin elle se leva et parcourut tout le jardin. Lorsqu'elle arriva à l'allée qui bordait l'Artonné, elle redoubla de vitesse ; un éclair de joie illumina son beau visage, et ce fut avec un mouvement convulsif qu'elle saisit quelques morceaux de papiers que le vent d'orage, qui soufflait impétueusement, chassait vers la rivière ; elle les défroissa, et, les ajustant à la lettre qui lui avait fait tant de mal, elle la relut ainsi :

« Cher Raimond, quel plaisir m'a causé ta dernière lettre ! Oh ! qu'elles me sont douces tes expressions d'amour ! tu n'as pas oublié celle dont toutes les affections sont pour toi. Te rappelles-tu notre heureuse *enfance, mon frère?* Ce souvenir est tout le bonheur de ta *sœur bien-aimée*. Bientôt je dois *prononcer mes vœux;* comme tu me l'as promis, *viens voir encore ta sœur*, ton Ermance. Viens recevoir ce baiser, *qui sera le dernier*, pauvre Raimond ! Tu es comme moi *la victime de l'orgueil;* à toi les dangers des batailles, à moi *la tombe du cloître.* Raimond, toutes mes prières seront pour toi.

» Adieu ! *ta sœur chérie!*

» ERMANCE *de Ribeireix.* »

Diane n'avait pas encore achevé de lire, que déjà son parti était pris. Elle revint au salon, fut gaie et aimable tout le reste de la soirée, et ne se retira dans sa chambre que lorsqu'elle se fut assurée que chacun était rentré dans la sienne.

Là, elle ôta prestement sa robe de fête, endossa son costume de chasseresse, serra ses beaux cheveux sous un chaperon de velours, couvrit ses épaules d'une fourrure de panthère, puis elle descendit à l'écurie, sella de ses petites mains son cher Bucéphale, sauta dessus, arma sa carabine et partit au galop.

Qu'elle était heureuse la noble demoiselle; comme elle respirait librement; comme son âme s'épanouissait, en songeant au bonheur qu'elle allait donner. Pauvre chevalier! n'allait-il pas mourir de joie en la voyant venir vers lui? Oh! que le marquis de Châlus avait donc bien fait de lui dire le lieu de sa retraite. La nuit était noire et froide; de larges gouttes d'eau tombaient des arbres, que le vent secouait d'une façon effrayante. Mais Diane n'avait jamais eu peur, et elle connaissait parfaitement tout le pays. Cependant, à l'entrée de la vaste forêt, il lui sembla entendre des hurlements étranges. Mais elle avança toujours; bientôt, à travers les vieux chênes, elle vit poindre une clarté éloignée, vers laquelle elle se dirigea, car elle ne douta point qu'elle ne vînt du château de Courbefy. A mesure qu'elle se rapprochait de la lumière, son cœur battait plus vite, sa joie devenait plus douce! « Mon Dieu! qu'il va être heureux, » s'écriait-elle par intervalles. Alors elle pressait encore davantage Bucéphale, et elle oubliait la douleur de son père à son réveil ; elle oubliait l'inconvenance de sa démarche, la foi juré à son fiancé ; elle oubliait tout.

Comme elle était partie sans rien calculer, tout à coup elle se trouva sur une hauteur, en face de cette lumière qu'elle avait perdue de vue depuis un moment; c'était un feu de bivouac, autour duquel une troupe d'hommes et de femmes dormaient pêle-mêle dans la boue; Bucéphale hennit; toute la bande fut debout et s'élança vers Henriette, qui essaya vainement de se faire jour à l'aide de sa carabine; elle fut promptement désarçonnée et confiée à la garde de deux bohémiens armés, tandis que les autres s'éloignaient pour délibérer sur son sort. Tous furent d'avis de la rendre à sa famille, moyennant la forte rançon que la richesse de ses habits leur permettait d'espérer. La vieille chiromancienne que nous avons laissée à Courbefy, l'ayant reconnue et ayant découvert, par hasard, l'amour du chevalier de Ribeireix pour elle, proposa de la rendre à celui, du père ou de l'amant, qui voudrait payer le plus cher sa délivrance. Son opinion fut acceptée, et elle se mit immédiatement en chemin pour le château où nous l'avons vue emprisonner.

Au moment où on la conduisait au cachot du donjon, Frank quittait le château et entreprenait de nouvelles recherches. En sortant des brandes de Monsigout, comme il suivait le chemin creux qui monte à La Bussière, il vit deux hommes couverts de riches vêtements fanés passer, sur un tronc de chêne, la petite rivière qu'il venait de traverser, prendre un sentier à gauche et s'enfoncer dans la forêt. Frank pensa que ce ne pouvaient être que des bohémiens qui allaient rejoindre leur troupe campée dans le bois. Il courut en avertir le châtelain de Courbefy, qui n'avait pu rien arracher à la sorcière. Aussitôt qu'il eut écouté le récit du vieux serviteur, Frédéric ordonna à ses valets de s'armer, et se mit à leur tête pour aller explorer la forêt. Il avait eu soin de placer près de lui Raimond, qu'il avait peine à contenir, car le marquis ne voulait attaquer les bohémiens que s'ils leur étaient inférieurs en nombre; sinon, il se promettait de laisser quelques sentinelles bien cachées auprès d'eux, tandis qu'il irait demander main-forte à Châlus. Mais, pour exécuter ce projet, il fallait se mettre en garde contre la bouillante impatience d'un amoureux : tout à coup M. de Ribeireix se retourna et fit faire halte à sa petite troupe; c'est qu'il avait entendu un bruit de voix qui se dirigeait de leur côté. La nuit était venue et demandait un redoublement de prudence. Frédéric descendit de cheval, recommanda un silence absolu et s'éloigna pour reconnaître les alentours de son petit camp.

Mais à peine était-il à quelques pas que Raimond, qu'il avait laissé sous la sauvegarde de Frank, lui échappa et courut comme un fou vers la même lumière qui avait conduit Henriette dans le piége, et qui apparaissait à une petite distance. Comme il en approchait, il vit plusieurs personnes s'avancer vers lui ; il se blottit derrière un gros arbre et vit distinctement Bucéphale, ce magnifique coursier qu'il avait eu tant de peine à dompter, ce cheval chéri de Diane, que les bohémiens vinrent attacher à un chêne, et qui, au même moment, tomba percé de vingt coups de stylet. Raimond aurait voulu, au prix de la moitié de sa vie, sauver le pauvre animal qu'Henriette aimait tant. Il n'y eut que la pensée du danger qu'elle pourrait courir, s'il se montrait, qui pût le retenir. Bucéphale était donc tombé en poussant un gémissement douloureux, sans que Raimond eût fait un mouvement. La bande entière se jeta sur lui, se disputant ses membres palpitants, qu'hommes, femmes et enfants se mirent à faire griller sur un grand feu ; bientôt Raimond vit Henriette traînée par deux hideuses créatures près du brasier où rôtissaient les restes de Bucéphale, dont on voulait la contraindre à manger. La pauvre jeune fille résistait de toutes ses forces ; Frédéric, rejoint par son frère et ses gens, se précipitent tout à coup sur les bohémiens et les attaquent avec vigueur; ceux-ci tiennent bon et se battent en gens habitués à ne pas compter leur vie pour grand'chose; néanmoins la bande commençait à plier, lorsque le chef, qui n'avait pas lâché sa proie, s'écria, en appuyant son poignard sur le sein de Mlle des Cars : « Messeigneurs, je vous avertis, si vous ne vous retirez avec vos gens, en nous comptant 3,000 livres pour racheter cette belle demoiselle, foi de Bohême, ma lame saura de quelle couleur est son sang. » Le brigand avait à peine achevé ces mots, qu'un coup de feu l'étendit raide mort; en même temps, et avant que les bohémiens consternés songeassent à l'arrêter, Raimond, jetant l'arme avec laquelle il venait de délivrer sa maîtresse, prit Henriette entre ses bras et l'emporta, toujours courant, jusqu'à l'endroit où son cheval était resté.

Le lendemain on vit arriver au château des Cars le capitaine de la Cornette blanche, conduisant la belle Diane, qu'il remit entre les bras de son père. Comme celui-ci couvrait en sanglottant sa chère enfant des plus tendres baisers : « Mon père, lui dit-elle, sans lui vous m'eussiez perdue...

— Eh bien! s'écria le vieux châtelain, puisqu'il t'a conquise, qu'il te garde, mon enfant!

Huit jours après, il y avait noce aux Cars; mais le baron de Lastours n'avait pas été invité.

FIN.

LA GNOMIDE

OU

ELVINE DU MONTEIL DE CHATEAUPONSAC.

CHRONIQUE DE LA MARCHE.

Comment le roi Richard vint à Bellac, et comment il y fut reçu par le comte Hugues de Lusignan. La rencontre qu'il y fit d'un chevalier inconnu, et ce qui advint.

Richard Cœur-de-Lion, après sa captivité en Autriche, de retour en Aquitaine, fit un pèlerinage à Grandmont, où il suspendit en hommage à la voûte de la basilique sa riche armure de croisé. Ayant terminé ses dévotions, il se rendit au château de Bellac. Il y fut pompeusement accueilli par l'illustre Hugues de Lusignan, comte de la Marche, lequel, par ses beaux faits d'armes en Palestine, avait su gagner l'amitié et l'estime du héros des croisades. Jamais la gothique capitale de la Basse-Marche ne vit, dans son enceinte, si belle et si nombreuse noblesse ; car le noble châtelain, pour bien fêter son pieux compagnon d'armes, avait engagé de tous les côtés, seigneurs chevaliers, dames et damoiselles, annonçant brillantes réjouissances, tournois et carrousels.

Aussi vit-on arriver en magnifique équipage, dans le puissant manoir, et le vicomte Aymard de Magnac, cousin du roi d'Angleterre, avec ses deux fils Guy et Enguerrand, et Guillaume de Rancon, preux qui s'était signalé au siége de Ptolémaïs, et Hélie du Monteil de Châteauponsac, avec sa fille l'incomparable Elvine, dont les attraits tournaient la tête à tous les chevaliers et excitaient l'envie de toutes les dames. Elle éclipsait même, assure-t-on, la fameuse Isabelle d'Angoulême, qui avait suivi à cette fête son noble père sire de Taille-Fer, laquelle cependant était si belle, si belle, que le comte de la Marche mourait d'amour pour ses charmes. Puis se rendirent aussi les seigneurs de Pô de Piégu, de Bridiers, de Fromental ; voire les commandeurs de Morterol et de Polhac, et d'autres illustres invités qu'il me serait trop long de citer.

Le célèbre Blondel, le roi des trouvères de ce temps-là, y rencontra Bertrand-de-Born son digne rival. Ces deux insignes professeurs de la gaie science engagèrent plusieurs luttes de chant qui firent moult plaisir à tous les nobles seigneurs, et surtout aux sensibles dames, qui ne cessaient de leur demander tendres lais et naïves ballades. Après les galantes menestrandies, l'on brisait des lances dans la vaste cour du château.

Richard Cœur-de-Lion, Hugues de Lusignan et le guerrier--troubadour Bertrand-de-Born, brillaient comme de coutume dans ces jeux, et excitaient l'admiration par leurs merveilleuses prouesses.

Or, il advint qu'un jour, au moment de la joûte, l'on entendit trois sons de grêle sur le pont-levis. Le châtelain s'étant transporté vers le donjon pour voir quel pouvait être ce nouvel arrivant, aperçut au-delà des fossés un jeune cavalier dont le splendide accoutrement et le superbe coursier faisaient supposer la distinction et l'opulence. Le comte fit aussitôt baisser la herse et reçut le gentilhomme sous le portail.

Après civiles salutations et actes de courtoisie d'usage : « Noble seigneur, dit celui-ci, j'ai appris à Rocamadour d'où je viens de faire mes dévotions, que vous donniez brillants tournois dans votre châtel : maints preux de renom joûtent à Bellac, ai-je entendu dire ; et je suis venu pour rompre une lance, à la condition toutefois de taire mon nom et mes titres, car j'ai fait vœu de garder l'incognito pendant mon pèlerinage.

— Messire, répondit le comte un peu embarrassé, votre extérieur et vos manières parlent pour vous. Cependant j'ai céans des hôtes d'une telle importance, que je ne puis vous présenter parmi eux sans les prévenir. Excusez donc, si je me trouve obligé de vous laisser un instant au guichet, pour aller demander leur consentement. »

Puis il le quitta et vint parler bas à Richard. « Quel qu'il soit, qu'il se présente! s'écria le Plantagenet, et si quelqu'un craint de manquer à son rang en se mesurant avec ce joûteur étranger, pour dissiper les scrupules, je vais entrer le premier en lice avec lui. »

Le châtelain introduisit donc le jeune chevalier. L'examen des dames fut favorable à l'inconnu, et leur curieuse attention les empêcha de remarquer la soudaine rougeur qui colora le front de la belle Elvine. L'on trouva sa taille noble et ses traits mâles et réguliers; on convint aussi qu'il guidait avec grâce son fougueux destrier, et que sa somptueuse armure lui allait à merveille. Seulement, on s'étonnait qu'un chevalier si accompli fût sans écuyer. Sans doute, pensait-on, il a fait vœu également d'aller sans escorte à Rocamadour.

Lorsqu'il se présenta en champ-clos, Richard s'avança pour joûter avec lui; mais le jeune paladin baissa sa lance, en disant qu'il ne se croyait pas digne de joûter avec le premier preux de la chrétienté. Cette déférence courtoise fut remarquée et vivement applaudie.

« Allons ! allons, s'écria gaillardement Cœur-de-Lion, par Saint-Georges ! je ne dédaigne jamais de briser une lance avec un brave et loyal adversaire... Gare !... »

Alors l'inconnu mit la lance en arrêt. Le choc fut rude ; la lutte fut longue, au grand étonnement des spectateurs ; car jamais le fier Plantagenet n'avait rencontré, jusque-là, chevalier qui pût lui résister dans ces exercices. L'étranger, par courtoisie ou par lassitude, demanda quartier.

« Par Saint-Georges ! s'écria le roi d'Angleterre, la dame de vos pensées peut se vanter d'avoir un vigoureux champion. Je respecte votre vœu, messire ; mais après vos dévotions, Richard veut vous connaître. »

L'inconnu s'inclina respectueusement devant l'auguste monarque et le remercia de la faveur insigne qu'il venait de lui accorder et de la gracieuseté de ses paroles.

Après le tournoi, Hugue-le-Brun pria le mystérieux chevalier de vouloir bien accepter l'hospitalité dans son château, et prendre sa part aux plaisirs de la fête qu'il donnait en l'honneur de la visite du roi Richard dans ses domaines. « Vous n'aurez à craindre aucune indiscrétion, ajouta-t-il ; car nous saurons tous respecter le pieux motif de votre réserve. »

Après maintes excuses, car le benoît paladin affirmait qu'il avait encore plusieurs saints voyages à faire, soit à Grandmont, soit à Déols, soit à Saint-Vaulry, il se décida enfin à remettre ses différents pèlerinages et à passer quelques jours à Bellac.

Les dames furent charmées de voir le bel étranger céder aux instances du comte de la Marche ; Elvine du Monteil surtout eut assez de peine à dissimuler la joie secrète qu'elle en éprouva.

Comment le roi Richard ne pouvant dormir, la nuit, vint s'accouder à la fenêtre de sa chambre, et ce qu'il entendit.

La nuit qui suivit le tournoi, Richard ne put dormir ni se reposer, pas même fermer l'œil. Cela arrivait assez souvent au noble prince, dont les graves affaires préoccupaient presque toujours l'esprit. En vain récita-t-il plus de cinquante patenôtres avec l'oraison de saint Étienne de Muret, moyens infaillibles cependant, d'après le dire de son excellent ami le général de l'abbaye de Grandmont, pour chasser l'insomnie, le sommeil ne vint pas. Fatigué et ennuyé, il quitte son lit et va ouvrir la fenêtre de son appartement, qui donnait sur une belle terrasse et regardait la ville de Bellac. Il s'accoude sur le grès de la gothique croisée et expose sa tête brûlante à la fraîcheur de la brise. La lune immobile, suspendue comme un fanal d'argent à la voûte azurée, réflétait son paisible éclat dans les vitraux des maisons de la vieille cité.

Le roi entendit soudain au pied de la tourelle voisine un colloque à demi-voix. Curieux et intrigué il prête une oreille attentive et saisit ces paroles :

« J'ai seule votre cœur, me dites-vous ; par un serment que je crois sincère, vous m'assurez de votre fidélité. Mais enfin pourquoi vous environner de mystères auprès de la pauvre Elvine? Qui êtes-vous donc, chevalier que j'aime et que j'admire, mais qui m'inspirez je ne sais quelle crainte?

— Elvine! Elvine! depuis la bonne fête de Notre-Dame de Déols, où je vous vis pour la première fois à Châteauponsac suivant avec recueillement la pieuse procession, les yeux baissés sur vos belles Heures de moire, depuis ce jour, Elvine, j'ai cherché à conquérir ton cœur. Que je suis heureux de posséder le cœur d'Elvine! aussi le jour tu es ma seule pensée ; la nuit, tu es dans tous mes rêves. Quand, à l'heure de l'*Angelus*, tu te rends pour prier à la chapelle de saint Thyrse, ne remarques-tu pas quelquefois un religieux agenouillé sous l'ogive, dont la prunelle brille sous la cagoule et cherche ton regard?... Tu te trouves à la brillante fête de la réception du preux Richard au château du comte de la Marche, je viens joûter sous tes yeux.

— Ne me parle pas ainsi, tu me fais peur. Qui es-tu donc?... Terrible amant, quelle fascination m'attire vers toi? Pourquoi m'inspires-tu ce mélange d'amour et d'effroi?...

— Enfant, enfant, cesse donc de craindre ; tu redoutes celui qui veille sur toi comme l'aigle sur ses aiglons, et qui broierait le téméraire qui toucherait même à un seul de tes cheveux, quand ce serait un roi.

— Mais, au nom du ciel, qui es-tu?

— Ton protecteur, ton amant, ton esclave, qui donnerait pour toi seule toutes les couronnes de la terre.

— Toujours ce secret accablant!... Je ne puis rien savoir...

— Plus tard, Elvine, plus tard... aujourd'hui je ne puis. »

Le vent qui s'éleva soudain emporta les deux voix, qui devinrent moins distinctes. Richard, cependant, toujours immobile à la même place, s'efforçait de saisir encore la suite inintelligible de ce singulier dialogue. Il ne quitta l'embrâsure que lorsqu'il eut vu deux ombres sortir derrière la tour, se glisser le long des murs, et rentrer sans bruit dans le manoir.

Alors il retourna dans sa couche; mais ce qui venait de frapper ses yeux et ses oreilles acheva de tourmenter son imagination. Il finit néanmoins par s'endormir; mais son sommeil fut agité par les rêves les plus sinistres, et, lorsqu'il se réveilla, le soleil, déjà élevé sur l'horizon, dardait ses rayons brûlants sur les vitraux de sa chambre.

Il se leva aussitôt, prit ses vêtements et descendit dans la salle de réunion. Il demanda immédiatement le chevalier étranger. On lui dit que, dès le matin, il avait pris congé du comte et était parti après avoir fait, aux gens du château, des largesses à étonner les plus opulents seigneurs.

« Par saint Georges! murmura bien bas le roi, je crois avoir joûté hier avec messire Satanas. »

Cependant maints regards malveillants avaient pour point de mire une jeune damoiselle dont l'air abattu décelait une profonde tristesse; maintes dames chuchotaient entre elles en souriant malignement.

« Pauvre Elvine! » fit Richard en levant un œil de compassion sur l'innocente victime.

Dans les différents groupes des seigneurs qui

remplissaient la vaste salle, l'on parlait bien diversement du paladin inconnu et de son étrange visite au château de Bellac : ceux-ci ajoutaient foi aux paroles du soi-disant pèlerin, et avaient la conviction que le dévot personnage était au moins un prince ou un comte qui avait fait vœu d'aller à Rocamadour; ceux-là, plus sceptiques, avançaient qu'il pourrait bien se faire que le pieux voyageur ne fût qu'un audacieux escogriffe, un vil aventurier qui, dans ce moment, devait rire de leur naïve crédulité; d'autres, plus superstitieux, se signaient en prononçant avec horreur le nom de Béelzébuth.

« Messires comtes et chevaliers, dit Pierre de Veyrac, docte clerc de l'abbaye de Châteauponsac, qui se trouvait à cette noble réunion, il est bon d'émettre avec réserve notre opinion sur des choses d'une si grave importance ; cependant, vous le savez, le malin prend mille formes pour séduire une âme qu'il convoite. Si je vous disais que moi-même j'ai vu Satan sous le costume d'un ermite?... Un soir, après avoir fait ma prière à Notre-Dame-de-Compassion, dans l'église de Saint-Thyrse, je sortis des murs de Châteauponsac et je dirigeai mes pas, à l'aventure, du côté de la Sème, notre petite rivière. En cheminant ainsi machinalement, j'arrive sans m'en douter jusqu'à ces cavernes redoutables, si connues sous le nom de Trous des Fées. J'aperçois tout à coup devant moi un vénérable religieux que je prends d'abord pour le vénérable Gérald, l'abbé crossé et mîtré de notre saint monastère. — Qui a pu attirer par ici la promenade du révérend père supérieur? me dis-je à moi-même. Je presse le pas en l'appelant ; il disparaît soudain à l'entrée de la grotte, d'où sortit aussitôt une épaisse fumée avec une odeur de soufre. Je m'éloignai en frissonnant de ces horribles lieux. De retour à l'abbaye, je vis le bon père, et je racontai ce que j'avais vu. Mon récit causa le plus grand étonnement. »

Le bon roi Richard écoutait ces différentes conversations. Il ne disait rien ; mais son front soucieux décelait ses sombres réflexions.

Comment le roi Richard vint à Châteauponsac, chez messire Hélie du Monteil, et quel entretien il eut avec la belle Elvine.

Dans les derniers jours du mois de septembre, le roi d'Angleterre prit congé de Hugues-le-Brun, et accompagna la noble damoiselle Elvine du Monteil à Châteauponsac, car le pieux monarque voulait assister à la fameuse procession de Notre-Dame. Il accepta la courtoise hospitalité du loyal sire Hélie du Monteil, père d'Elvine, et accueillit, dans le manoir de ce seigneur, les moines de l'abbaye de la ville, qui vinrent lui prêter hommage comme à leur suzerain, et implorer sa protection contre les audacieuses excursions des Cottereaux. Ils lui fournirent de grandes sommes d'argent pour remplir certains engagements contractés entre le prince anglais et le monastère.

Adelbert de Saint-Sornin se rendait fréquemment à Châteauponsac, chez messire du Monteil, où il était favorablement accueilli ; car le châtelain désirait beaucoup donner sa fille à un chevalier de si noble lignage et d'aussi bon renom, et encourageait on ne peut plus ses galantes assiduités auprès d'Elvine. Mais la jeune damoiselle repoussait tous les aveux d'amour de sire Adelbert et affectait une excessive froideur à toutes ses prévenances : ce qui désespérait le père et l'amant.

« Ma fille, disait maintes fois avec tristesse sire du Monteil, tu as déjà dédaigné les hommages du vaillant Guy de Blaon ; tu es restée sourde aux tendres inspirations de Gérald de La Borne, qui t'a chantée sur sa harpe ; tu as désespéré mille autres nobles soupirants, qui n'ont pu te fléchir ; aujourd'hui l'illustre Adelbert de Saint-Sornin dépose à tes pieds ses grandes richesses, sa gloire justement acquise, son ardent amour, et tu méprises ses richesses, sa gloire et son amour... Quelle fatale influence dirige donc ta pensée ? Quels sont donc tes projets ? Elvine, je t'en supplie, accepte la main du chevalier Adelbert ; décide-toi à ce mariage avantageux : ne serait-ce que pour faire taire ces bruits populaires qui nous font injure!... »

La jeune damoiselle restait impassible et ne répondait rien.

Le roi Richard joignait ses instances à celles d'Hélie du Monteil, mais avec aussi peu de succès.

Cependant tous les soirs, après le coucher du soleil, on entendait, du côté du faubourg de Dessous-le-Moutier, trois sons de cor prolongés, et plusieurs personnes assuraient avoir aperçu, à ce moment même, un étrange cavalier descendre bride-avalée la grande voie de Saint-Pardoux, jusqu'au pont de la Gardempe, puis tourner brusquement du côté de Berbéride et disparaître dans les rochers de la rive sauvage. On avait vu aussi plusieurs fois, dans les ténèbres, un fantôme blanc tantôt sous le donjon, tantôt sous le portail de la grande place. Une crainte superstitieuse glaçait tous les cœurs, et l'on faisait les suppositions les plus extraordinaires sur ces apparitions. Sire Hélie du Monteil remarqua maintes fois l'absence de sa fille Elvine précisément à cette heure funeste. Le malheureux père garda prudemment le secret sur de telles découvertes ; il n'osait même faire part de ses affligeants soupçons à la jeune damoiselle, tant il redoutait d'approfondir un affreux mystère.

« Gente Elvine, dit un jour le roi Richard à la jeune châtelaine, vous dédaignez Adelbert de Saint-Sornin, chevalier pourtant beau, bien fait, accompli en tout et preux comme Roland ; car j'ai été moi-même témoin de ses faits d'armes en Palestine. Eh bien, par saint Georges ! vous avez tort. Je voudrais pouvoir détruire le charme qui fascine votre esprit.

— Prince, répliqua la damoiselle, quand j'éprouverais le plus vif amour pour Adelbert, par générosité je refuserais sa main.

— Pourquoi ? demanda le monarque étonné.

— Parce que ce serait à la malheure pour lui, répondit-elle.

— Elvine ! reprit le prince sur un ton lent et grave, pauvre Elvine ! je sais votre secret...

— Quelle est votre pensée ? fit la châtelaine en tressaillant.

— Je sais votre secret, répéta Richard ; Elvine, brisez des liens que le ciel réprouve... Votre cœur, vous l'avez donné...

— A qui donc ? s'écria-t-elle avec trouble ; mais, non, taisez-vous !

— Par saint Georges ! continua-t-il, vous avez donné votre cœur à Satan, et j'ai joûté, au tour-

noi de Bellac, contre le roi du sombre empire...
S'il ne fallait qu'une lame pour vous délivrer de
votre infernal séducteur, la mienne serait à votre
service; mais, dans un péril de cette nature, c'est
à un homme de Dieu qu'il faut recourir.

— Richard me croit possédée du démon, et il
veut que j'épouse messire Adelbert! répliqua Elvine avec un calme aussi soudain qu'extraordinaire. Cette idée ne peut être d'un preux chrétien...

— Noble damoiselle, répondit le prince un peu
déconcerté, oui, je voudrais vous voir l'épouse
de messire Adelbert; car, après votre réconciliation avec le ciel, vous êtes dignes l'un de l'autre.

— Vous voulez que j'accepte sa main? demanda
la damoiselle avec une singulière expression.

— Je le désirerais pour votre commun bonheur,
répondit Richard avec hésitation; car il commençait à éprouver dans son âme un secret repentir
d'avoir précipité ainsi un engagement qui pouvait avoir les plus sinistres conséquences.

— Vos souhaits seront accomplis : prévenez
Adelbert de se tenir prêt pour les fiançailles.

— Amen! fit le monarque en cachant sous une
apparente satisfaction une indicible inquiétude.
Mais, Elvine, continua-t-il, ne manquez pas d'aller trouver Pierre de Veyrac et ouvrez-lui votre
âme.

— J'irai trouver Pierre de Veyrac, termina la jeune damoiselle.

Comment Elvine du Monteil alla trouver Pierre de Veyrac, et quel spécifique lui donna le docte clerc pour conjurer Satanas.

Pierre de Veyrac se renfermait, la plus grande partie de sa vie, dans une chambre retirée du monastère. Là, il se livrait avec ardeur à ses études archéologiques, ou bien composait d'excellents ouvrages sur les magiciens, les sylphes et les gnomes, en commençant par Béelzébuth, avec diverses formules d'exorcisme de la plus grande puissance.

Mais, ce qui travaillait surtout son vaste et infatigable génie, c'était l'origine de Château-Ponsac. Il fit les plus laborieuses recherches pour découvrir l'époque de la fondation de cette antique cité : il compulsa tous les vieux parchemins, tous les manuscrits, toutes les chroniques, il ne trouva que ténèbres. Alors il eut recours aux étymologies, moyens ingénieux de remonter à la cause par l'effet. Ainsi, un voyageur altéré trouvant par hasard, sur sa route, un modeste courant qui roule une onde trouble et vaseuse, s'éloigne de son chemin en dirigeant ses pas vers la source où il espère trouver une fontaine limpide : déception !... il tombe dans un bourbier.

« Château-Ponsac, osait avancer le docte clerc dans un savant chapitre, vient indubitablement de Pontius ou de Ponchus : dans la première hypothèse, cette ancienne ville tirerait son nom du célèbre Pontius, fils de Priam et grand-père de Romulus, lequel, après la ruine de Troie, serait venu s'établir sur les bords de la Gardempe ; de ce temps fut bâti également Paris, par un fils du prince Pâris. Dans la seconde supposition, après le déluge, lorsque les hommes se dispersèrent dans les différentes parties du monde, un fils de Chus aurait suivi Gomer dans les Gaules, et bâti la ville de Châteauponsac. Pons est un vieux mot, du primitif chaldéen, qui veut dire fils : Château-pons-Chus se traduirait : château du fils de Chus. Plus tard, le nom de cette ville ayant pris une terminaison féminine, s'appela châteauponcha, et enfin, par contraction, Châteauponsac. Donc les habitants de cette cité descendraient des Chussites. » Cette dernière opinion serait la plus vraisemblable.

Pierre de Veyrac fut tout à coup tiré de ses savantes méditations par un léger coup frappé à la porte de l'appartement. Il va ouvrir et se trouve en présence de la belle Elvine du Monteil.

« Quel motif me procure l'avantage de votre

visite, mon enfant? demanda-t-il benoîtement.

— Mon père, répondit la naïve damoiselle, je viens consulter vos lumières sur les choses extraordinaires qui m'entourent, et demander vos pieux avis.

— Oui, pauvre infortunée, reprit le moine avec une sainte compassion, je sais votre histoire. Que voulez-vous, Dieu permet souvent que le tentateur exerce une maligne influence sur notre vie terrestre; ce sont des épreuves. Faites des œuvres pies et mettez-vous sous l'aile de Notre-Dame-de-Compassion. Plusieurs miracles, vous le savez, mon enfant, ont signalé la puissante vertu de notre divine patronne. Vous n'ignorez pas le prodige arrivé naguère à Déols, et comment fut puni le soldat sacrilége qui osa blasphémer devant l'image de la Sainte Vierge et briser le bras du petit Enfant-Jésus? Le marbre, à l'endroit fracturé, se teignit de sang, à la grande stupéfaction des spectateurs, et l'impie, saisi tout à coup d'une rage frénétique, mourut comme un possédé. En mémoire de cet évènement, Henri-le-Vieux, le père de votre hôte royal, fonda en Angleterre la chapelle de Notre-Dame-de-Réduit, et nous autres, nous avons établi, dans notre bonne ville, ces pieuses processions qui attirent tant de fidèles. Noble damoiselle, ayez donc recours à cette excellente protectrice, et, comme dit le Prophète

Roi : *Super aspidem et basiliscum ambulabis, et conculcabis leonem et draconem.*

Puis, *calamo currente*, il rédigea, sur un morceau de parchemin, une oraison d'une efficacité non douteuse, et, la donnant à Elvine du Monteil : « Faites cette prière avec ferveur et componction dans l'église de Saint-Thyrse, » dit-il.

La jeune damoiselle le remercia et mit dans ses belles Heures de moire le précieux spécifique. Alors elle se leva, salua respectueusement Pierre de Veyrac, et se retira.

En regagnant son manoir, elle se disait bien bas à elle-même : « Mon Dieu! puissent-ils tous se tromper et ma conviction n'être pas une erreur! car la blessure de mon cœur est bien profonde et m'aveugle peut-être sur mon mystérieux amant!... Enfin, si c'est un gnome, j'ai le pieux talisman pour briser le charme. Notre-Dame-de-Compassion, ayez pitié de moi! Arrachez de mon âme ce fatal amour, s'il est coupable, et consolez-moi!... »

Comment se firent les fiançailles de la belle Elvine du Monteil avec messire Adelbert de Saint-Sornin, et comment Bertrand de Born chanta pendant le festin, et fit venir le diable sans s'en douter.

Messire Hélie du Monteil, ainsi que le beau chevalier de Saint-Sornin, étaient au comble de leurs vœux. Les amis et les vassaux des deux nobles seigneurs étaient également dans la plus grande joie : Adelbert avait enfin fléchi le cœur de l'insensible Elvine, et l'on venait de célébrer les fiançailles dans l'église de Saint-Thyrse.

Le châtelain fit, pour cette fête, tous les apprêts d'une noce, et fit dresser, dans la grande salle de son manoir, une infinité de tables auxquelles vinrent s'asseoir plus de cinq cents convives. L'abondance et la délicatesse des mets, la quantité et la qualité des vins et des liqueurs, l'ordre et l'exactitude des services excitèrent l'admiration des nombreux invités, et le roi Richard jura, par saint Georges ! qu'on n'était pas mieux traité dans le plus riche des monastères, même à l'abbaye de Grandmont.

Le fidèle Blondel, qui ne quittait jamais son maître, égaya les intermèdes en chantant, avec accompagnement de sa harpe, tantôt couplets tendres et galants, tantôt les hauts faits de son preux monarque en Palestine. Richard aussi voulut faire entendre sa voix, et récita, en psalmodiant moult doucement en fausset, un lai charmant composé la veille par lui, ou plutôt par son ménestrel, en l'honneur de la fiancée.

J'ignore si le Plantagenet était aussi habile chantre que redoutable paladin ; quoi qu'il en soit, il fut applaudi par tous les auditeurs, moins

Bertrand de Born, qui était aussi du festin, et qui se pinça les lèvres pour ne pas rire. Le prince, qui le remarqua, devina sa maligne pensée ; mais il eut le bon esprit de le bien prendre,

« Messire Bertrand, dit-il sur un ton plaisant, je crois que, malgré tous mes efforts, il me serait difficile de remporter le moindre prix dans ce bel art des trouvères ; mais tous ne marient pas, comme vous, la lyre avec l'épée. Par grâce, guerrier-troubadour, veuillez donc faire oublier, par vos mâles accents, les écarts et la présomption momentanée du plus triste des chanteurs.

— Preux roi, repartit sire Bertrand, Dieu me garde de critiquer vos talents dans la gaie science ; mais, par mon âme ! je pense que tous conviendront, avec moi, que vous êtes bien plus redoutable en champ-clos ou sur un champ de bataille que vous ne le seriez aux concours de chants et de poésie.

— Merci, chevalier-ménestrel, fit le roi en souriant ; vous ressemblez à l'habile médecin qui, pour faire prendre à un malade indocile un remède amer mais salutaire, sait y mêler un peu d'hydromel pour corriger le déboire. Trêve pourtant à tout discours, et nous réclamons en ce moment votre lai le plus nouveau.

— Mon lai le plus nouveau ne conviendrait guère, je crois, dans la circonstance ; car il a pour sujet l'être imaginaire qui effraie ces contrées. Je ne puis chanter céans le lai du sorcier.

— Vos couplets auraient-ils, par hasard, le pouvoir d'évoquer Satanas? demanda le monarque en souriant. Mais qu'importe? N'avons-nous pas avec nous père Gérald et Pierre de Veyrac, tous les deux experts dans les exorcismes? Au reste, j'ai certains comptes à régler avec messire Lutin, et, si vous le faites paraître, vous me rendrez service. Chantez donc, charmant ménestrel.

— Ne tentons pas Dieu, murmura à demi-voix le révérend Gérald.

— Mes vers n'ont aucune vertu cabalistique, représenta Bertrand de Born; seulement, ils sont un peu lugubres pour un jour de fête. Mais si absolument on les désire, je les chanterai.

— Chantez le lai du sorcier! » s'écrièrent tous les courtisans convives.

Bertrand de Born pria Blondel de lui passer sa harpe. Il joua pour préluder un morceau mélancolique et sombre; puis, passant à un autre air non moins sombre, il le suivit avec sa voix, en chantant le lai du sorcier :

>Le vent rugit, la plage crie,
>Et, des éléments en furie,
>Commence l'orageux combat.
>Le sorcier, sous la roche noire,
>Évoque, sur l'affreux grimoire,
>   Les puissances du sabbat.

Trois fois, de sa grotte invisible,
Sa voix menaçante et terrible
A dominé le bruit des flots ;
Et, dans la ténébreuse enceinte,
Trois fois une lugubre plainte
　　A tourmenté les échos.

La Sème se gonfle avec rage,
Bat les flancs du sombre rivage ;
Au loin gronde le noir torrent,
Et, dans sa course impétueuse,
Du haut de la roche brumeuse,
　　S'élance dans le courant.

Les bouleaux du ravin frissonnent,
Et de rouges lueurs sillonnent
Le sein de l'infernale nuit ;
Dans les entrailles de la terre,
Comme un roulement de tonnerre,
　　Une sourde voix mugit.

Puis d'épouvantables mystères :
Des feux glissent sur les bruyères,
Des rires courent dans les bois.
Les antres des rochers gémissent ;
Des milliers de démons surgissent
　　Avec une étrange voix.

Puis, sur la rive, un sceptre traîne
Les anneaux d'une longue chaîne
Avec un horrible fracas ;
Puis, dans la pente rocailleuse,
Grandit la forme vaporeuse
　　De fantômes aux cent bras.

> Sur l'onde hurle un noir génie,
> Puis une lointaine harmoine
> Semble s'élever des enfers ;
> Puis une troupe satanique
> Forme une ronde fantastique,
> Tourne au milieu des éclairs !

Bertrand de Born avait à peine terminé, qu'on vit entrer dans la salle un troubadour à la longue barbe noire, au costume bariolé de cent couleurs, et portant derrière lui une rote suspendue à une courroie.

« Illustres et puissants seigneurs, dit le personnage en saluant avec une exquise politesse, j'arrive de Toulouse. Ménestrel ambulant, je vais de castel en castel, chantant dames et chevaliers. En cheminant, j'ai appris qu'il y avait réjouissances et ménestrandies dans la ville de Châteauponsac, à l'occasion des fiançailles de gente et noble damoiselle avec chevalier de haut lignage, et je suis venu.

— Et sois le bienvenu ! fit Richard. Commence donc sur-le-champ par nous faire entendre ta belle voix pour que nous appréciions ton savoir. »

Elvine, en levant les yeux, avait rencontré le regard étincelant de l'étranger. Émue soudain, elle se hâta de cacher son trouble. Le vieux Gérald se signa.

« Tu viens de Toulouse, jongleur ? demanda le

docte clerc Pierre de Veyrac. L'hérésie de Valdo fait de grands progrès dans ce damné pays?... Si, peut-être, tu étais un de ces excommuniés?... un Vaudois qui se sauve de cette contrée pour échapper à la sainte inquisition?...

— Mon père, répliqua l'étranger, je crois à toutes les vérités du Symbole.

— Tu n'admets donc pas les divinités Osmus et Arimane, reprit le religieux, comme jadis le païen Zoroastre, plus tard l'hétérodoxe Manès, et aujourd'hui Valdo?

— Je chante Dieu, les dames et les preux chevaliers, dit le ménestrel, et je dis mon *Credo*.

— Pour découvrir un Vaudois, fit le moine défiant, on demande d'habitude au suspect l'Oraison dominicale et la Salutation angélique; saintes prières que ces damnés redoutent comme le diable l'eau bénite, ajouta-t-il gravement. Récite-nous un *Pater* et un *Ave*. »

Le troubadour, forcé d'obéir, récita les patenôtres : l'examen fut jugé passable par la majorité des clercs présents.

Aussitôt après l'épreuve, seigneurs et dames réclamèrent à l'envi, du docte voyageur, rondeaux, romances et virelais. Alors le ménestrel, tournant sa rote devant lui, donna à la manivelle de l'instrument un mouvement mesuré avec sa main droite, tandis que les doigts de la main gauche alternaient les sons sur les touches d'ivoire. Il joua moult doucement un air tendre qu'il accompagna de la voix en chantant ce virelai :

    Sous les créneaux d'un beau domaine
    Ainsi chantait un pauvre amant :
    « Pourquoi, perfide châtelaine,
    Trahis-tu la foi du serment?
    Et j'aime encore l'inhumaine
    Qui cause mes cruels tourments !

    Pourquoi, perfide châtelaine,
    Trahis-tu la foi du serment?
    Tu me juras, sous le vieux chêne,
    Fidèle amour ; et ton cœur ment.
    Et j'aime encore l'inhumaine
    Qui cause mes cruels tourments !

    Tu me juras, sous le vieux chêne,
    Fidèle amour... et ton cœur ment.
    Tu brises sans pitié la chaîne
    De nos plus tendres sentiments ;
    Et j'aime encore l'inhumaine
    Qui cause mes cruels tourments !

    Tu brises sans pitié la chaîne
    De nos plus tendres sentiments.
    Si des beautés tu vas la reine,
    Ton cœur est dur comme l'aimant.
    Et j'aime encore l'inhumaine
    Qui cause mon cruel tourment !

    Si des beautés tu vas la reine,
    Ton cœur est dur comme l'aimant.

Puisse bientôt ma tendre peine
Dormir sous le froid monument !
Faut-il tant aimer l'inhumaine
Qui cause mon cruel tourment?... »

Ce tendre virelai fit le plus grand plaisir, et tous se regardèrent avec des yeux étonnés et approbatifs. « Les chantres de Toulouse ont une réputation méritée, » dirent Blondel et Bertrand de Born.

Cependant les nombreux flacons d'hypocras qui furent aussitôt servis sur les tables des convives, attirèrent l'attention générale et firent oublier momentanément le ménestrel. Richard seul, rêveur et silencieux à sa place, tantôt considérait attentivement l'étrange personnage, tantôt portait la main à la tête comme pour chercher un souvenir. Soudain il ne l'aperçoit plus. « Où est-il ? demande le prince stupéfait... j'aurais dû m'en douter. »

Les invités s'aperçurent alors de la disparition de l'habile troubadour. « C'est fâcheux que ce ménestrel nous ait quittés ainsi, fit Bertrand de Born contrarié ; car j'aurais bien voulu l'entendre encore une fois.

— Savez-vous, interrompit Cœur-de-Lion, qu'il est, comme vous, preux vaillant et bon troubadour?

— Vous le connaissez? demanda Bertrand.

— Si je le connais!... J'ai brisé plusieurs lances en champ-clos avec lui.

— Où donc?

— Au château de Bellac.

— Quoi! ce ménestrel serait...

— Rien autre que le pèlerin de Rocamadour, continua le roi. Par saint Georges! vos chants ont appelé Satanas!...

— Satanas! » clamèrent avec effroi tous les invités.

Les gaies et bruyantes conversations tombèrent tout à coup. Tous les convives devinrent sérieux, et bientôt l'on se retira.

Comment sire Adelbert de St-Sornin fut occis par le diable.

Quelques jours après la cérémonie des fiançailles, Richard Cœur-de-Lion partit de Châteauponsac. En vain messire Hélie du Monteil et sa fille, ainsi que le chevalier de Saint-Sornin, firent mille instances pour qu'il prolongeât son séjour au moins jusqu'aux épousailles; le prince fut inébranlable dans sa détermination, car il avait besoin de faire une tournée dans l'Aquitaine, pour visiter ses places fortes et les prémunir contre les tentatives hostiles de son ambitieux suzerain le roi de France. Voyant néanmoins combien son départ chagrinait ses hôtes généreux, il jura, par saint Georges et par saint Étienne-de-Muret, que, si les évènements n'y mettaient pas obstacle, il se rendrait au mariage d'Elvine et d'Adelbert, lequel, à cause des Avents, fut retardé jusqu'après les fêtes de Noël. Puis il prit, avec une faible escorte, la grande route de Limoges par St-Pardoux et Compreignac.

Cependant l'on s'occupait déjà des apprêts de la noce. Hélie du Monteil fit des dépenses extraordinaires ; car le riche châtelain, qui avait de hautes prétentions, voulait donner une haute idée de son opulente maison aux illustres invités qu'il attendait. Hélas ! le diable en avait décidé autrement.

Sire Adelbert de Saint-Sornin était ivre de bonheur. Ses assiduités ne cessaient pas auprès de sa belle fiancée ; la proximité de ses domaines facilitait, on ne peut mieux, ses amoureuses visites. Aussi se trouvait-il journellement à Châteauponsac. Le chevalier avait pris la mauvaise habitude de ne se retirer qu'après le coucher du soleil du manoir de la belle Elvine. Sire du Monteil et la jeune damoiselle représentaient souvent à l'imprudent seigneur les dangers auxquels il s'exposait à chevaucher ainsi la nuit, dans un tel pays, et surtout dans les temps de l'Avent : vingt fois ils l'engagèrent à rester et à attendre au lendemain pour regagner son castel. A toutes leurs remontrances, il ne répondait que ces mots : « Chevalier vaillant, avec bonne lame et bon destrier, voyage à toute heure sans crainte. » Puis il baisait la main de la belle Elvine, et disait : « Au revoir ! »

Un jour, on ne le vit plus. Jamais le lever du soleil n'avait précédé son retour chez sa chère fiancée ; l'astre avait achevé plus de la moitié de sa course, et le guichetier du portail de la ville n'avait pas aperçu, derrière la herse, un seul cavalier. Justement inquiet, sire du Monteil se préparait à envoyer un exprès à Saint-Sornin, pour s'informer des nouvelles du seigneur Aldebert, lorsque, du seuil de son manoir, il aperçut soudain des gens qui déposaient, sous les arbres de la grande place, un brancard sur lequel gisait un cadavre. « O ciel ! » s'écria le châtelain frappé comme d'un coup de foudre. Il accourt pâle et agité vers le funèbre lieu. Elvine suit son père, non moins troublée que lui. Affreux spectacle !... Ils voient un corps horriblement pourfendu, et, malgré la hideuse blessure, ils reconnaissent Adelbert de Saint-Sornin.

« Hélas ! fit la damoiselle du Monteil, j'ai pressenti ce malheur... Je vous l'avais dit, mon père ! J'avais prévenu aussi le roi Richard... Malgré tout, vous avez persisté dans un fatal projet ; j'ai cédé, et voilà la victime !...

— Seigneur Dieu! » exclama en soupirant le châtelain.

Puis, après un moment d'un triste silence : « Où avez-vous trouvé ce noble gentilhomme si cruellement occis? » demanda-t-il à ceux qui avaient apporté le cadavre.

— Messire et maître, répondirent-ils, nous l'avons trouvé non loin du Trou des Fées, en conduisant nos troupeaux sur les bords de la Sème. »

La curiosité ne tarda pas d'attirer une foule nombreuse sur le lugubre lieu.

Lorsque le bruit du sinistre évènement parvint au couvent des moines, le savant Pierre de Veyrac rédigeait alors, dans le cabinet des archives, une suite curieuse d'axiômes théologiques, de propositions négatives de la puissance de Dieu dans certaines choses. « Ainsi, écrivait-il en beaux caractères rouges, sur une grande feuille de parchemin, Dieu ne peut faire un bâton sans deux bouts; Dieu ne peut faire un cercle carré; Dieu ne peut faire un cube sphérique, » etc. Il interrompit son important travail pour se rendre à l'endroit du funèbre spectacle. Déjà il est sur la place; déjà la multitude, respectueuse, se range pour laisser passer le docte et saint personnage. Il arrive, il voit les restes mutilés du malheureux Adelbert; il fit un mouvement d'horreur!... Après examen et réflexion : « C'est le diable qui l'a occis! » s'écria-t-il avec un accent de vérité. Et il se retira sombre et pensif.

Ces paroles firent une grande impression, et le peuple se retira à son tour, saisi d'une crainte superstitieuse.

— Sire Hélie du Monteil versa des larmes sur la triste fin d'un chevalier qui avait tant de renom en bravoure et en loyauté. Il fit transporter ses dépouilles à Saint-Sornin, pour qu'on lui fît des funérailles convenables à son rang. On ignore s'il fut enseveli en terre sainte.

Cependant, sur le soir, l'abbé de Veyrac vint au manoir de sire du Monteil. Il rencontra le pauvre gentilhomme et sa fille, tous deux seuls! Ils étaient tristes à faire pitié. « Infortuné père! Malheureuse damoiselle! » dit-il en entrant. Il s'assit en prenant une grande part à leur morne affliction.

« Hélas! saint religieux, s'écria le châtelain, quel remède à nos maux?... Un génie malfaisant plane sur notre maison!

— En effet, messire, affirma l'abbé avec conviction : le malin n'a pas renoncé à sa proie. Noble Elvine, avez-vous fait la dévotion que je vous avais prescrite?

— J'ai fait la dévotion que vous m'avez prescrite, répondit la damoiselle.

— C'est singulier, fit le religieux; cependant

j'aurais répondu de son efficacité !... Enfin, ajouta-t-il, employons tous les moyens pour vous arracher à Satan, qui convoite votre âme. Rendez-vous ce soir dans la chapelle de Saint-Thyrse. Le vénérable Gérald y sera pour recevoir l'aveu de vos fautes au tribunal de la pénitence.

— Ce soir, je me rendrai dans l'église de Saint-Thyrse, murmura la docile jeune fille.

Le docte clerc resta quelques instants encore avec le seigneur et la damoiselle du Monteil, cherchant à soulager leur douleur par les paroles les plus consolantes ; puis il les quitta et retourna au monastère.

Comment le diable tint bon contre Gérald et Veyrac.

Elvine du Monteil, conformément aux charitables avis de l'abbé de Veyrac, sortit pour se rendre dans l'église de Saint-Thyrse. Il était déjà tard : une nuit sans étoiles étendait sur Châteauponsac son crêpe ténébreux ; rien ne troublait le silence des rues que les gémissements de la bise et le cri aigu de la girouette qui tournait sur le toit féodal. Toute autre que la jeune damoiselle n'aurait osé franchir, par un temps si obscur, la courte distance qui la séparait de la fameuse chapelle; mais elle avait fini par s'habituer aux choses étranges et extraordinaires. Elle arrive sous l'ogive, ouvre la porte du temple et entre en se signant. La lueur incertaine d'une lampe suspendue à la voûte éclairait seule la religieuse enceinte. Elle aperçut, au milieu de la nef, un vieillard prosterné sur la dalle, et qui priait avec le plus profond recueillement. A le voir ainsi, on eût dit qu'une pieuse figure se fût détachée des vitraux coloriés, ou qu'un saint fût descendu de son piédestal pour venir s'agenouiller devant l'autel. « C'est sans doute le vénérable Gérald, » se dit-elle. Elle s'approche; le bruit de ses pas ne parut point le tirer de son état extatique. Lorsqu'elle fut près de lui : « Mon père, dit-elle, venez réconcilier avec Dieu une humble pécheresse. » Et elle se dirigea vers la discrète grille, témoin des aveux et du repentir de la conscience. Le prêtre la suivit et se renferma dans la boiserie.

« Il faut que je sois bien coupable, commença-t-elle, puisque le ciel m'afflige par tant de peines !

— Oui, vous êtes coupable, interrompit l'étrange confesseur. La femme parjure... celle qui trahit son serment, est coupable, bien coupable, ô Elvine !

— Qui es-tu ? » fit la jeune damoiselle émue et transie.

— Cependant le véritable Gérald vient de rentrer dans l'église. Il aperçoit une pénitente agenouillée au confessionnal ; il a deviné sans peine Elvine du Monteil, dont lui a parlé l'abbé de Veyrac. Il fait une courte prière et se dispose à la hâte, pour aller recevoir l'aveu des fautes de l'illustre repentante. Il ouvre le confessionnal... Ciel!... un géant... un spectre se dresse devant lui : « *Vade retrò !* » balbutie-t-il en se signant. Et, sans attendre l'effet de l'exorcisme, il gagne la porte de l'église ; la peur a donné au vieillard l'ancienne agilité de sa jeunesse. Il arrive tout essoufflé au monastère, et se rend, tout en surplis, dans la chambre de Pierre de Veyrac, alors occupé à son ouvrage sur les sylphes et sur les gnomes : « Béelzébuth est dans l'église ! » s'écrie-t-il *ex abrupto*.

— Qu'avez-vous dit, mon révérend supérieur ? demanda le savant tout stupéfait et en se levant soudain.

— Satanas est à Saint-Thyrse ! » reprend le vieil abbé, qui ne peut se remettre de son épouvante. Et il raconte ce qu'il a vu.

« C'est une illusion, mon père, dit Pierre de Veyrac après une longue réflexion ; vous avez été le jouet de votre imagination : l'esprit des ténèbres ne va jamais dans les lieux saints ; Dieu ne le souffrirait pas.

— Allez donc vous-même, vous verrez, » fit Gérald avec une comique impatience.

Veyrac se mit encore à méditer sur une telle aventure. Après un moment de silence : « Venez avec moi, dit-il enfin et avec assurance; vous verrez votre erreur. Au reste, une crainte puérile ne doit pas vous faire oublier que vous avez aujourd'hui à confesser et à absoudre une malheureuse pécheresse.

Gérald, dominé par une espèce d'ascendant qu'avait sur lui ce religieux, quoique son inférieur, le suivit et revint avec lui dans l'église de Saint-Thyrse.

Mais ni l'un ni l'autre n'aperçurent ni Béelzébuth, ni Elvine du Monteil, ce qui confirma Pierre de Veyrac dans l'idée que son digne supérieur avait été dupe d'une apparence trompeuse : « Vous voyez, mon père, représenta-t-il au vieil abbé, vous voyez que le malin ne vient jamais dans les lieux dédiés au Seigneur. Ne redoute-t-il pas, du reste, les saintes images, les pieuses reliques et l'eau bénite autant que nous, chrétiens, nous redoutons les flammes de l'enfer? Mais je songe à la victime que le démon a définitivement conquise... c'en est fait de son salut... il n'y a plus de doute!... Comment ferons-nous pour délivrer notre bonne ville de cette possédée?

— Garde-toi de toucher à un seul de ses cheveux ! » fit tout à coup une voix souterraine qui retentit sous les dalles de la chapelle. »

Veyrac fit un soubresaut qui fut parfaitement imité par Gérald. La peur ressaisit le vieux religieux, et son compagnon ne parut guère mieux rassuré.

« Sortons! dit alors celui-ci avec un aplomb douteux. C'est parce que la présence de l'énergumène a souillé ce sanctuaire qu'il est devenu l'asile des démons. Demain nous ferons les exorcismes et la purification.

Comment le roi Richard, de retour à Châteauponsac, fit une visite à Pierre de Veyrac, et comment il se trouva au combat des sept péchés capitaux et des sept vertus adverses, mystère édifiant et plein d'intérêt, composé par le docte clerc.

Le roi Richard, fidèle à sa parole, revint à Châteauponsac un peu avant les fêtes de Noël. Mais le bon sire fut bien loin d'y rencontrer noces, festins et réjouissances ; il n'y trouva, au contraire, que larmes et deuil. Il apprit la mort récente et extraordinaire du chevalier Adelbert de Saint-Sornin, et l'étonnante réclusion de damoiselle Elvine du Monteil, gardée avec la plus scrupuleuse surveillance dans la tour du Portail. L'infortunée attendait le fatal bûcher ; car elle était à la veille d'être livrée aux flammes comme sorcière et démoniaque. Il fut vivement touché de ces évènements. Le désespoir du malheureux sire Hélie du Monteil et le malheur de sa pauvre fille lui déchiraient l'âme ; mais il ne savait comment porter remède à tant de calamités. Le monastère, conduit et dirigé par l'abbé de Veyrac, menaçait d'excommunication tous ceux qu'une compassion impie intéresserait au sort de la prostituée des gnomes, et le peuple, au comble de l'exaspération, courait les rues en criant qu'il fallait brûler la possédée du démon, la cause de tant de maux.

Cœur-de-Lion était bien décidé, quoi qu'il pût arriver, à s'opposer au supplice de l'innocente victime. Cependant, autant qu'il serait possible, il voulait agir sans brusquer l'abbaye et sans heurter le fanatisme de la multitude superstitieuse. Il eut donc l'idée d'avoir un entretien secret avec le chef et le moteur de cette extravagante sédition ; il alla donc au couvent pour parler à Pierre de Veyrac.

Le docte clerc, dès qu'il aperçut l'illustre monarque, se leva et vint tout radieux au-devant de lui : « Vous arrivez céans à la bonne heure pour moi, charmant sire, commença-t-il en faisant maints gestes polis et courtois ; et je vais vous lire un beau mystère que je viens de parachever, et que vous verrez jouer le jour de la Noël, après

Vêpres. Le sujet est ingénieux et de bon goût, continua-t-il en déroulant un immense parchemin : c'est le combat des sept péchés capitaux et des sept vertus adverses, irréconciliables ennemies de ces vices de Satan. »

Et, sans attendre l'assentiment de son royal auditeur, il se mit à déclamer avec verve quatorze plaidoyers en forme de dialogue.

Le preux monarque, au passe-temps que lui donnait le moine érudit, aurait bien préféré un duel à outrance avec le célèbre paladin ou le traître archiduc d'Autriche. Il fallut pourtant se résigner; car un manque de complaisance, dans une telle circonstance, aurait pu nuire au but de sa visite. Pendant l'interminable lecture, il fit cent compliments et bâilla deux cent fois.

L'épreuve, néanmoins, ne fut pas finie; car l'abbé, encouragé par les éloges du prince, voulut lui donner également quelque idée de l'effet théâtral de la pièce, et fit immédiatement entrer dans l'appartement quatorze religieux parfaitement dressés, qui jouèrent le mystère et remplirent chacun leur rôle, à la grande satisfaction de l'auguste et patient spectateur. Après maintes injures vertes et énergiques échangées entre les sept vices et les sept vertus, la scène se termina par une lutte et horions fatals aux péchés capitaux ; car ils furent tous terrassés, moins Madame la

Gourmandise, cependant, qui était un moine d'une grande vigueur, et qui ne voulait pas céder la victoire à Madame la Sobriété ; mais l'abbé de Veyrac lui rappela aussitôt son rôle, et il se résigna à se laisser battre ; puis les acteurs se retirèrent.

Après avoir admiré le chef-d'œuvre de Pierre de Veyrac et élevé jusqu'aux nues son vaste génie et ses immenses connaissances, Richard parla enfin de la damoiselle du Monteil.

« Ah ! cher sire, fit le clerc avec abattement, quelle affliction pour notre dévote cité ! Il n'y a plus de remède pour la malheureuse damnée ! Nous avons épuisé tous les exorcismes ; la branche de l'arbre est morte : il faut la couper et la jeter au feu.

— Saint religieux, représenta le roi fort embarrassé, cet arrêt ne serait-il peut-être pas trop précipité ? Pourquoi ne pas accorder à la coupable le temps nécessaire à la repentance ? Pourquoi ne pas remettre le supplice après les fêtes de Noël ?

— Vaillant souverain, répliqua Veyrac, vous connaissez admirablement l'art de la guerre et la science du gouvernement ; mais vous n'êtes pas, comme nous autres clercs, versé dans les choses qui regardent la religion. Si j'acquiesçais à votre avis, qui pourrait me répondre que, malgré la surveillance des gardiens, la possédée ne profiterait pas du délai pour s'échapper, soit en fumée, soit en gnomide ou en sylphide?

— Puisqu'il en est ainsi, reprit le prudent Plantagenet, je me rends à votre expérience. Cependant, non pas que je veuille abuser de ma suzeraineté ni empiéter sur les priviléges des prêtres du Seigneur, mais uniquement pour rassurer ma conscience, j'en appelle au jugement de Dieu pour la damoiselle du Monteil, et je désire qu'un duel prouve sa coulpe. Or donc, que le bûcher soit élevé au milieu de la grande place, et, en face, un échafaud où sera placée la condamnée. Vous, pieux religieux, qui avez montré, dans plus d'une expédition contre les Cottereaux, et même dans les tournois, que vous maniiez aussi bien l'épée que la plume, et qui êtes plus sûr que personne du commerce cabalistique de la supposée démoniaque, vous serez le champion qui attendrez, armé de pied en cap, celui qu'appellera trois fois le son du cor pour soutenir la cause d'Elvine du Monteil. S'il se présente quelque homme d'armes, l'issue du combat à outrance prouvera pour ou contre ; si, au contraire, personne ne paraît pour prendre la défense de la châtelaine, Dieu a jugé, et l'énergumène est livrée aux flammes. »

L'abbé médita quelque temps : « Rien ne s'oppose en cela à votre volonté, dit-il enfin, quoique cependant le crime de la possédée soit assez évident pour ne pas avoir besoin de recourir aux épreuves judiciaires. Preux sire, nous combattrons pour Dieu et la vérité.

— Je vous remercie de votre condescendance pour détruire les scrupules de mon âme timorée, » termina le roi.

Et, là-dessus, il salua amicalement Pierre de Veyrac et sortit du monastère, ne sachant trop quel résultat attendre de ce qu'il venait d'obtenir. « Peut-être que quelque généreux paladin viendra au secours de la pauvre châtelaine, murmura-t-il en s'éloignant. Au lieu de présider cette cruelle cérémonie, puissé-je accepter la cause de l'innocente victime, et faire sentir le tranchant de mon estramaçon à ce traître de Veyrac ! »

Cependant il fit crier pendant deux jours, à grand son de trompe, dans toute la ville et hors des murs, que si chevalier ou homme d'armes désirait prouver avec l'épée l'innocence de damoiselle Elvine du Monteil, condamnée au feu comme sorcière, il devait se rendre, la veille de Noël, sur la grande place de Châteauponsac, pour combattre messire Pierre de Veyrac.

Comment Dieu jugea.

Enfin arriva le jour fatal. Une multitude de peuple se pressait devant l'église de St-Thyrse. Un lugubre bûcher était dressé au milieu de la place, et, en face du sinistre appareil, s'élevait un échafaud où était exposée une pâle victime. Pauvre Elvine!..... Elle tenait ses yeux baissés pour ne pas voir les apprêts de son ignoble supplice.

Un noble prince à cheval sur un beau coursier, et entouré de ses brillants archers, consolait un vieillard en habit de deuil, monté sur un destrier caparaçonné de noir : c'était Richard et Hélie du Monteil... Le malheureux père pleurait à chaudes larmes.

Le révérend Gérald et tous les religieux de l'abbaye étaient rangés sur des siéges autour du lieu funèbre, tandis que Pierre de Veyrac, qui avait remplacé, pour la circonstance, l'habit monacal par la cotte d'armes et le corselet, attendait fièrement, sur un beau cheval de bataille, quiconque oserait venir lui soutenir en duel qu'Elvine du Monteil n'est pas une sorcière, une gnomide, une possédée du démon.

La nature semblait s'harmoniser avec la tristesse du drame qui allait avoir lieu. Le temps était calme, mais sombre et froid ; l'air glacé agitait à peine les cîmes dépouillées des arbres, et le ciel n'avait pas un seul point d'azur ; le soleil, mat par la couche nébuleuse de l'atmosphère, était sans rayons et ressemblait à un disque d'argent.

Cependant l'astre avait déjà passé le méridien ; le héraut avait déjà fait entendre deux fois les sons bruyants et cuivrés du cor : nul champion ne s'est présenté pour l'infortunée Elvine. Enfin le dernier son de grêle retentit et expire comme un cri de détresse, comme un glas de mort. Le bourreau tend son affreuse main à la tremblante Elvine pour la conduire au supplice ; la torche est prête et attend la victime pour embraser le bûcher.

« Par saint Georges ! grommela Richard tout hors de lui, puisque personne ne vient à l'aide de la pauvre damoiselle, je me déclare son défenseur. »

Il va pousser son coursier sur Veyrac, lorsque tout à coup des éclats de trompe font trembler les vitraux de plomb de la ville gothique.

« Suspendez l'exécution ! s'écrie aussitôt le monarque ; voilà un champion. Allez baisser la herse du portail. »

On se hâta d'obéir aux ordres du prince, et bientôt l'on voit accourir, sur un fougueux destrier, le plus beau, le plus gracieux et le mieux fait des paladins. A son bras flottent écharpe bleue et tendre devise; sur le cimier de son casque doré ondoie gentiment une blanche aigrette. Il s'arrête un moment entre l'échafaud et le bûcher, et s'incline courtoisement devant la damoiselle du Monteil. « Enfin ! » murmura la jeune fille en répondant à son respectueux geste par un touchant sourire où se peint son amour et sa reconnaissance.

« Par saint Georges ! mon féal, chuchotta Richard à Blondel, qui se trouvait à sa gauche, voilà le pèlerin de Rocamadour, ou, autrement, haut et puissant suzerain du noir enfer, messire Béelzébuth.

— C'est mon sentiment, cher sire, répondit le malin trouvère; le combat va être curieux. Mais examinez Pierre de Veyrac; comme il a l'air penaud !...

— Il aurait bien fait d'apporter avec lui une bonne provision d'eau bénite, reprit le caustique monarque; car s'il n'a pour se défendre que ses armes temporelles... Ah!! fit-il soudain, tout ébahi à la vue d'un gigantesque bond qui a transporté le satanique cavalier en face du belliqueux Veyrac.

« Pourquoi viens-tu céans? » demanda alors celui-ci un peu décontenancé.

— Je viens céans, repartit l'étrange cavalier, pour prouver avec l'épée l'innocence de noble damoiselle Elvine du Monteil de Châteauponsac, vilainement calomniée et traitée de sorcière.

— Tu devrais avoir vergogne, reprit Veyrac, de prendre sous ta protection une possédée du démon, une gnomide !

— Tu en as menti par la gorge ! » répliqua l'autre.

Et le combat commença.

Pour préluder, l'infernal champion fit plusieurs moulinets qui donnèrent à penser à son adversaire, et le transirent quelque peu malgré sa foi. Hélas ! le pauvre abbé se rappelle trop tard qu'en déposant le froc monacal pour endosser son costume guerrier, il a oublié ses saintes amulettes. Il veut lancer des exorcismes ; mais, dans son trouble, il a perdu la mémoire. Le rusé Satanas a deviné sa fâcheuse position, et, se hâtant de profiter de son avantage, il fond sur lui en levant son lourd estramaçon, et porte sur son dévot ennemi un coup de taille qui eût excité l'envie de Godefroi de Bouillon, ce pourfendeur de géants. « Par saint Georges ! voilà un bon coup ! » s'écria Richard, excellent appréciateur, en voyant rouler sur le sol le malheureux Veyrac.

En effet, l'armet, le crâne et la mâchoire se trouvèrent symétriquement coupés en deux parties égales : on eût dit que l'arme terrible eût suivi, en frappant, la ligne verticale d'un fil à plomb. Le révérend Gérald et les moines viennent relever le cadavre horriblement mutilé de leur pauvre frère, et l'emportent à l'abbaye en poussant des gémissements et en psalmodiant le *De Profundis*. On lui fit de belles obsèques.

Ainsi fut occis par le diable Pierre de Veyrac, le plus savant des clercs de son temps. Il a composé un grand nombre d'ouvrages, entre autres un précieux livre sur les gnomes et les démons, avec les exorcismes. Presque tous ses manuscrits ont été détruits en 1588, dans un incendie, lorsque le seigneur de La Guierche s'empara d'assaut de la ville de Châteauponsac et livra aux flammes la célèbre abbaye. Ce fut peut-être encore une malice du diable, qui, n'ayant pu brûler son âme, car trop bonne la sienne était, aurait brûlé ses œuvres.

Cependant Richard-Cœur-de-Lion, abordant l'étrange vainqueur : « Messire, dit-il, vous avez sans doute terminé votre pèlerinage de Rocamadour, et je saurai votre nom ?

— Noble et preux roi, répondit l'autre, je vous attends, le lendemain de la Saint-Jean-de-Noël, au trou des Fées, et votre curiosité sera satisfaite.

— J'irai ! » promit le monarque, un peu étonné pourtant d'un si singulier rendez-vous.

Hélie du Monteil vint remercier le libérateur de sa fille. Le vieux gentilhomme trahissait malgré lui, dans sa parole et dans ses yeux, sa superstitieuse défiance. Le beau chevalier adressa un regard passionné à la belle Elvine, fit un salut plein de gracieuseté, et partit en faisant caracoler à ravir son superbe destrier.

« Par saint Georges ! fit Richard en l'examinant, les paladins du sombre empire sont d'excellents écuyers ! »

Lorsque l'étrange guerrier eut passé la grille du portail, on entendit tout à coup un rapide galop et la voix tranchante d'un cor qui fuyaient dans le chemin creux de Morterolles ; bientôt l'on ne distingua plus que la lointaine fanfare, qui diminua insensiblement et se perdit.

Cependant une grande désolation régnait dans la ville de Châteauponsac : « Comment ! s'écriaient les citoyens consternés, comment l'homme de Dieu a-t-il pu être occis si vilainement par le démon ? — Malheur ! malheur ! disaient avec une crainte naïve quelques vieillards. Sans doute nous sommes arrivés à la fin des années de grâce et aux jours de triomphe de l'antechrist.

Comment Elvine du Montoil se trouva au sabbat.

Elvine avait entendu la singulière invitation que son paladin avait faite à Richard : le trou des Fées est sans doute le redoutable séjour de son étrange amant. Elle attendait avec impatience l'expiration des fêtes de Noël pour connaître enfin, par l'intermédiaire du courageux monarque anglais, tant de mystères qui la troublaient. Elle comptait tous les moments ; les heures lui semblaient des jours. En même temps, une foule de pensées aussi sombres que bizarres travaillaient son imagination ; elle ressentait je ne sais quelles appréhensions qui la faisaient frémir : si celui avec lequel elle était engagée, par un serment irréfléchi, était réellement un démon?... Bien des fois elle avait entendu, devant l'âtre de la grande cheminée, la véridique légende de Robert-le-Diable, et elle ne pouvait se défendre de redouter le sort de Berthe la jolie.

Ne pouvant tenir aussi longtemps à de si cruelles incertitudes, elle se décide à une terrible résolution : la nuit de Noël elle veut aller elle-même et seule au trou des Fées. Qu'a-t-elle à craindre, au pis-aller ? N'est-elle pas sous la domination de cet être incompréhensible qu'elle va visiter?... Ne semble-t-il pas, d'ailleurs, la protéger et veiller sur elle?...

La jeune damoiselle connaissait toutes les issues secrètes de la citadelle qui servait de manoir à messire du Monteil. Quelque temps après le coucher du soleil, elle se munit donc d'une lanterne de corne qui ne jetait qu'un jour douteux, s'échappe furtivement dans une vaste chambre, et passe de là dans un sombre corridor. Elle arrive à la tour du sud, pousse un lourd vantail qui se referme avec bruit, et descend avec précaution d'étroits escaliers de pierre pratiqués dans l'épaisse muraille. Elle se trouve bientôt sous une voûte ténébreuse et humide; elle va à une porte de fer qu'elle ouvre, non sans peine, car la clef rouillée exigea les efforts de ses deux mains pour tourner dans la massive serrure; puis elle s'aventure dans un noir souterrain. Arrivée à l'issue, elle se trouve devant deux obscurs sentiers : elle laisse celui qui monte à droite et semble mener à l'église de Saint-Thyrse, et prend la ligne sinueuse qui oblique un peu à gauche et se continue, par une pente rapide, jusqu'à la Gardempe. Rendue sur les bords de la rivière, elle rebrousse et gravit le versant escarpé, comme si elle eût voulu regagner le donjon ; mais soudain elle change de direction ; elle ne suit plus aucun tracé et marche, au hasard, à travers les rochers et les précipices, faisant le tour de la ville, et laissant successivement, sur sa droite, le donjon, le faubourg Sous-le-Moutier, la porte de l'*Ave-Maria*; elle arrive déjà fatiguée à la chapelle isolée de Notre-Dame, située hors des murs, et qu'avait oubliée la rapacité des Brabançons. Elle se repose un moment, faisant sous l'ogive une courte prière à la divine protectrice, et se remet à cheminer du côté de La Jaunière. En quittant ce hameau, elle fait un circuit, et tombe dans un tracé assez large qui conduit à Chégurat et aux Tourettes, sur les bords de la Sème.

Mais, en traversant une sombre châtaigneraie, elle entend tout à coup des voix terribles, des jurements, d'horribles blasphêmes, et se voit brusquement entourée par une troupe d'hommes affreux, ou plutôt de démons. A la lueur de son fanal, ces sinistres figures lui apparaissent comme des ombres, des spectres hideux qui la glacent d'effroi.

La pauvre damoiselle se croit au sabbat.

Comment le Brabançon Mercaders passait son temps avec ses gars, dans son repaire à Saint-Léger-les-Montagnes, et quelle visite lui survint.

Ce fut Pétronille Rothilde, femme de Richard-

Cœur-de-Lion, qui attira en Limousin ces incendiaires si connus sous le nom de Brabançons. Cette princesse, dit la chronique, voulut se venger d'une injure qu'elle prétendait avoir reçue des habitants de Limoges; et, pendant l'absence de son auguste époux, qui, après la mort de Henri II son père, était allé se faire couronner roi d'Angleterre, elle livra cette malheureuse contrée à la fureur de ces brigands.

Après ce sanglant exploit, un grand nombre de ces aventuriers se retirèrent à Saint-Léger-les-Montagnes, qu'ils choisirent pour repaire. De là, leurs bandes dévastatrices se mirent à rayonner sur tous les points, pillant, rançonnant les campagnes, les villes, les châteaux et les monastères, dans le seul but de mener joyeuse vie.

Le fameux Mercaders était le digne chef de ces bandes farouches. Ses ravages et ses cruautés ne justifiaient que trop la terreur de son nom. La riche abbaye de Grandmont aurait bien fait quelques sacrifices pour éloigner un pareil voisin, et les bons religieux, malgré leurs épaisses murailles et la protection du roi Richard, ne dormaient pas toujours tranquilles et redoutaient l'avidité sacrilége de ces excommuniés.

Dans une nuit d'hiver de l'année 1194, il y avait fête et orgie au manoir bastionné de Mercaders. Autour d'un bon feu, les insouciants routiers ne s'inquiétaient pas plus de la rage de l'aquilon, qui soufflait le givre contre les vitraux, que de la croisade prêchée contre eux par l'évêque de Limoges et des innocentes expéditions des pacifères. Ils riaient, ils chantaient, ils jouaient, ils buvaient, hélas ! aux dépens des pauvres Augustins de Mortemart, les récentes victimes de leurs brigandages.

Un jeune archer, le choyé et le protégé du farouche capitaine, se tenait à l'écart de cette joie bruyante, et se chauffait, triste et rêveur, dans un coin du large foyer. La délicatesse et la régularité de ses traits contrastaient singulièrement avec l'air rebarbatif de ses autres compagnons.

« Jehan, lui dit Mercaders contrarié, par Satanas ! mon gars, tu ne saurais croire la peine que tu me fais lorsque je te vois avec cette mine, qui ressemble à celle d'un moine forcé de jeûner tout un carême... Si encore je savais le secret de ton mal de cœur... par la barbe du diable ! je ferais tout mon possible pour y porter remède. »

Jehan, levant un regard mélancolique vers le chef brabançon, balbutia d'insignifiantes excuses et rentra dans son silence obstiné.

« Au diable deuil et chagrin ! s'écria avec impatience le bouillant Mercaders ; mais il me rend tout comme lui... Allons, mon cher Jehan, reprit-il, trêve, au moins pour ce soir, à tes noires idées.

Au reste, un Brabançon doit toujours rire et s'ébaudir : il n'y a que de beaux jours pour les hommes de courage. Aujourd'hui, ce sont les moines de Mortemart qui payent la fête ; demain, ce sera peut-être le tour des bons-hommes, car, depuis Henri-au-Court-Mantel, nous n'avons pas touché une obole de ces avares de Grandmont. Enfin, que te manque-t-il ? As-tu à te plaindre de ma lésinerie ?... L'escarcelle de Mercaders n'est-elle pas toujours ouverte au bon plaisir de mon fils adoptif ?

— Je suis touché de votre tendresse et de votre sollicitude vraiment paternelle, repartit le jeune homme. Vos généreuses libéralités ont-elles fait défaut, même une seule fois, à mes capricieuses prodigalités ?

— Eh bien ! mon gars que j'aime tant, reprit Mercaders, j'ai toujours des guinées à ton service ; jamais elles ne te manqueront. Mais, par les cornes de Béelzébuth ! amuse-toi, fais comme les autres.

— Hélas ! fit Jehan en poussant un long soupir.

— Tiens ! fit le chef routier d'un air pensif, je gage qu'il est amoureux... Quoique connaisseur peu habile en maux de ce genre, j'en devine pourtant les symptômes. Jehan, tu es amoureux ?...

Le bel archer ne répondit rien.

« C'est une sotte maladie, mon gars, continua

Mercaders ; mais c'est égal. Dans tes excursions, as-tu été frappé par hasard de la beauté de quelque châtelaine?... Quelle est-elle?... Parle, et, dès demain, nous attaquons son manoir pour te la livrer. Cependant, nous avons de jolies jouvencelles parmi nous : vois la blonde Nérine ; vois la brune Rika ; envierais-tu Guita, ma favorite?... Ses cheveux noirs, ses yeux bleus, ses joues vermeilles, ses formes voluptueuses ont peut-être éveillé dans ton cœur une ardente passion?... Elle est à toi, mon fils.

Tout à coup, l'on entend une troupe qui sonne un appel.

« C'est Tête-Dure et son escouade, dit le chef brabançon. Qu'on aille vite à la grille leur ouvrir. Ces enragés ont fait une bien longue excursion : ont-ils fait bonne capture?

Les arrivants ne tardent pas à entrer en secouant leurs capes et leurs morions couverts de givre : « Capitaine, s'écria Tête-Dure en montrant une belle damoiselle, voilà une colombe que nous avons trouvée égarée dans une mauvaise route. Nous en avons eu pitié, et nous l'avons prise avec nous. Approchez-vous du large foyer, la gente, car il ne fait pas chaud. Vous n'aurez pas à vous plaindre de notre hospitalité, que le seigneur, votre père, saura, nous l'espérons, récompenser généreusement. »

La jeune femme pousse soudain un cri de surprise en apercevant devant l'âtre l'archer Jehan :
« Mon Dieu ! c'est lui ! »

Jehan, non moins étonné à la vue de la noble prisonnière, rougit et s'éloigne.

Mercaders croit tenir l'énigme et suit l'archer.

Le chef routier joignit Jehan dans une espèce de galerie attenant à la grande salle où jouaient les bandits, et qui recevait, par une porte entr'ouverte, une faible lumière de l'appartement voisin. Ils vinrent s'appuyer l'un et l'autre dans un angle obscur, et entamèrent, en ces termes, un colloque à demi-voix :

« Eh bien ! satané garçon, je tiens ton secret... Comment se nomme donc cette belle châtelaine ?

— Noble damoiselle Elvine du Monteil.

— La fille de messire Hélie du Monteil, qui se croisa contre nous, lui et les moines de Châteauponsac, avec l'évêque Chabot ?... Par Satanas ! il est heureux pour elle qu'elle soit la dame de tes pensées !... Allons, c'est décidé : elle t'appartient. Nous dédommagerons d'une autre manière Tête-Dure et sa compagnie.

— Elle ne peut m'appartenir qu'avec son consentement.

— Bah !... interrompit Mercaders dans un comique ébahissement, voilà des scrupules étonnants !... Si elle fait des difficultés, nous saurons bien, sans doute, la rendre docile!... Cependant, continua-t-il en riant, si, pour la validité du mariage, l'on désirait la bénédiction du prêtre, nous avons dans notre donjon le recteur de La Jonchère, qui, depuis trois semaines, attend de sa famille la rançon de sa liberté. Bénévole ou non, il fera, je pense, la cérémonie nuptiale.

— Je voudrais avoir un entretien secret avec la damoiselle du Monteil, dit Jehan.

— C'est juste, convint l'autre interlocuteur; c'est même une excellente idée. Vas donc l'attendre dans la chambre rouge; je vais immédiatement l'y faire conduire. »

Le capitaine revint dans la grande salle.

Comment Mercaders voulait marier très chrétiennement Jehan, son cher gars, avec la damoiselle Elvine du Monteil.

Jehan, ouvrant une porte latérale, rentra dans un appartement obscur, mais qu'éclaira bientôt un superbe candélabre volé vraisemblablement dans quelque basilique. Sur les hautes lices qui tapissaient les murailles de l'enceinte, brillaient une infinité de fleurs pourprées telles que des roses, qu'une main habile avait artistement brodées : c'est ce qui avait fait donner à ce lieu le nom de chambre rouge.

Jehan attendit avec une indicible anxiété la belle captive ; elle ne tarda pas à paraître, conduite par un des brigands, lequel se retira dès qu'elle fut entrée.

La damoiselle, à l'aspect de Jehan, s'arrête le long de la tapisserie et ne fait plus un pas : « Oh ! oui... c'est lui !... murmura-t-elle d'une voix altérée. C'est un routier !...

— Hélas ! belle Elvine, dit le jeune homme en s'approchant avec timidité, me pardonnerez-vous d'avoir osé vous aimer ?... Me pardonnerez-vous d'avoir porté mes vœux jusqu'à vous ?...

— Il n'y a plus de mystère maintenant ! reprit la jeune fille en cherchant un appui contre le mur ; car sa tête tournait comme par un vertige ; ses jambes semblaient presque faiblir sous elle.

— Non, répondit l'archer avec un accent de désespoir ; non, il n'y a plus de mystère... sans nom... sans titre... qu'un routier !... Mais, noble damoiselle, quelle que soit céans ma puissance, et quoique vous soyez à ma merci, ne craignez rien : je ne contraindrai jamais votre volonté, et, si vous méprisez les hommages du pauvre Jehan, il se résignera, devrait-il en mourir. »

La jeune damoiselle considérait avec un mélange de compassion, d'intérêt et de dédain son interlocuteur : c'était un beau et superbe jeune homme qu'elle voyait à ses pieds ; il était vaillant et intrépide; elle avait vu plus d'une de ses prouesses. Mais c'était un Cottereau!... La réalité a dépassé ses appréhensions, car elle eût peut-être préféré que ce fût Satanas!

« O belle Elvine, je vous en conjure, recommença l'archer, qui comprit son néant; laissez-moi au moins l'espérance. J'ai du courage; je puis, un jour, conquérir un rang que m'a refusé ma naissance; je vais, dès ce moment, me mettre au service d'un grand seigneur ou d'un prince, et tel est le motif de mon rendez-vous avec le roi Richard au trou des Fées. Ayez pitié de moi, noble damoiselle : dangers, combats, je ne crains rien. Mais votre haine!...

Tout à coup Mercaders entra avec un vénérable religieux : « Saint homme, dit-il à celui-ci, voilà deux jeunes gens qui attendent avec impatience le service de votre ministère pour bénir leur union; car ils veulent se marier très chrétiennement.

— Moi, épouser un routier!... fit Elvine du Monteil avec un fier mépris.

— Tout beau, la gente! répliqua ironiquement Mercaders; il y a bien, ma foi, des routiers qui valent certains chevaliers qui n'ont pas toujours gagné leurs éperons... Et celui que vous regardez de si haut pourrait bien défier en plaine, en champ-clos, quiconque de vos vains seigneurs et princes désirerait connaître si son épée est de bonne trempe ; je n'excepte que le preux Richard.

— Ma main n'appartiendra jamais à un routier ! s'écriait la damoiselle exaspérée.

— Quoi que vous fassiez, dit le prêtre à son tour, songez que vous ne me contraindrez pas à un acte que réprouve la religion.

— Et toi aussi, tu fais le rétif? reprit le chef brabançon d'un ton goguenard. Allons, patience ! j'ai l'espoir que, l'un et l'autre, vous serez plus traitables demain matin : la nuit porte conseil.

— Tous les supplices ne me feront jamais agir contre ma conscience, s'écria le religieux avec une sainte véhémence.

— C'est bien ! c'est bien ! interrompit encore Mercaders ; mais ne traitons aucune affaire ce soir ; demain, tout le monde sera raisonnable. J'ai la conviction que ma noble captive préférera devenir l'épouse légitime de mon cher gars, le beau Jehan, que la concubine de ces damnés tapageurs qui s'ébaudissent si bien dans notre grande salle ; et le révérend choisira, je l'espère, avant de dormir, pour sujet de méditation, la potence qu'il a dû voir plus d'une fois dans notre cour, et la hart toute neuve qui pourrait lui servir de collet. »

Pendant tout ce dialogue, Jehan était resté comme pétrifié. Il ne chuchotta que ces seuls

mots, à la dérobée, à damoiselle du Monteil :
« Ne craignez rien. »

Par l'ordre de Mercaders, le prêtre est reconduit dans sa prison, et la belle Elvine est menée, avec une certaine courtoisie, dans une chambre parée et décorée peut-être aux dépens de cent châteaux.

« Ces petites contrariétés sont peu de chose, dit le capitaine à Jehan, en retournant tous deux dans la grande salle ; repose-toi sur moi, mon cher fils, et, par le diable! sois sûr que je mènerai ton affaire à bonne fin. Par tout l'enfer! je suis bien content de pouvoir guérir ta morose maladie ; elle me gagnait aussi. Hier, si je n'avais pas été contrarié de ta mauvaise humeur, peut-être n'aurais-je pas condamné à la pendaison l'indocile Cœur-d'Acier, pour une légère infraction à la discipline. »

Comment se comporta le beau Jehan.

Le lendemain, c'était un vacarme d'enfer au repaire des Brabançons : les brigands et leur chef étaient furieux et parcouraient tous les coins et recoins de leur sombre manoir en criant, jurant et blasphêmant à faire fuir les démons et Satan lui-même ; Mercaders hurlait, rageait, brisait les portes de tous les appartements... la noble captive s'était évadée. Qui avait pu favoriser sa fuite ? sans doute Jehan... Qu'est devenu le traitre ?...

Jehan avait déjà passé Bessines ; il chevauchait sur son fringant destrier, ayant en croupe Elvine du Monteil. La jeune damoiselle, en considérant la gracieuse tournure du cavalier qui l'emmenait ainsi à travers champs, oubliait presque sa vile profession de Cottereau. Elle se rappelait en même temps ses prouesses, et surtout sa joûte honorable avec le fameux Cœur-de-Lion. Elle était principalement touchée de ses procédés récents ; car c'était pour l'arracher à la contrainte et aux persécutions de Mercaders, qui voulait la forcer à une union qu'elle repoussait, que ce jeune aventurier, malgré le vif désir d'obtenir sa main, avait entrepris de la rendre à la liberté et à sa famille, en bravant ainsi la colère et la vengeance de ses farouches compagnons. Il préférait montrer l'ardeur de son amour par un noble dévoûment, qu'arriver par la force à la réalisation de ses vœux. »

« Jehan, disait-elle parfois, lorsque celui-ci ralentissait, dans les descentes, les pas précipités de son coursier, puissiez-vous, pour votre bonheur et pour le mien, conquérir bientôt, par vos exploits, un rang que vous a refusé la nature, et que vous méritez, néanmoins, par la noblesse de votre caractère et l'élévation de vos sentiments !

— Illustre damoiselle, répondit le jeune homme, il n'y a rien que je n'entreprenne pour mériter votre cœur : ce n'est pas pour la gloire ni pour des titres que je vais braver tous les dangers, mais pour l'amour de celle qui règnera toujours sur mon âme, la belle Elvine du Monteil. Hélas ! puissé-je déposer à vos pieds une couronne de comte !

— Cher Jehan, reprenait Elvine émue, je vous jure, quoi qu'il arrive, que jamais je n'appartiendrai à un autre qu'à vous. Si le sort nous est contraire et ne seconde pas votre vaillance, eh bien ! Elvine du Monteil entrera à Notre-Dame-de-la-Règle, à Limoges. »

Cependant, ils avaient traversé le pont des Bons-Hommes ; déjà ils apercevaient, à peu de distance, les bastions crénelés de la ville de Châteauponsac. Alors la jeune damoiselle, s'appuyant sur le bras vigoureux du beau cavalier, sauta légèrement à terre. Elle tendit sa blanche main à l'amoureux Jehan, qui y déposa un timide baiser, puis elle s'éloigna par un sentier qui menait droit à la ville. Le pauvre Cottereau la suivit des yeux tant qu'il put l'apercevoir, et, lorsqu'elle eut échappé à sa vue, il essuya une larme et tourna son destrier sur un autre chemin.

Comment le roi Richard apprit que le diable était son frère.

Cependant Richard, après avoir entendu la messe à Saint-Thyrse, partit, le jour de la Saint-Jean-de-Noël, pour se rendre au trou des Fées. Sa curiosité était vivement excitée, et il lui tardait de connaître des mystères qui intriguaient on ne peut plus son esprit. « Peut-être ce rendez-vous est-il un piége de l'enfer, grommelait-il en chevauchant dans le chemin creux qui conduit à la Sème; mais, si Satanas me cherche noise, il pourra s'en repentir, et je saurai suivre l'exemple de l'aïeul dont je porte le nom. »

Il fut tôt rendu au trou des Fées. « Par saint Georges! se dit-il en apercevant les roches noires de ces profondes cavités, voila bien un manoir digne de Béelzébuth!... Holà!... hé! messire le diable! » cria-t-il en mettant pied à terre.

Soudain, il vit sortir un vieillard dont la haute stature et la longue barbe blanche inspiraient le respect. « Comme il a changé de figure! fit Richard stupéfait. Messire démon! s'écria-t-il, veuille donc reprendre la forme que tu avais lorsque tu es venu briser une lance avec moi au tournoi de Bellac.

— Je ne puis paraître que tel que m'a fait la nature, répondit le vieillard d'une voix sépulcrale; je ne suis point ce que tu penses, mais un pauvre pécheur qui est venu pleurer dans la solitude les égarements de sa jeunesse. Celui que tu demandes ne va pas tarder à paraître : « Jehan ! » appela-t-il aussitôt.

Un beau jeune homme en costume de chevalier s'avance alors vers le monarque : « Enfin, te voilà, dit celui-ci, et tu tiendras ta promesse, je pense, comme moi j'ai tenu la mienne. Tu vois, je suis venu.

— Noble Cœur-de-Lion, répondit le jeune homme, votre curiosité sera satisfaite, mais non par ma bouche ; car j'ignore autant que vous mon nom et ma famille, que je crois très obscure. Ce vieillard, cependant, que j'aime comme s'il était mon père, et qui m'aime comme si j'étais son fils, m'a promis, il y a quelques jours, de me dévoiler les mystères de ma naissance, mais seulement en présence de Richard, roi d'Angleterre : voilà donc pourquoi je vous ai donné ce singulier rendez-vous. J'attends avec au moins autant d'impatience que vous la connaissance d'un secret qui doit m'intéresser plus que vous.

— Parle donc, vieillard, dit alors Richard au grave personnage, qui se tenait debout, immobile et pensif.

— Richard, commença alors celui-ci sur un

18

ton presque solennel, ce jeune homme est ton frère.

— Mon frère? s'écria le roi au comble de l'étonnement.

— Je suis le frère de Richard? fit l'autre dans une égale surprise.

— Il est ton frère, Richard, et il est mon fils.

— Ce que tu dis ressemble bien à une imposture, interrompit le roi, dont le visage devint pourpre.

— J'ai des preuves pour appuyer mon récit, reprit le grave interlocuteur. Écoute :

« La duchesse Aliénor d'Aquitaine, femme de Louis-le-Jeune, roi de France, aima un célèbre troubadour, et le troubadour adora la divine princesse. Le monarque, jaloux, la répudia après son retour de Palestine, et celle-ci épousa alors Henri Plantagenet, qui devint roi d'Angleterre.

Le ménestrel ne pouvait vivre sans la présence de la belle Aliénor et passa le detroit. Arrivé à Londres, il cacha son nom et sa profession et entra au service d'un grand seigneur, comme chauffeur de four. Cependant il épiait souvent le moment où la reine sortait du palais pour aller à la promenade, afin de pouvoir jouir de sa vue, ce qui lui attirait souvent les injures et même les mauvais traitements du majordome de la maison, qui lui reprochait son oisiveté. Enfin Aliénor découvrit la retraite du constant troubadour, et fut touchée de ce qu'il souffrait pour l'amour d'elle ; elle parvint à avoir des entrevues secrètes avec lui.

» Un jour, le roi surprit des correspondances anonymes adressées à la princesse, pleines des plus tendres expressions d'amour. Il entra dans une grande fureur, et employa tous les moyens pour découvrir le séducteur de la princesse ; il ne pouvait soupçonner son humble condition. Il fit enfermer Aliénor dans la tour de Londres. Le troubadour fut au désespoir lorsqu'il apprit la dure captivité de sa noble amante ; mais que pouvait-il faire pour elle ? Souvent il allait clandestinement, au milieu des nuits, gémir au pied de la fatale prison. Un soir, lorsqu'il pleurait sur les bords du fleuve, une personne masquée lui apporta un enfant nouveau-né : c'était le fruit adultère d'Aliénor. « Fuis, lui dit-elle ; emporte loin d'ici le secret et les traces de ton crime ; car, si le roi savait... Aliénor est perdue ; voilà de l'or ; un nautonnier va venir te prendre pour te porter sur le continent. »

» L'amant se chargea du dépôt et aborda en Aquitaine, où il confia à une nourrice l'innocente créature, fruit de son criminel amour : c'était un garçon. Le père infortuné veilla sur son fils avec la plus tendre sollicitude ; il l'éleva avec soin et fut lui-même son maître ; mais il ne lui dit jamais quels étaient les auteurs de ses jours et eut le cruel et persévérant courage de comprimer devant lui l'émotion paternelle pour ne pas se trahir. Un tel secret importait trop au coupable. Lorsque l'enfant fut devenu grand, son père mystérieux lui donna une bourse d'argent, un cheval et une épée, en lui disant : « Songe maintenant à ta fortune, et entre au service de quelque grand seigneur. » Puis ils se séparèrent.

» Le père, habile dans la gaie science, vint à Toulouse, où il fut parfaitement accueilli par le comte Raymond, protecteur des arts. Mais bientôt, ennuyé et dégoûté du monde, il voulut renoncer à toutes ses chimères, et quitta la cour pour vouer le reste de sa vie à la solitude. Il revint en Aquitaine ; il trouva un rocher pour asile, des racines et des fruits sauvages pour nourriture. Le hasard lui fit revoir son fils. Hélas! il faisait partie d'une bande de Cottereaux !

— Assez, interrompit Richard ; je comprends tout maintenant. Vieillard, tu es le fameux Bernard de Ventadour, et ce jeune homme présent est ton fils et celui de ma mère. Par saint Georges! je ne m'attendais pas à pareille rencontre. Embrassons-nous, Jehan : tu n'es pas un Plantagenet, mais tu es digne d'être mon frère. Je me rappelle avec plaisir la joûte que nous avons faite ensemble à Bellac. Pourtant, par respect pour les cendres de notre mère, taisons cette fraternité illégitime. »

Les deux braves guerriers s'embrassèrent avec la plus franche cordialité. Le vieux Bernard de Ventadour versait des larmes de bonheur.

« Mon frère, dit Jehan, vous le savez, j'aime la belle Elvine du Monteil jusqu'au délire. Ah ! protégez mon amour !

— Que je protége ton amour ! répliqua Richard. Par saint Georges ! messire diable, tu n'en as pas besoin ; tu sais fort bien éloigner les prétendants.

— Elvine du Monteil ne voudra jamais donner sa main à un aventurier sans titre, avança timidement Jehan.

— Par saint Étienne-de-Muret ! repartit le monarque, un comte vaut bien la damoiselle Elvine du Monteil.

Le jeune homme le remercia avec l'expression de la plus vive reconnaissance ; le vieillard, son père, témoigna également au prince généreux toute sa vive gratitude de ce qu'il se chargeait si noblement de l'avenir de son fils Jehan.

Tous ces évènements causèrent la plus grande joie à Elvine du Monteil. Les fiançailles des deux amants furent célébrées quelques jours après l'Épiphanie, et les épousailles la veille du Lardier.

Le vieux Bernard de Ventadour quitta les rochers de la Sème pour aller mourir dans un monastère.

Dès lors, la ville de Châteauponsac fut délivrée des gnomes.

FIN.

DIORIX & VÉMA

ÉPISODE DES GUERRES D'ANNIBAL CONTRE ROME.

CHRONIQUE GAULOISE.

I

LE TUMULTE GAULOIS.

Ce fut dans la cent quarantième olympiade, l'an 534 de sa fondation, que Rome, cette orgueilleuse reine du Tibre, engagea avec Carthage cette lutte terrible qui la mit à deux doigts de sa ruine, et faillit faire mentir l'oracle qui avait promis le monde au Capitole.

Annibal ayant pillé Sagonte, ville d'Espagne, alliée des Romains, ceux-ci envoyèrent des ambassadeurs en Afrique, pour demander à la fière

Byrsa le violateur des traités ; dans l'assemblée punique, l'opinion des Barcas l'emporta sur les conseils pacifiques du parti Hannon, et Carthage, au lieu de livrer aux députés le fils d'Amilcar, se prépara à prendre sa revanche sur sa rivale et à effacer le traité des îles Egates. Annibal reçut l'ordre de faire la guerre aux Romains.

Aussitôt, à la tête d'une armée de vétérans accoutumés à vaincre sous ses ordres, il prend la route de la Celtibérie. Il a conçu un gigantesque projet : il veut passer les Pyrénées, traverser le midi des Gaules et franchir les Alpes, pour tomber à l'improviste au cœur de cette puissance, dont il a juré la perte sur les autels. Les obstacles sont immenses ; les dangers sont sans nombre ; mais Annibal hait les Romains.

Ce fut Massilie qui prévint Rome de la marche extraordinaire du Carthaginois. On ajouta d'autres nouvelles qui augmentèrent beaucoup l'effroi de la superbe république : un grand mouvement, disait-on, régnait dans toutes les Celtiques, et une infinité de guerriers gaulois se disposaient à accompagner Annibal dans son expédition. Une émigration pareille à celle que dirigea Bellovèse, du temps du premier Tarquin, allait menacer l'Italie.

Le sénat se rassembla en toute hâte pour délibérer et adopter les mesures les plus convenables dans ces périlleuses circonstances. L'inquiétude et la crainte se lisaient sur les traits de tous les nobles patriciens.

Fabius, illustre sénateur, prit le premier la parole :

« Pères conscrits ! s'écria-t-il, ce n'est plus une guerre qui nous menace, c'est le *tumulte gaulois !*... Des journées bien néfastes nous ont trop appris à redouter ces peuples transalpins, que les dieux semblent avoir mis sur la terre pour châtier les autres hommes dans leur colère. En effet, tout est terrible chez les Celtes : leur haute stature, leur force prodigieuse, leur courage qui braverait la foudre du ciel, et qui n'est égalé que par leur férocité !... Jusqu'aujourd'hui la discipline de nos armées et l'habileté de nos dictateurs ont pu arrêter les fréquentes irruptions de ces barbares ; mais que n'avons-nous pas à craindre maintenant, si la science militaire d'un général expérimenté comme Annibal et l'astuce punique vont se réunir à l'intrépide bravoure des guerriers gaulois ?... Vous avez entendu nos amis les Massiliens ?... Que Quirinus et Jupiter capitolin nous protégent !... Citoyens ! jamais la patrie ne s'est trouvée dans un si grand danger. Je ne parlerais pas ainsi aux Rostres ; mais il importe aux hommes de conseil, chargés de gouverner le peuple, de voir le péril dans tout son jour, afin d'aviser à tous les moyens possibles de le détourner. Au peuple le courage ; à nous la prudence ; à tous la confiance aux dieux qui veillent sur Rome.

» Illustres chevaliers, termina le noble patricien, nous pourrions, je crois, conjurer en partie l'orage : mon avis serait d'envoyer des députés aux peuples tectosages pour leur offrir notre alliance, et de faire tous nos efforts pour les détourner du projet de suivre le Carthaginois dans son expédition. La nation des Tectosages est une des plus puissantes dans les Gaules, et, de plus, il lui serait facile d'arrêter notre ennemi dans les défilés des monts pyrénéens. O Minerve, nous invoquons ta sagesse !... »

Le bouillant Flaminius avait entendu avec peine la fin du discours du prudent sénateur :

« Est-ce un Romain que j'ai entendu? s'écria-t-il en s'élançant à la tribune. Est-ce un des descendants des trois cent six guerriers qui périrent si glorieusement pour Rome, en combattant seuls sur les bords du Crémera contre les Veïns perfides?... Est-ce un Fabius qui a parlé?... O honte! un Romain, un Fabius vient trembler en plein sénat, parce qu'on annonce qu'une armée de barbares indisciplinés se prépare à marcher contre nous!... Noble Marcellus, vous que j'aperçois impatient au milieu de cette illustre assemblée, votre main courageuse renversa le roi Viridomare, ce géant cénoman qui vous avait défié, et vous avez porté au Capitole de nouvelles dépouilles opimes ; Marcellus, rassurez donc Fabius ; dites-lui que les Romains se sont montrés, aux journées de Télamon et de Clastidium, ce qu'étaient leurs pères du temps des Camille, des Manlius et des Valérius !

« O Flaminius, reprit Fabius, vous avez le courage, le patriotisme, enfin le cœur d'un Romain ; mais, dans le conseil, ne regardons pas nos ennemis au-dessus de leur valeur, voyons-les tels qu'ils sont ; dans l'action, ne les redoutons pas. Vous citiez les exploits de nos aïeux et leurs victoires contre les Gaulois ; mais négligeaient-ils les prudentes mesures, dans ces guerres terribles plus justement nommées tumultes gaulois ? Pourquoi cette loi qu'ils nous ont laissée, cette loi qui prescrit de créer un dictateur, et qui ordonne à tout citoyen, jusqu'au vieillard, jusqu'au prêtre, de prendre les armes dans le tumulte gaulois ?... Pourquoi ce trésor exprès, ce trésor auquel nous ne touchons que dans le tumulte gaulois ?... Cependant, depuis la journée d'Allia, nos pères n'ont eu à combattre que quelques poignées de ces barbares, qui se mêlaient aux Mamertins, aux Tiburtins et aux Samnites. Et nous, lorsque toutes les Gaules paraissent vouloir se ruer sur l'Italie, nous osons dédaigner ce que nous conseille la prudence!... Flaminius, imitons nos ancêtres, non seulement dans leur courage et leur dévoûment pour la patrie, mais encore dans leurs sages précautions pour détourner ou parer le danger ; aussi, comme eux, ayons confiance dans la protection des dieux qui veillent sur les destinées de Rome. Je soutiens donc qu'il importe de diminuer au moins l'orage. Faisons tous nos efforts pour éloigner les Gaulois de la cause d'Annibal ; hâtons-nous d'envoyer des ambassadeurs au-delà des Alpes, et tâchons surtout de traiter avec les Tectosages et les peuplades du Rhône. »

Paul-Émile, jeune Romain d'une grande distinction, prit la parole après Fabius :

« Je me range au sentiment de Fabius, dit-il ; j'ajouterai que les divinités qui protègent le Capitole semblent nous avoir donné les moyens de parer l'orage qui nous menace. Nous avons en notre pouvoir, parmi les prisonniers gésates que nous avons faits à la journée de Télamon, un noble Gaulois nommé Diorix, fils du roi des Bituriges. Il a été traité, dans sa captivité, avec des égards qui ont dû éveiller dans son âme de la sympathie pour ses généreux vainqueurs. Je serais d'avis qu'on lui rendît la liberté et qu'il accompagnât nos députés au-delà des Alpes. Nous serions sûrs au moins d'avoir pour allié le puissant roi d'Avaricum, et, si les Tectosages, les Salluviens et les Ségusiens prennent le parti d'Annibal, les Bituriges, qui occupent un vaste territoire dont les frontières méridionales touchent au pays des Volces, pourront faire une puissante diversion.

— Qu'est donc devenue l'antique vertu romaine? s'écria tout à coup Varron. Ne dirait-on pas, à vous entendre, que tout est désespéré, parce que les Gaulois menacent l'Italie?... Ah! s'ils écoutaient nos paroles timides, comme elles ajouteraient à leur orgueil et à leur vanité!

» Pères conscrits, lorsque Pyrrhus vint dans le Latium, la plus grande partie de ses armées était composée de ces barbares que vous redoutez tant, et que nous avons cependant l'habitude de vaincre. Pyrrhus, je pense, ne le cédait pas à Annibal dans l'art militaire. Rome, toutefois, sortit victorieuse de la lutte avec le roi d'Épire. Mais les Lévinus et les Fabricius avaient confiance dans le courage des Romains.

» Je ne prétends pas nier la valeur des Gaulois; je crois même, comme vous, qu'ils sont nos plus redoutables ennemis; mais les guerriers de Rome sont loin d'être au-dessous d'eux pour le courage, et nous leur sommes de beaucoup supérieurs pour l'habileté. De plus, nous avons encore notre climat qui nous protége : les Celtes, terribles au premier choc, ne conservent pas longtemps leur ardeur si l'action se prolonge. Accoutumés à une température froide, ils sont vite abattus sous le ciel brûlant de l'Italie.

» Je soutiens que nous ne devons nullement craindre les peuples transalpins; que cette ambassade aux barbares, et encore plus la liberté du Biturige, est un acte de faiblesse qui humilie la république. Citoyens, que nos paroles et nos actions ne dérogent jamais de la dignité du nom romain que nous représentons. »

Minucius et plusieurs chevaliers ou sénateurs appuyèrent l'opinion de Varron et combattirent celle d'Émilius et de Fabius; mais Scipion, Marcellus et la majorité de la noble assemblée adoptèrent le sentiment des deux sages Romains. Toutefois, Scipion ne crut pas de la prudence d'accorder la liberté à Diorix.

« C'est un otage précieux qui nous répondra de la conduite du roi d'Avaricum, dit-il. Gardons-nous de juger le Gaulois comme le Latin : chez nous, il est vrai, l'on serait sensible à un généreux procédé, et la reconnaissance nous enchaînerait; mais il n'en est pas ainsi des Barbares, et ils oublient vite les bienfaits et les bienfaiteurs. »

Il fut décidé que l'on enverrait des députés au-delà des monts, pour traiter avec les peuples des Gaules, surtout avec les Volces et les Tectosages;

mais le fils du roi des Bituriges restait au pouvoir des Romains pour répondre des actes de son père, Ambigat.

On ne sait quelle cause fit choisir Flaminius pour le chef de cette ambassade si difficile et si délicate.

II.

DIORIX.

« Approche-toi, Diorix ; assieds-toi près de moi ; que je passe ma main dans ta belle chevelure. Vraiment, à voir votre haute stature et votre front superbe, vous autres, enfants des Celtes, si l'on ne vous croirait pas la même origine que les fiers Titans, qui voulurent escalader le ciel ; mais Encelade et Briarée ne devaient avoir ni vos cheveux blonds, ni vos yeux d'azur, ni votre teint d'albâtre. Par Cythérée ! vous êtes tout ce qu'il y a de beau et de gracieux dans la race des géants.»

Diorix, obéissant au caprice de la jeune Lucia, s'approcha d'elle en lui donnant un doux baiser.

C'était dans un lieu retiré du temple de Vesta ; c'était à l'heure où une main, qui n'en était plus digne, entretenait à son tour le feu sacré sur l'autel de la chaste déesse : la prêtresse oubliait près d'un Barbare l'engagement solennel qui l'avait revêtue d'un divin caractère, et l'enceinte religieuse cachait les mystères de ses coupables amours. Lucia était nonchalamment appuyée sur l'épaule de Diorix ; la prunelle bleue du Celte était attachée sur l'œil noir de la vestale, et celle-ci s'abandonnait avec délire à la fascination du regard de l'étranger.

« O Diorix ! disait-elle, j'outrage une divinité bien terrible !... Je brave cette loi redoutable qui sévit si cruellement contre celle de nous qui ose aimer avant son sixième lustre...

Diorix, la vestale Minucia fut enterrée vive pour avoir aimé bien moins que je t'aime... Puissance que je crains de nommer, pardonne-moi !... Fille de Jupiter et de Thétis, ô Vénus ! protége-nous !... Mais aussi à toi, Diorix, à toi une mort affreuse... O ciel ! si le pontife savait !...

— Pourquoi crains-tu pour moi, Lucia ? Ne sais-tu pas que le Celte rit au milieu des supplices ? Par Teutatès ! je défie tout ce que souffre votre Prométhée pour m'arracher un seul cri de douleur ! Romaine, prends de mon courage pour braver les tourments les plus cruels !

— Le seul tourment qui m'accablerait serait... si tu ne m'aimais pas.

— Mais, Lucia, je t'aime !... J'aime tes beaux

yeux noirs ; j'aime ta belle chevelure noire qui fait si bien ressortir la blancheur de ta peau !... Romaine, je t'adore !

— Mais, dis-moi, Diorix, les jeunes filles de ton pays n'ont pas les yeux noirs ; elles n'ont pas les cheveux noirs ?

— Oh ! non, elles n'ont pas...

— Et elle, dis, interrompit Lucia, elle n'a pas les yeux noirs ; elle n'a pas les cheveux noirs ?... Tu sais... elle, continua la vestale avec hésitation et avec crainte ; elle... Véma !... »

Soudain le Celte devint triste et pensif. Après un moment de silence : « Non, dit-il en soupirant ; mais elle a les yeux bleus et les blonds cheveux de la Vénus que vous adorez dans vos temples...

— Il regrette plus Véma que sa liberté ! murmura la vestale atterrée.

— Pourquoi prononces-tu ce mot liberté ? s'écria le Biturige d'une voix terrible. Les Romains ont beau dorer ma chaîne ; je les hais !... Chez nous, ce n'est pas l'esclavage que l'on donne au brenn trahi par le sort des armes, mais une mort digne de lui, une mort où il peut montrer encore son courage par le mépris des supplices. Oh ! si jamais je retourne dans le puissant empire d'Ambigat, mon père ; si je parcours encore une fois les vastes forêts des belliqueux Bituriges, le Tibre ne tardera pas à me revoir, mais à la tête d'une armée innombrable de Celtes avides du sang des Romains. Nous vengerons les Pisans et les Cénomans, nos frères ; et, malgré le fer et l'acier qui cachent les corps des lâches guerriers du Latium, qui tiennent tant à la vie, par le dieu Dis! ils tomberont sous nos coups; comme autrefois les Sénonais, nous brûlerons cette ville de Rome où j'ai servi au triomphe d'un consul ; où voilà plus de huit fois trois cent soixante nuits que je compte des heures de servitude (1).

— Diorix, rien n'a adouci vos heures de servitude !... Pas même l'amour de Lucia !... O Vesta ! continua la prêtresse en fondant en larmes, accomplis ta sévère justice !... Que le supplice de la parjure mette fin au plus grand des supplices !... Il ne m'aime pas !... »

Le Gaulois fut troublé en voyant la douleur de la belle Romaine : « Lucia, dit-il en l'embrassant avec transport, Lucia, je t'adore !... Mais, lorsque la vue de tes charmes me fait tout oublier, pourquoi ta parole vient-elle déchirer mon cœur par de cruels souvenirs? Ne parle plus de liberté ! Ne parle plus de Véma !...

— Diorix, dit la vestale en serrant contre son sein la main de son amant, ton amour !... ou je

(1) Les Celtes comptaient par nuit, parce qu'ils se croyaient descendus de Dis ou Pluton (*V.* César).

me livre au terrible flamine!... Ton amour pour moi seule!...

— Romaine, n'es-tu pas maîtresse de moi?... Et Teutatès, quand mon âme aura quitté mon corps, lui donnera-t-il encore une place parmi les guerriers, dans le séjour bienheureux des nuages!

— Oublie Teutatès comme j'ai oublié Vesta; notre divinité maintenant à tous deux, cher Diorix, c'est ta douce Vénus; c'est elle qui nous protégera.

— Lucia!... Lucia!...

— C'est ainsi que je te veux. C'est ainsi qu'il faut que toujours tu me regardes... Que jamais la fureur du Celte, qui fait pâlir le Romain, n'étincelle dans tes yeux si doux lorsque tu es calme. Je ne veux lire dans ton regard que de l'amour pour Lucia. Écoute-moi un moment en silence, et que ton âme, aussi prompte qu'un orage sous le ciel nébuleux des Gaules, ne s'émeuve pas.

Le bruit s'est répandu que Rome était menacée en même temps de la guerre punique et du tumulte gaulois. Le sénat a été aussitôt convoqué pour délibérer sur les mesures à prendre dans un tel danger. Plusieurs ont pensé qu'il fallait employer tous les moyens pour détourner les Celtes de soutenir les Carthaginois, et qu'en te rendant à la liberté l'on parviendrait certainement à faire alliance avec tes compatriotes. La majorité a décidé que l'on pouvait traiter avec les Gaulois sans te donner la liberté : voilà ce que j'ai appris. Mais cette liberté qu'ils ne veulent plus te rendre, c'est Lucia qui te la donnera. Diorix, nous serons libres.

— Nous, libres, Lucia !...

— Tu ne crains ni les flots, ni la tempête; moi je brave le ciel avec toi. Lorsque nous serons hors de Rome, nous gagnerons Ostie. Nous trouverons facilement une barque; alors nous nous dirigerons vers cette nouvelle Gaule fondée par tes frères aventureux, qui soumettent au tribut les fiers successeurs d'Alexandre, tandis que la mère-patrie fait trembler le peuple qui aspire à la conquête du monde. L'on vit si heureux dans le climat délicieux de l'Asie !... Ensuite, au milieu des puissants Galathes, nous ne craindrons plus le courroux du pontife ni celui des Romains.

— Mais, si notre liberté est entre tes mains, pourquoi ne gagnerions-nous pas plutôt la Gaule transalpine? La Toscane seule nous sépare de la Gaule cispadane. Une fois sur les terres des Boïens, nous serons en sûreté; ensuite nous traverserons les Alpes sur un coursier de Ligurie, et nous arriverons bientôt dans les états d'Ambigat, mon père, et tu deviendras l'épouse du futur Brenn des Bituriges.

— Non, Diorix ! la Galathie est plus agréable que la Gaule; le ciel est plus riant; l'on aime davantage. Puis, au-delà des Alpes...

La vestale s'arrêta. Le front de Diorix était devenu soucieux, et son âme semblait agitée par des pensées contraires.

« Lucia et la liberté ! reprit avec tristesse la jeune Romaine; et il hésite...

— Allons, Lucia, c'en est fait ! s'écria avec résolution le jeune Biturige; je m'abandonne à toi. Mais quels sont tes moyens de délivrance ? chaque porte est gardée par une centurie.

— Sois tranquille, cher Diorix, dit la prêtresse rayonnante de joie; avant une heure, nous serons hors de Rome. Dès ce moment il faut fuir; suis-moi ! »

Elle se leva aussitôt; son amant la suivit. Elle alla à l'autel, et sa main téméraire alluma un flambeau profane au feu sacré ; elle s'éloigna ensuite, les yeux baissés, craignant de rencontrer le visage de la déesse irritée. Ils se dirigèrent tous les deux au fond du temple. La prêtresse, qui guidait Diorix, fit un détour pour éviter de passer près du lieu redoutable où était placé le palladium. Ils traversèrent un long portique au bout duquel se trouvait la fameuse grotte où, dit-on, le roi Numa venait consulter la nymphe Égérie. Ils s'enfoncèrent dans la caverne mystérieuse et prirent une route souterraine qui les conduisit sous les fondements de la ville. Ils entendirent les flots du Tibre, qui semblait rouler au-dessus de leur tête. Bientôt un air plus vif commença à agiter la flamme de la lampe que portait Lucia. Ils étaient arrivés enfin à l'ouverture qui terminait le souterrain. Ils étaient hors de Rome et sur le chemin d'Ostie.

Une nuit sombre protégeait leur évasion.

III

LES TECTOSAGES.

Le bruit de l'arrivée d'Annibal, qui devait traverser les Gaules pour faire une invasion en Italie, par les Alpes, avait vivement ému l'humeur belliqueuse des peuples de ces vastes contrées. L'or et l'argent que des envoyés carthaginois avaient répandus avec profusion parmi ces barbares avides, avaient fini de les gagner. Un grand nombre de guerriers attendaient, pour le suivre, ce brenn étranger devancé par sa réputation dans les armes, et dont la générosité semblait égaler la richesse.

De tout temps, les Gaulois ont eu du goût pour

les expéditions lointaines. Leurs nombreuses colonies s'emparèrent du nord de l'Espagne, du midi de la Grande-Bretagne, et pénétrèrent jusqu'au fond de la Germanie. Intrépides aventuriers, on les voit, à différentes époques, suivre le cours de l'Ister, chassant devant eux les peuples qu'ils dépouillent. Ils fondent des états dans l'Illyrie, la Pannonie, la Thrace ; ils ravagent la Macédoine et la Grèce, pillent le temple de Delphes, passent l'Hellespont et viennent camper en dominateurs sur le continent de l'Asie, vendant leur courage, des victoires et des trônes, aux ambitieux qui savent payer largement le service de leurs armes invincibles.

Mais ce fut surtout la fertile et riante Ausonie qui eut des attraits pour eux. Les chaînes des Alpes, que les dieux, dit Cicéron, semblaient avoir placées entre l'Italie et la Gaule pour détourner de la Péninsule les invasions des terribles Gaulois, qui auraient pu arrêter les destinées de Rome, ces hautes montagnes, ils montrèrent les premiers qu'on pouvait les franchir, et plus de la moitié de l'Italie devint gauloise. Rome trembla plus d'une fois ; et cette fière république, qui ne craignait pas d'attaquer les puissants roi de Syrie, d'Égypte et de Macédoine, qui osait leur dicter des lois, rassemblait tous ses citoyens sous les armes pour repousser les Celtes cisalpins, qui ne respectaient pas plus son territoire qu'elle ne respectait elle-même celui de ses autres voisins. Les Romains, dit Salluste, combattaient les autres peuples pour la gloire, et les Celtes pour leur salut. Agresseurs dans les autres guerres, ils n'ont jamais eu l'audace de provoquer le tumulte gaulois, et ils prenaient les mesures les plus extraordinaires pour se défendre contre ces redoutables barbares. Huit ans avant la seconde guerre punique, le Capitole leva près d'un million de guerriers pour repousser l'invasion qu'avait attirée la loi flamine.

Il y avait peu de jours que les députés d'Annibal avaient quitté Tolose, lorsque Flaminius et les ambassadeurs romains arrivèrent dans cette capitale des Tectosages. Ils se présentèrent aussitôt à Cavictolican, roi de ce pays. C'était un vieillard presque centenaire ; mais il paraissait n'avoir de la vieillesse que les cheveux blancs : les années n'avaient pas courbé sa haute stature, et ses yeux avaient encore la vivacité de la jeunesse. Il accueillit ces étrangers avec tous les égards de l'hospitalité gauloise, et les traita avec une magnificence qui montra autant sa vanité que sa générosité. Ce ne fut pas sans un grand étonnement que les Romains, dans un superbe repas que leur donna le roi barbare, virent étaler les plus riches et les plus beaux vases de Corinthe, butin enlevé aux Grecs, du temps de Belgius ; mais leurs yeux se portèrent surtout sur la singulière coupe dans laquelle buvait Cavictoliçan : c'était un crâne desséché. Le vieux Tectosage remarqua leur surprise, et crut devoir satisfaire à la curiosité qu'il semblait lire dans les regards de ses hôtes.

« Étrangers, dit-il, le crâne qui me sert de coupe est le crâne de Céraunus, brenn des Macédoniens, que je vainquis et que je tuai de ma propre main. Il y a bien longtemps de cela. Déjà, depuis, le druide a cueilli soixante fois le gui de l'an nouveau sur le chêne sacré. J'étais alors dans la force de l'âge, et je ne le cédais en rien à aucun de nos guerriers celtes ou kimris, lorsque Belgius, mon oncle, annonça une expédition du côté du Danube, et appela autour de lui les plus braves des Volces. Il se trouva bientôt à la tête d'une jeunesse belliqueuse, et moi, Cavictolican, le fils du brave Catugnat, brenn des Tectosages, j'embrassai mon père et suivis mon oncle.

En traversant le pays des Bituriges, des Boïens, des Helvétiens, grand nombre de nos frères se joignirent à nous. Je ne vous parlerai pas de nos exploits en Germanie, en Pannonie et en Thrace, où le fameux Cavare fonda le royaume de Tyle. Nous fîmes une grande irruption dans la Macédoine et dans la Grèce ; nous livrâmes mille combats où nous fûmes presque toujours victorieux, et nous enlevâmes de ces contrées des richesses immenses. C'est en vain que le brenn Céraunus opposa sa valeur à celle des Gaulois ; il succomba, et sa tête roula aux pieds de Cavictolican. Céraunus est mort en brave guerrier, et son vainqueur honore son courage en buvant dans son crâne. »

Cependant la fille du vieux Brenn, la belle Véma, qui faisait les honneurs du festin, ne cessait de faire mousser dans les coupes la boisson fermentée des Gaules. Elle paraissait bien triste, la jeune Tectosage, et les étrangers, frappés de l'éclat de sa beauté, ne le furent pas moins de son air affligé.

Néanmoins Cavictolican, donnant l'exemple à ses hôtes, levait bien souvent la coupe pleine d'une liqueur délicieuse pour lui, et la tarissait à tout coup ; mais les jeunes Romains, accoutumés aux vins délicats du Latium, l'imitaient mal, et presque toujours les tasses d'argent ne retombaient qu'à demi-vides, ce qui contrariait un peu la générosité gauloise.

« Étrangers, reprit Cavictolican, vous le voyez, je suis riche et puissant ; je commande à un peuple nombreux et guerrier. Je suis parvenu à un âge avancé sans que la fortune ait trahi une fois mes armes ; mais, hélas ! les dieux m'ont fait payer bien cher leurs faveurs en brisant le cœur de ma fille ! »

Ces paroles du vieillard firent couler les larmes de la jeune Gauloise, qui sortit pour cacher sa douleur.

Lorsqu'il eut vu sortir sa fille, le Gaulois, hochant la tête :

« Elle aimait le jeune Diorix, fils du brenn des Bituriges, dit-il ; c'est à lui, dans un festin, qu'elle décerna les honneurs de la coupe. Le père du guerrier et moi nous devions bientôt les unir, lorsque Diorix, à la tête de ses solduriers, alla par-delà les Alpes, au secours de nos frères d'Italie, alors en guerre avec vous, Romains. Il a péri dans les champs latins, et le deuil de Véma ne finira qu'avec sa vie.

— Le brave Diorix n'est pas mort, interrompit Flaminius. Prisonnier des Romains, ses nobles vainqueurs le traitent comme un ennemi dont ils ont admiré la valeur.

— Diorix vit ! s'écria le vieux brenn avec un mélange de joie et d'étonnement. Teutatès ! je fais vœu de t'immoler cent captifs. Romains, qui désirez l'amitié des Tectosages, il vous est non seulement facile de nous avoir pour alliés, mais encore les belliqueux Bituriges, dont le grand empire touche, au nord, aux tribus belges et kimriques, et, au midi, à mes propres états ; car les Bituriges vivisques et les Volces cardurques ne sont séparés que par la Garonne, large fleuve qui se jette dans l'Océan. Rendez à la liberté Diovix, le fils d'Ambigat et le fiancé de la fille chérie de Cavictolican.

— Telle est l'intention de Rome, répondit le chef de l'ambassade ; mais seulement lorsque les Gaulois auront prouvé la sincérité de leur alliance avec le peuple romain, en arrêtant, dans les défilés des Pyrénées, notre exécrable ennemi, Annibal.

— Envoyés de Rome, reprit le brenn, agissez franchement avec nous; et, puisque vous le pouvez, donnez les premiers des preuves de votre bonne foi : par Teutatès! je vous jure que les Carthaginois ne passeront pas les Pyrénées; mais ménagez la susceptibilité des Gaulois, et n'imposez pas de condition à leur loyauté.

— Nous devons prendre les mesures que nous prescrit tout ce qui est avantageux à la République, sans rien faire contre sa dignité. La puissante Rome, au reste, n'a pas besoin d'alliés, et, toute seule, elle peut braver ses ennemis, quand elle aurait contre elle l'univers entier.

— Étrangers, ne parlez pas ainsi à mon peuple dans la forêt de Tolose, ou, par Dis, votre discours n'aura pas la puissance des chaînes d'Hercule (1).

(1) Dieu de l'éloquence chez les Gaulois. Il était représenté avec des chaînes d'or à la bouche.

— Nous proposerons ainsi nos conditions à vos guerriers : ils seront libres de refuser ou d'acepter.

— Nous refuserons. »

C'est ainsi que le festin se termina, sous les auspices les plus défavorables à l'alliance des Gaulois et des Romains.

IV

VÉMA.

Le silence de la nuit n'était troublé que par le souffle du vent de l'Ibérie, qui agitait les feuilles bruissantes des chênes séculaires ; la lune, courant dans les nuages, de temps en temps semblait se mirer dans les eaux, et blanchissait de sa pâle lueur le dolmen élevé sur les bords du lac de Tolose. Une ombre vint s'arrêter près de l'autel druidique, et une plainte se mêla aux gémissements de la rafale :

« Il n'est plus, celui que j'avais choisi le jour du festin... Lorsque ma main tremblante eut rempli sa coupe, il me remercia par un sourire... j'étais heureuse !... Bientôt le cri de guerre a retenti par-delà les monts. Il est parti, et une terre étrangère m'a dévoré amour et bonheur...

« Elle est triste, mon âme!... triste comme la nuit voilée de son crêpe lugubre!... triste comme le vent qui gémit dans l'arbre de la forêt!... triste comme l'écho qui se lamente sur l'autre rive du lac!... triste comme la victime expiatoire qu'attend le couteau du sacrificateur, ou que doit consumer le feu allumé par la colère de Teutatès!...

» Beau nuage que pâlit la douce clarté d'Isis, es-tu mon amant?... Diorix! Diorix! Véma est toujours à toi!... Elle n'aspire plus maintenant qu'au bonheur d'aller te rejoindre là-haut, au séjour éthéré. Puissant Dis, le père des Celtes, écoutez la prière de Véma; réunissez bientôt son âme à celle de Diorix. »

Elle dit; et une voix qui la fait tressaillir répond : « Véma! Véma! » Elle s'est retournée toute troublée. Un guerrier est devant elle :

« C'est lui!... Diorix! » s'écria-t-elle en cherchant un appui sur le dolmen.

Cependant le jeune Biturige avait saisi la main tremblante de la fille de Cavictolican et la baisait avec transport.

« Véma, douce Véma, dit-il, la victoire avait d'abord favorisé nos frères; mais, dans une grande bataille où le nombre l'emporta sur la valeur, je suis tombé au pouvoir des Romains. Que j'ai souffert dans ma longue captivité, loin de Véma ! Enfin j'ai pu tromper la vigilance de mes ennemis ; je me suis échappé des murs de leur ville. Libre et le cœur plein de ton image, j'eus bientôt traversé les fleuves et les monts, et me voilà près de toi, Véma !

— Viens, Diorix ; viens combler de joie l'âme de mon vieux père.

— Demain seulement je verrai Cavictolican, et jusqu'à demain, Véma, ne parle pas de Diorix.

— Mais, reprit la jeune Tectosage contrariée, pourquoi veux-tu attendre pour te montrer à mon père, que ta vue rendrait si heureux ?

— Je veux avant rendre grâce à Teutatès de ma délivrance, répondit le guerrier, et il faut que j'aille trouver le druide.

Véma parut satisfaite de la raison de Diorix.

Ils restèrent longtemps sur les bords du lac, redisant sans cesse les mêmes expressions d'amour. Lorsqu'ils se quittèrent, une rouge lueur colorait le ciel du côté de l'Ausonie.

V

ASSEMBLÉE GAULOISE.

Par l'ordre du brenn de Tolose, les principaux des tribus volces et tectosages se réunirent dans la grande forêt qui entourait la capitale de ces peuples. Flaminius et ses collègues ne furent pas peu étonnés de voir tous ces guerriers, à la taille et aux formes celtiques, se présenter tout armés au conseil, selon la coutume des Gaulois. Cavictolican monta sur un trône qu'on lui avait élevé au milieu de l'assemblée ; puis, ayant fait approcher de lui les ambassadeurs romains, il commanda le silence et leur ordonna de parler.

« Braves Tectosages ! s'écria Flaminius, Rome, qui estime votre nation courageuse, désire votre alliance. On a dit que les Carthaginois, franchissant les Pyrénées, doivent traverser le midi des Gaules, en violant votre territoire, pour faire une irruption en Italie ; Rome vous prie de vous opposer à la marche de ses ennemis, et vous promet, par ma bouche, de récompenser généreusement ces premières preuves de votre amitié.

— Qu'avons-nous à démêler avec les Romains et les Carthaginois ? interrompit un des chefs tectosages. Si nous devions prendre parti dans cette guerre, c'est contre vous, Romains, que devraient se tourner nos armes : car combien n'ont pas à se plaindre de vous les Sénonais, les Boïens, les Cénomans et tous nos frères d'Italie ?... Vous osez nous offrir votre alliance !... Le frère soutient son frère, et tous les Gaulois sont les enfants du dieu Dis.

— Et de quel droit, reprit fièrement Flaminius, les Gaulois envoient-ils des colonies en Italie? La nature n'a-t-elle pas placé elle-même des limites entre les Celtes et les Latins, en les séparant par les Alpes? L'Italie n'est-elle pas aux Romains comme la Gaule est aux Gaulois?... Au reste, vous êtes libres d'accepter notre alliance ou de la refuser; embrassez même, si vous le voulez, la cause des Carthaginois, et vous apprendrez s'il vaut mieux avoir les Romains pour amis que pour ennemis.

— Haine aux Romains! s'écrièrent, en faisant retentir leurs armes qu'ils entrechoquaient, les Tectosages irrités de tant de fierté. Haine aux Romains! nous boirons dans leurs crânes!

— Haine aux Gaulois! repartit l'impétueux Romain. La hache du licteur, en frappant Diorix et tous les Gaulois tombés entre nos mains, nous fera justice de leur insolence. »

Ces dernières paroles finirent d'exaspérer les Celtes, et ils auraient mis en pièces les imprudents ambassadeurs s'ils n'eussent été arrêtés par le respect du droit des gens.

Cependant, au milieu du tumulte, un guerrier s'approcha de Flaminius : « Tu viens de dire, Romain, s'écria-t-il, que, pour punir les Gaulois, la tête de Diorix tombera sous la hache du licteur?... Diorix est devant toi... reconnais-tu le prisonnier de Rome?... Pour moi, je me rappellerai tes traits, sois-en sûr ; et, si tu portes le casque, je te rencontrerai dans les champs latins. Retourne dire à tes compatriotes que les Tectosages, les Bituriges et peut-être les Kimris se disposent à passer les Alpes. »

C'est ainsi que le caractère hautain et emporté du chef des envoyés de Rome, au lieu de détourner un terrible orage, augmenta les dangers de la République. Flaminius se retira immédiatement avec les autres ambassadeurs, et reprit aussitôt le chemin de l'Italie, sans prendre même congé de Cavictolican.

Cependant le vieux brenn de Tolose n'avait pu contenir sa joie dès qu'il eut reconnu Diorix dans l'assemblée. Il descendit de son trône pour aller l'embrasser. Le jeune Biturige eut bientôt à répondre aux questions sans nombre du vieillard et des guerriers qui l'entouraient, tous curieux comme des Gaulois.

Cavictolican, en l'honneur de Diorix, donna ce même jour un magnifique festin auquel furent invités tous les chefs des Volces. L'heureuse Véma remplissait les coupes des nombreux convives. Son père décida que bientôt la belle Tectosage deviendrait la femme du fils d'Ambigat.

Le lendemain, Diorix partit pour le pays des Bituriges, après avoir plus d'une fois promis à

Véma qu'il hâterait son retour. Il ne tarda pas à arriver à Avaricum, et embrassa son père qui l'avait tant pleuré.

VI

MARIAGE GAULOIS.

La ville de Tolose revit bientôt Diorix, suivi d'une brillante noblesse. Son père, Ambigat, l'avait accompagné. Cavictolican reçut avec la plus grande cordialité ses voisins, et Véma remercia, par un regard expressif, son fiancé de son exactitude.

Il y avait ce jour-là, chez le brenn tectosage, plusieurs étrangers dont le visage basané, la taille grêle et petite contrastaient singulièrement avec le teint clair et la haute stature des Celtes. L'un aborda Diorix, en lui parlant ainsi : « Que les dieux te soient favorables, et puissent-ils encore augmenter ta haine contre les Romains !

— Qui es-tu donc, toi qui parais tant les haïr? demanda le Biturige étonné.

— Je suis Annibal.

— Annibal !... qui a juré la ruine de Rome?... reprit le Gaulois en prenant, dans sa large main blanche, la main petite et cuivrée de l'Africain ; Annibal, que la haine du nom romain nous unisse!

— Seras-tu de l'expédition d'Italie? demanda le Carthaginois,

— Le Tibre m'a vu servir au triomphe d'un consul ; le Tibre me reverra avec mes solduriers, mettant tout à feu et à sang. Avant peu de jours, une armée de Bituriges aura doublé la tienne.

— Tu es du vrai sang de l'illustre Bellovèse, et les Gaulois du Pô auront un vengeur, dit l'étranger en flattant adroitement le jeune guerrier. Le succès est à nous ; Rome succombera.

Le Gaulois promit que, aussitôt après la cérémonie de son mariage avec la fille de Cavictolican, il retournerait dans le royaume de son père pour faire de nombreuses levées, et qu'il reviendrait joindre Annibal.

Le rusé Carthaginois accostait ainsi les chefs les plus marquants des nations celtiques, excitant tantôt leur amour-propre en parlant de leur renommée ; tantôt leur fureur contre les Romains, en leur remettant sous les yeux tout ce que les consuls avaient fait et faisaient souffrir encore aux Gaulois italiens ; tantôt leur cupidité, en leur peignant la fertilité du pays qu'ils allaient envahir, et en exagérant les richesses des Latins. Puis ses agents semaient l'or à pleines mains.

Une foule d'aventuriers avides ne tardèrent pas

à se ranger sous les étendards de l'armée punique et à suivre la fortune d'Annibal.

Le lendemain était le jour fixé pour le mariage du fils d'Ambigat et de la fille de Cavictolican. Le jeune épouseur, un barde et le cortége des invités se transportèrent dès le matin au palais de Tolose ; tout était fermé. Alors le barde, allant à la porte principale, frappa en chantant ces paroles :

« Ouvre, jeune vierge ; ouvre au brenn riche et puissant que ton cœur a choisi : l'or et l'argent qu'il possède combleraient le lit de l'Océan, et son sceptre commande à mille nations. Ouvre, jeune vierge ; ouvre au brenn riche et puissant. »

Une voix répondit de l'intérieur : « L'on n'ouvre pas au brenn riche et puissant. »

Le barde reprit, en frappant de nouveau :

« Ouvre, jeune vierge ; ouvre au rejeton d'un sang illustre que ton cœur a choisi : depuis le dieu Dis, ses nobles ancêtres ont toujours régné. Leurs armes ont porté leur gloire jusque chez les peuples inconnus, et la renommée a célébré leur nom dans tous les coins de l'univers. Ouvre, jeune vierge ; ouvre au rejeton d'un sang illustre. »

La même voix répondit : « L'on n'ouvre pas au rejeton d'un sang illustre qui ne brille que par l'éclat de ses ancêtres. »

Le barde frappa pour la troisième fois, et dit :

« Ouvre, jeune vierge ; ouvre au guerrier vaillant : lorsqu'il naquit, son corps fut plongé trois fois dans le fleuve ; arrivé à l'âge de porter le casque, il signala sa valeur et porta au loin ses armes, et immola des milliers de victimes au dieu de la guerre. Il est redouté même parmi les Celtes: Ouvre, jeune vierge ; ouvre au guerrier vaillant que ton cœur a choisi.

— Qu'il rentre le guerrier vaillant. »

Et les portes s'ouvrirent.

Cependant la fiancée ne s'offrit pas d'abord aux yeux du fiancé, et celui-ci fut obligé de la chercher dans les coins et les recoins de l'appartement. Lorsqu'il eut découvert sa cachette, il la montra, joyeux, aux nombreux conviés, qui la saluèrent par plusieurs acclamations.

L'on ne tarda pas à sortir du palais, et, guidés par plusieurs bardes qui précédaient en chantant, on arriva bientôt à la forêt sacrée, sur les bords de la Garonne. Alors, du fond de ce sanctuaire de la divinité gauloise, temple bien plus digne du grand Être que ces édifices élevés et enrichis par la main des hommes, l'on vit le druide vénérable venir au-devant du cortége. Il s'approcha du couple et dit : « Fille de la Gaule, souviens-toi que tu ne dois pas avoir les faiblesses des femmes des autres nations, et que tu es dans l'obligation de tout sacrifier, même ton époux, même tes enfants, si l'honneur et les intérêts de la race de Dis l'exigeaient; et toi, guerrier, souviens-toi que le Celte ne doit jamais pâlir devant les dangers. Il doit tout braver : les monts escarpés, les courants rapides ne peuvent détourner ses pas, ni les éclats de la foudre retarder sa route. Enfin, que ces trois préceptes soient toujours gravés dans votre cœur : Honorez les dieux ; ne nuisez à personne ; ayez l'âme courageuse. »

Il leur ordonna ensuite de s'avancer sur le bord du fleuve et leur fit étendre la main sur les flots. Diorix et Véma prononcèrent le serment de l'hymen.

Le druide fit encore plusieurs cérémonies, murmura des paroles mystérieuses et offrit à la nouvelle épouse une branche de gui. Celle-ci en distribua elle-même des morceaux à tous les assistants, et l'on se retira en ordre, dans un religieux silence. Mais, au sortir du lieu révéré, les bardes reprirent leurs chants joyeux et ramenèrent ainsi, jusque dans la ville, la foule des conviés. Puis commencèrent les festins et les réjouissances.

VII

LA GUERRE.

La noce dura plusieurs jours chez le roi Cavietolican. Au dernier banquet qui termina la fête, le druide parut soudain au milieu des convives. Aussitôt, à la joie bruyante, avait succédé un respectueux silence, et le pontife adressa d'une voix grave ces paroles à l'assemblée :

« J'ai trouvé l'œuf ; j'ai tracé le cercle symbolique ; le sang d'une victime vient de rougir le dolmen, et l'hostie a été agréable à la divinité. Voici ce que le grand Teutatès vous transmet par ma bouche : Guerre ! guerre ! que les armes brillent ! que le bardit retentisse ! Les dieux sont irrités contre les Romains et appellent contre cette nation toute la race belliqueuse de Dis... Guerre ! guerre ! » Le druide s'est ensuite retiré.

Cependant les esprits sont électrisés, les regards étincellent, et le bardit remplace les accents joyeux.

Annibal et ceux qui l'avaient accompagné à Tolose étaient du nombre des conviés ; car le roi Cavictolican, scrupuleux sur les devoirs de l'hospitalité gauloise, avait voulu absolument que les étrangers prissent part à la grande réjouissance de sa famille. Le Carthaginois vit avec plaisir l'effet produit par les paroles du prêtre celte. Il allait donc voir la Gaule inépuisable vomir sur l'Italie ses guerriers si redoutables aux Romains. Les dieux secondent sa haine : le Capitole sera humilié et Byrsa vengée.

Diorix, impatient de verser le sang des Latins, avec les solduriers de son père, suivit Annibal, qui partit aussitôt, en attendant que cent mille Gaulois vinssent le rejoindre sous la conduite de son frère, Asdrubal. Véma accompagna son époux : armée de la pique, le casque sur la tête et montée sur un beau coursier, elle se mit à son côté, à la tête de ses guerriers d'élite.

Je ne parlerai pas des fatigues et des dangers sans nombre que rencontra Annibal à son fameux passage des Alpes, raconté par une infinité d'historiens et admiré par tous les grands stratégistes.

Arrivé au pied de ces hautes montagnes, il donna quelque repos à ses soldats; puis, après avoir pris Turin et vaincu Scipion près du Tésin, et Sempronius sur les bords de la Trébie, il se vit bientôt en présence du téméraire Flaminius, que Rome avait choisi pour réparer ses désastres. Le Carthaginois ne se sentit pas de joie lorsqu'il se vit en face d'un général dont l'incapacité égalait la présomption. Connaissant l'esprit de son adversaire, pour augmenter encore son imprudente sécurité et son audace, il affecta la plus grande défiance dans ses forces, évitait toute rencontre et se tenait renfermé dans son camp. Flaminius, méprisant un ennemi qui semblait tant redouter une action, veut le contraindre à se battre : il a la folie de l'attaquer près de Trasimène, dans un poste avantageux, et s'engage dans des défilés. C'était là que l'attendait Annibal.

Tout à coup les Carthaginois sortent de leurs retranchements et tombent avec furie sur les Romains. Ceux-ci sont d'abord étonnés de cette brusque attaque, à laquelle ils étaient loin de s'attendre; cependant ils la soutiennent avec fermeté, et, animés par la voix de leur général, ils font des prodiges de valeur. Mais, par l'ordre d'Annibal, Diorix et ses solduriers se précipitent comme la foudre sur le centre de Flaminius. Véma combat près de son époux et montre sous ses yeux une valeur qu'il admire. Rien ne résiste à l'impétuosité gauloise : les premiers rangs sont bientôt renversés; tout plie. Diorix, au milieu du carnage, arrive jusqu'à la personne du consul : « Flaminius! s'écria-t-il d'une voix terrible, Diorix est de parole! — Vaincu de Télamon, repartit Flaminius, Trasimène sera ton tombeau. » En même temps, il porte un coup vigoureux, mais que pare le bouclier. Le Gaulois, à son tour, élevant le bras, riposte avec tant de force, que son épée se brise sur le casque du Romain en l'assommant. Jetant le tronçon qui lui reste à la main, il s'empare de l'arme de son ennemi et continue, avec ses gens, à charger avec fureur l'armée consulaire. La déroute suivit bientôt la mort du général. Six mille Romains seulement échappèrent au fer des Carthaginois; mais le lendemain ils furent tous faits prisonniers.

La nouvelle de cette défaite causa beaucoup d'alarmes à Rome. Le peuple, mieux avisé, se hâta de créer Fabius prodictateur. Cet habile et prudent général était loin de ressembler à Flaminius : justement surnommé le temporiseur, il se contentait d'observer son ennemi et le lassait par sa lenteur. Ce fut en vain qu'Annibal épuisa les ressources de son génie pour l'attirer dans quelques embûches; le Romain était toujours sur ses gardes et ne déviait jamais de son plan de résistance. Cependant un évènement fut sur le point d'attirer encore sur les Romains un désastre pareil à celui de Trasimène. Minucius Rufus, général de la cavalerie, guerrier jeune et sans expérience, blâma l'inaction de Fabius et osa même la taxer de lâcheté. Par ses discours et ses intrigues, il parvint à obtenir la moitié du pouvoir dans l'armée. Cette faute du peuple manqua lui coûter cher. A peine revêtu de sa nouvelle dignité, l'imprudent Minucius, sans même prévenir le sage Fabius, attaque les Carthaginois, malgré le désavantage des lieux. Annibal, joyeux d'avoir enfin rencontré une telle occasion, tombe brusquement sur les Romains et les met d'abord en désordre. C'en était fait de Minucius et du corps qu'il commandait, lorsque Fabius, oubliant les torts de son collègue pour ne penser qu'au danger qui menaçait la République, quitta les hauteurs pour voler à son secours. Dès qu'Annibal aperçut le temporiseur, il renonça à sa proie et regagna son camp.

Dans cette rencontre, la valeur impétueuse de Diorix l'ayant poussé au plus fort de la mêlée, il se vit tout à coup séparé de ses braves solduriers par la soudaine arrivée de Fabius. Seul et entouré d'ennemis, il combattit longtemps avec courage. Après avoir tué trois centurions et le chef d'une cohorte, il tomba au pouvoir des Romains, avec Véma, qui, à la vue du danger de son époux, s'étant précipitée à son secours, voulut partager son sort.

Annibal fut vivement affligé de cet évènement et regretta beaucoup le couple guerrier. Il eût tenté leur délivrance si le succès eût été possible, et s'il n'eût craint de compromettre la cause punique.

Tous les solduriers furent tués. Ces braves gens, fidèles à l'engagement de leur profession et à leur serment, périrent tous sans qu'il fût possible d'en décider un seul à la retraite : ils voulaient sauver leur chef ou mourir. Ils succombèrent sur des monceaux de cadavres romains.

Diorix et Véma furent immédiatement conduits à Rome.

VIII

LA VESTALE.

Une populace curieuse inondait la place publique de Rome : il y avait sur le forum les funèbres apprêts d'une exécution, et le licteur, armé de sa hache, attendait une victime.

Bientôt la foule forma deux haies, et l'on vit s'avancer un guerrier chargé de chaînes ; deux piquiers l'accompagnaient : c'était Diorix. Il marchait d'un pas assuré vers le lieu du supplice. Toutefois, sa physionomie sombre trahissait une profonde tristesse. Ce n'était pourtant pas le trouble de l'homme qui redoute la mort ; car son regard superbe, qu'il promenait avec dédain sur les Romains, ne remarqua même pas le lugubre appareil qui se dressait devant lui. Le deuil de son âme avait une autre cause : Véma était devenue la propriété d'un orgueilleux patricien ; la fille de Cavictolican, du puissant brenn des Tectosages, était esclave ! « O Dis, murmura-t-il, arrache Véma à l'humiliation !... »

Cependant il est arrivé près du licteur ; il a baissé la tête ; la hache va frapper : le licteur s'arrête tout à coup...

Une vestale traverse le Forum. La foule respectueuse fait place aux faisceaux qui précèdent sa marche. En vertu des priviléges accordés, par le pieux roi Numa, aux vierges chargées d'entretenir le feu sacré, sa présence a sauvé la vie au noble captif.

« Gaulois, dit le licteur, rends grâce à Vesta. »

Diorix, étonné, lève les yeux et suit les regards de la multitude. Il a aperçu, déjà loin, la vestale libératrice. Il a tressailli. Cependant le licteur l'a délivré de ses liens ; il est toujours le prisonnier de Rome, mais la ville est sa prison.

Le lendemain, dans le temple de la chaste déesse, aveuglée par sa passion, Lucia avait encore su attirer le jeune Celte à un criminel rendez-vous.

« Diorix, tu m'es donc rendu! s'écria-t-elle en se jetant dans ses bras. Travers du sort! nous avons touché à la liberté et au bonheur... Hélas! sans la fatale centurie que nous rencontrâmes sur la route d'Ostie... Toi tu échappas par la fuite ; moi je dus mon salut à un rocher derrière lequel je me cachai, sur les bords du Tibre. Lorsqu'ils furent passés, je quittai ma retraite ; je me mis à errer dans les ténèbres ; je te cherchais, je t'appelais, et, comme tu ne me répondis pas, persuadée que tu étais tombé au pouvoir de ceux qui te poursuivaient, je revins au temple dans l'espoir de sauver Diorix, si Rome condamnait le fugitif

au supplice.... Mais, Diorix, comme tu es changé !...
Pas un seul baiser !... A mes brûlantes caresses
tu refuses de répondre !...

— N'outrageons plus la divinité, dit le Gaulois ;
ne lassons point la patience des dieux !

— Malheureuse ! s'écria Lucia, il ne m'aime
plus !... Mais non, je ne puis y croire !... Tant
d'ingratitude est impossible... je t'injurie ! Diorix,
pardonne à la passion qui m'égare, et, d'un mot,
calme le désespoir de mon cœur. Dis-moi : « Lucia,
je t'aime !... »

Le jeune Celte était vivement ému ; son âme
était en proie à une lutte violente. Après un moment de silence : « Lucia, dit-il en soupirant, la
fille du roi Cavictolican, Véma, l'esclave de Rome,
est mon épouse. J'aime Véma !...

— Ah ! je voulais en douter, s'écria la prêtresse
en pâlissant. Ne dirait-on pas qu'il étudie ses
coups pour mieux frapper sa victime ?... Courage,
Diorix, continue ; tu n'a pas achevé. Pourquoi
n'as-tu pas dit aussi : « Je hais Lucia ?... » Cœur
de Celte !... Qui cependant, de Véma ou de Lucia,
t'a donné les plus grandes preuves d'amour ?...
Pour toi, j'ai enfreint des devoirs sacrés ; j'ai encouru la colère des dieux ; je me suis exposée à
la mort la plus affreuse. Pour me livrer tout entière à toi, j'ai trahi ma patrie en rendant à la liberté son ennemi implacable. A cause de toi, j'ai

été parjure, sacrilége, impie ; j'ai réuni les crimes de Tarpeïa et de Minucia... Et tu me repousses... Eh bien ! Diorix, je te pardonne tout si tu veux être à moi seule ; viens, fuyons...

— Je suis à Véma ; je ne puis fuir.

Tu refuses !... Prends garde, Gaulois, tu outrages une Romaine !...

— Lucia, c'est pour la dernière fois que je suis venu dans ce lieu sacré et redoutable. Renonçons l'un et l'autre à de coupables amours. Adieu ! »

Et il sortit du temple sans jeter un dernier regard sur la pâle Lucia.

« Diorix ! Diorix ! s'écria la vestale. Il m'a fuie !... Némésis, je me rends à toi !... Étouffe mon amour, et donne-moi la force de me venger ! »

IX

UN ORACLE.

Le consulat de Fabius était terminé. Le peuple romain nomma deux consuls pour remplacer le temporiseur, et son choix tomba sur Émilius et Varron. Ceux-ci, avant d'aller prendre le commandement de l'armée, consultèrent les augures. A la grande consternation de Rome, ils ne furent point favorables. Plusieurs fois l'on présenta de la nourriture aux oiseaux sacrés, ils refusèrent toujours de manger. Certainement, les dieux étaient irrités, et un grand malheur menaçait la République.

Tout à coup, une vestale paraît triste et abattue au milieu de l'assemblée ; la foule se range avec respect.

« Romains, s'écria-t-elle, Aïus Locutius a parlé de nouveau : j'ai entendu la voix puissante du dieu au coucher du soleil. Il confirme l'oracle des livres sibyllins : « Les Gaulois, pour la seconde fois, prendront Rome !... » Détournez un présage d'autant plus sinistre en ce moment, que la grande partie des forces d'Annibal se compose des guerriers de cette nation. Accomplissez vous-mêmes l'oracle en renouvelant le sacrifice que vous fîtes aux dieux infernaux, lorsque la loi flamine attira contre nous les armes de ces peuples. Mais, parmi les prisonniers celtes, choisissez pour victimes un couple du plus noble sang. »

A peine la vestale a-t-elle cessé de parler, que la populace, poussant des cris féroces, demande que, sur-le-champ, l'on accomplisse l'oracle des livres sibyllins. Bientôt des milliers de bras ont creusé une fosse profonde au milieu du Forum. Le pontife et les flamines sont arrivés ; ils sont tout prêts pour l'exécrable cérémonie. Ils attendent, et voici venir les victimes : un captif à la stature et au regard de Mars, et une captive à la taille gracieuse et au teint vermeil de la blanche Galathée, s'avancent vers le lieu fatal... c'est le couple du plus noble sang gaulois : Diorix et Véma !

Le visage du Celte était impassible, et l'air de mépris qu'il affectait, en tournant les yeux autour de lui, semblait défier la cruauté des Romains ; mais celle qui devait partager son supplice, sur le point d'arriver, pâlit et se sentit défaillir : « Véma, lui dit son époux, ne vois-tu pas que nous ne serons plus séparés ? » Au son de cette voix, au souvenir des outrages que son maître a voulu lui faire subir, Véma a senti le courage renaître dans son cœur : souriante, elle se tourne vers son époux, et, lorsque le couple est descendu dans la fosse, lorsque la terre tombe lentement sur lui, nul cri, nulle plainte, nul soupir ne s'est échappé de cette tombe qui se referme sur deux êtres pleins de beauté, de jeunesse et d'amour !

Et maintenant l'oracle est accompli : les Gaulois ont pris possession du territoire romain.

Le peuple, rendant grâce aux dieux, reconduit triomphalement la vestale qui a sauvé sa patrie.

Annibal, secondé des Gaulois cisalpins, ne tarda pas à venger, à Cannes, la mort de Diorix et de Véma. Cannes rappela aux Romains la journée néfaste d'Allia.

Peu de temps après, une mort cruelle mit fin aux remords et aux souffrances de Lucia. Convaincue d'avoir manqué à son vœu de chasteté, elle subit le même supplice que les victimes de sa vengeance : elle fut enterrée vive, aux acclamations de ce même peuple qui l'avait portée en triomphe quelques mois auparavant.

FIN.

TABLE.

Emri de Crozant..................Pag.   5

Henriette des Cars........................ 191

La Gnomide, ou Elvine du Monteil de Châteauponsac................................ 249

Diorix et Véma, épisode des guerres d'Annibal
  contre Rome.......................... 319

www.ingramcontent.com/pod-product-compliance
Lightning Source LLC
Chambersburg PA
CBHW050249170426
43202CB00011B/1610